सिमसिम

(उपन्यास)

सिमसिम

गीत चतुर्वेदी

हिन्द युग्म

ISBN: 978-93-92820-30-4

प्रकाशक :
हिंद युग्म
सी-31, सेक्टर-20, नोएडा (उ.प्र.)-201301
फ़ोन- +91-120-4374046

मुद्रक : थॉमसन प्रेस
आवरण-चित्र : एग्नीज़ लूनेका
आवरण-डिज़ाइन : गीत चतुर्वेदी
कला-निर्देशन : विजेन्द्र एस विज

पहला संस्करण : जनवरी 2023
दूसरा संस्करण : मार्च 2024
मूल्य : ₹299

Simsim
A novel by *Geet Chaturvedi*

Published By
Hind Yugm
C-31, Sector-20, Noida (UP)-201301
Phone : +91-120-4374046
Email : sampadak@hindyugm.com
Website : www.hindyugm.com

First Edition: Jan 2023
Second Edition: Mar 2024
Price: ₹299

दादी को समर्पित
जिनकी हथेलियों से अमरूद की ख़ुशबू आती थी
और जो आख़िरी साँस तक
सरहद पार स्थित अपने शहर लड़काना को
याद करती रहीं।

आरंभ से पहले

1998 में मैंने एक कविता लिखी- 'सिंधु लाइब्रेरी'। मेरे वरिष्ठ कवियों ने उसके लिए मुझे बहुत प्रेम दिया। आने वाले बरसों में एक बात महसूस होती रही कि यह अधूरी है। जो बातें मैं इस कविता में नहीं कह पाया, उन्हें कहाँ जाकर कहूँ?

2007 में मैंने उस कविता को एक कहानी में परिवर्तित कर दिया- 'सिमसिम', जो कि पहली बार 2008 में 'प्रगतिशील वसुधा' के कहानी विशेषांक में छपी, फिर 2010 में मेरी किताब 'पिंक स्लिप डैडी' में शामिल हुई। पाठकों ने इस कहानी के लिए मुझे बहुत प्रेम दिया।

2016 में 'सिमसिम' के अँग्रेज़ी अनुवाद के लिए मेरी अनुवादक अनिता गोपालन को 'पेन अमेरिका' द्वारा दिया जाने वाला 'पेन-हैम ट्रांसलेशन ग्रांट अवॉर्ड' मिला। अनिता इस गौरव को प्राप्त करने वाली महज़ दूसरी भारतीय अनुवादक थीं और 'सिमसिम' महज़ दूसरी भारतीय गल्प-कृति।

उस बरस, इस कहानी को नए सिरे से पढ़ने का अवसर बना। फिर से, यही महसूस हुआ कि यह अधूरी है। जो बातें मैं इस कहानी में नहीं कह पाया, उन्हें कहाँ जाकर कहूँ?

और तब शुरू हुआ इस प्रेम का पुनर्लेखन!

नतीजा : बीस हज़ार शब्दों की कहानी, तीन गुना से भी अधिक लंबे

उपन्यास 'सिमसिम' में तब्दील हो गई।

लेकिन अब, क्या यह पूरी हो गई?

नहीं, ये 1998 में भी अधूरी थी, 2007 में भी अधूरी थी, 2016 और 2022 में भी अधूरी। बरस-दर-बरस यह अधूरी ही रहेगी, क्योंकि कहानियाँ कभी पूरी नहीं होतीं, वे एक जगह जाकर ठिठकती हैं, फिर मुड़ जाती हैं।

जहाँ जाकर यह ठिठकी है, चलिए, उस मोड़ तक साथ चलते हैं।

गीत चतुर्वेदी

27 जुलाई 2022

क्रम

1.

मेरा नाम 'मैं' है

सबसे पहले एक नदी थी। नदी, सड़क बन गई और सड़क शाखाओं में बँटकर पूरी दुनिया में फैल गई। और चूँकि सड़क एक ज़माने में नदी थी, इसलिए वह हमेशा भूखी रहती थी।

–बेन ओकरी
(द फ़ैमिश्ड रोड)

जब मैं छोटा था, मेरे पिता मुझे कद्दू की तरह बेचते थे। वह मुझे अपने कंधे पर बिठाते और फेरीवालों की तरह आवाज़ लगाते हुए इस कमरे से उस कमरे फिरते, "कद्दू ले लो कद्दू! ताज़ा-ताज़ा कद्दू! सिर्फ़ दो रुपए किलो! दो रुपए किलो कद्दू!"

इस खेल में मुझे बहुत मज़ा आता था। मेरे पिता का कंधा मेरा पसंदीदा पिकनिक स्पॉट था।

उनकी दबंग आवाज़ अनायास ही घर में गूँजती थी। जैसे ही वह

आवाज़ मेरे कानों में पड़ती, मैं किलकते हुए पुलक उठता, पैरों को ज़ोर-ज़ोर से हिलाते हुए उनकी तरफ़ बढ़ता, और किसी भी तरह उनके मज़बूत कंधों पर चढ़ जाना चाहता था।

जब मैं छह साल का हुआ, तब पता नहीं मुझे क्या सूझा कि एक रोज़ मैंने उनसे कहा, "पाऊ, मुझे कद्दू मत बोलो। सोना बोलो, सोना! ऐसे बोलो, सोना ले लो, सोना! ताज़ा चमकदार सोना! दो रुपए किलो सोना!"

सुनकर मेरे पिता ठठाकर हँसे, "सोना इतना सस्ता बेचोगे?"

"वह मुझे नहीं पता। लेकिन मैं सोना हूँ, कद्दू नहीं!" मैंने खम ठोंककर कहा।

मेरे पिता नहीं माने। वह मुझे कद्दू की तरह बेचते रहे, जबकि मैं सोने की तरह बिकना चाहता था। हक़ीक़तन, न मैं सोना था, न ही कद्दू, लेकिन जीवन में तलवारों से ज़्यादा इच्छाएँ टकराती हैं। पाऊ और मेरे बीच एक मुश्किल रिश्ते के इतिहास की शुरुआत यहीं से हुई। उसके बाद मैंने ख़ुद को ज़ाहिरा तौर पर उस सिंहासन से उतार दिया। फिर, उनके मज़बूत कंधों के ऊँचे पहाड़ पर चढ़ने का मेरा मन नहीं हुआ। बावजूद, मेरे मन की भूलभुलैया में एक सपना लगातार चलता रहा– मैं चाहता था कि उन्हें मेरी क़ीमत का अहसास हो।

अलबत्ता, उनकी आवाज़ और मेरे पैरों के बीच रिश्ता बाक़ायदा बरक़रार था– जैसे ही उनकी आवाज़ गूँजती, मेरे पैर हिलने लगते थे, लेकिन अब ज़्यादातर दरवाज़े की तरफ़! जितनी देर तक वह दमदार आवाज़ घर के भीतर रहती, वहाँ मेरे पैरों लायक़ जगह न बचती। तब मैं सड़कों के अनंत विस्तार में तफ़रीह करता हुआ लंबे समय के लिए घर से निकल जाता– आम तौर पर एक ख़ास सड़क पर।

अब तक सबसे ज़्यादा बार मैं इसी सड़क पर चला हूँ। नेहरू चौक से लेकर फ़्लॉवर्स लेन तक। मैं नेहरू चौक पर नहीं रहता और न ही फ़्लॉवर्स लेन पर मेरा कोई काम है, फिर भी। इन दोनों के बीच जो दुनिया चलती

है, उसमें मुझे हर रंग दिख जाता है। इस तरह मेरा चलना दुनिया के चलने के भीतर होता है।

लेकिन मैं इतना पैदल क्यों चलता था? इसका जवाब मेरी माँ के पास था।

एक दिन उन्होंने कहा, "मुझे पता है, तुम्हें महादेव पैदल चलवाते हैं।"

मैं ज़ोर-से हँसा, "महादेव? भला वह क्यों?"

तब माँ ने मेरे पैदा होने के पहले की एक 'कोख-कहानी' सुनाई :

> यह तब की बात है, जब तुम मेरे गर्भ में थे। घर का सारा काम मुझे अकेले करना पड़ता था। ऊपर से तुम्हारी मौजूदगी; मैं हमेशा थकी-थकी रहती थी। एक रात, मैं इस क़दर पस्त हो चुकी थी कि जूठे बर्तनों को धोए बिना सो गई। ऐसा पहली बार हुआ था। ख़ुद मुझे यह बात अच्छी नहीं लगी थी। तुम समझ सकते हो, मुझे इसका इतना अधिक अफ़सोस था कि मुझे सपने में भी जूठे बर्तन दिखने लगे। सिंक से निकलकर जूठे बर्तन पूरी रसोई में फैलने लगे। कीड़े-मकोड़ों की तरह उनकी तादाद बढ़ने लगी। मैं घबरा गई। मैं ज़ोर-ज़ोर से महादेव का मंत्र पढ़ने लगी- 'ओम नमः शिवाय, ओम नमः शिवाय!' और तब हुआ चमत्कार! स्वयं महादेव प्रकट हो गए। डमरू बजाते हुए किचन में नाचने लगे, वह भी एक टाँग पर!
>
> आँखें लाल, चेहरे पर रौद्र भाव लिए वह बोले, "तेरे किचन में बड़ी गंदगी है, बच्चा! मैं यहाँ नहीं रह सकता। या तो गंदगी रहेगी या मैं!"
>
> मैं थर-थर काँपने लगी। हाथ जोड़कर मैंने कहा, "भगवन! आँख लग गई थी। वरना आप तो अंतर्यामी हैं, आप ही बताइए, मैंने कभी रसोई में जूठे बर्तन छोड़े हैं?"

महादेव बोले, "देखो बच्चा! इंसान साफ़ बर्तन में खाता है और जूठे बर्तन इंसान को खाते हैं।"

मैंने अपने फूले हुए पेट की ओर इशारा करते हुए कहा, "थक गई थी, भगवन! इसे देखिए, इसके कारण! आप ही बताएँ, क्या करूँ?"

महादेव बोले, "यह? यह तो जीवन है, यह चलता रहेगा, चलता ही रहेगा, लेकिन बच्चा, यह गंदगी नहीं चलेगी। इसको हटाना होगा।"

उसके बाद, सारे बर्तन चींटियों की सेना की तरह क़तार बनाकर चलने लगे। मैंने उन्हें रोकने की कोशिश की, पर वे चले ही जा रहे थे। तो मैं भी, न चाहते हुए, उनके पीछे-पीछे चलने लगी। जाने कितनी देर तक, वे बर्तन चलते रहे, मैं भी चलती रही, मुझमें समाए तुम भी चलते रहे। एक जगह जाकर अचानक सारे बर्तन ग़ायब हो गए। ठीक तभी मेरी नींद खुल गई।

मैंने देखा, रात के दो बज रहे थे। मैंने आलस त्यागा, उसी वक़्त किचन में गई और जूठे बर्तनों को धोकर अपनी आत्मा पर पड़े वज़न को हल्का किया।

तब, मैंने पहली बार अपने पेट में तुम्हारी हलचल महसूस की। ऐसा लगा, जैसे तुम अंदर पैदल चल रहे थे। मेरे पेट की दीवारों पर अपने नन्हें पैरों से दबाव बना रहे थे। मैं ख़ुश हो गई। मैंने तुम्हारे पिता को जगाने की कोशिश की, ताकि अपनी ख़ुशी उन्हें बता सकूँ, लेकिन वह खर्राटे लेते रहे। उस रात तुमने, जैसे, मेरे पेट को खेल का मैदान समझ लिया था, और दौड़ मचा दी थी।

तब मेरे मन में ख़याल आया कि मेरे बच्चे का चलने

या दौड़ने के साथ कुछ न कुछ रिश्ता ज़रूर बनेगा। फिर जब तुम पैदा हुए, तो मैंने देखा, तुम्हारे दाएँ पैर के तलवे में काला तिल है। तब तो, मुझे यक़ीन-सा हो गया था कि यह लड़का या तो ख़ूब चलेगा या ख़ूब दौड़ेगा। मेरी एक उम्मीद यह भी थी कि बड़ा होकर यह शायद दौड़नेवाला खिलाड़ी बन जाए।

यह बोलकर मेरी माँ मुस्करा रही थीं।

मैंने उन्हें छेड़ते हुए पूछा, "तो यह सारा खेल महादेव का है?"

"और तुम्हारे तिल का!" उनके मासूम लहजे में एक ख़ास तरह का ज़ोर था।

"अरे माँ, इन बातों का आपस में क्या लेना-देना!" मैंने उन पर अविश्वास जताते हुए कहा।

"जो भी हो, लेकिन तुम हर वक़्त पैदल चलते तो हो न!" उन्होंने हौले-से कहा।

मैंने उलाहना दिया, "जब महादेव से डायरेक्ट मुलाक़ात हो गई थी, तो मोटरकार माँग लेतीं। तुम्हारी ग़लती के कारण मुझे पैदल चलना पड़ता है।"

"इसमें मेरी क्या ग़लती? लग गई थी आँख!" यह कहते हुए माँ ने ऐसे मुँह बना लिया था कि क्रोध से भरे महादेव भी उस समय उनकी मासूमियत देख लेते, तो हो-हो करते हुए हँस पड़ते।

मैं जब भी माँ की इस कहानी को याद करता, मुझे महसूस होता कि पैदा होने के पहले से ही मैं पैदल चल रहा था। मैं अपने पैरों में हर समय एक प्राचीन थकान को रेंगता महसूस कर सकता था।

बावजूद इसके, जिन दिनों मुझे लगता, मेरी ज़िंदगी ठहर गई है, उन दिनों मैं ज़्यादा पैदल चलने लगता। इस तरह ख़ुद को यक़ीन दिलाता कि

मेरी ज़िंदगी चल रही है।

इस दौरान मेरे साथ-साथ चलती थी मेरी 'इमबेलो'! मेरी प्यारी 'इमबेलो'!

'इमबेलो' यानी इमेजिनेरी बीलवेड! मेरी काल्पनिक प्रेमिका! जैसे बेठोफ़न की 'इम्मोर्टल बीलवेड' थी, मेरे पास 'इमेजिनेरी बीलवेड' थी! अँग्रेज़ी के इन दोनों शब्दों के शुरुआती अक्षरों को मिलाकर मैंने उसका नाम बनाया था- 'इमबेलो'! वह मेरे मन में रहती थी। उसका कोई अस्तित्व नहीं था, लेकिन मेरा अस्तित्व उसी से था। वह मेरे अकेलेपन को समाप्त करती थी। वह मुझसे बात करती थी। वे बातें, जो मैं करना और सुनना चाहता था। वह काल्पनिक लड़की मेरे वास्तविक आत्मविश्वास को बढ़ाने का काम करती थी। जब वह मेरे भीतर बुदबुदाती, फुसफुसाती, धड़कते हुए थरथराती, मुझे एक राहत-सी मिलती थी।

हम साथ चलते थे। सड़क का आस-पास बदल जाता, लेकिन सड़क नहीं बदलती थी। पैदल चलते हुए मैंने उससे पूछा, "नदियाँ एक दिन समंदर में जाकर गिरती हैं, लेकिन सड़क कहाँ जाकर गिरती है? क्या किसी ने देखा है?"

चहकती हुई इमबेलो ने पट्ट-से जवाब दिया, "दुनिया-भर की सड़कों को इकट्ठा कर दिया जाए, तो वे मेरे बालों का जूड़ा बन जाएँगी। तो, इस तरह हर सड़क मेरे जूड़े में तब्दील होने के लिए अपनी जगह से चलती है।"

यह सुनकर मैंने उसके बालों में हाथ फिराया और कहा, "देखो, कितनी सारी सड़कें मेरी उँगलियों में आ फँसी हैं।"

मेरी उँगलियों के बहाने उसने मेरी हथेली देखी और कहा, "तुम्हारे हाथ में लंबा सफ़र लिखा है।"

उसकी ऐसी चुटीली बातें सुनने के बाद, कई बार मैं सोचता कि यह चुप क्यों नहीं हो जाती, लेकिन बातें करना और बेबात खिलखिलाना

इमबेलो का प्यारा शौक़ था।

पुलक कर वह बोली, "तुम्हारे मन में रहना दिलचस्प है! जानते हो, प्यार क्या है? किसी के मन में रहना! प्यार क्या है? किसी को मन में रखना!"

इतना कहकर खिलखिलाते हुए उसने अपने बाल झटके और एक झटके-से ग़ायब हो गई। उसके साथ-साथ दुनिया की सारी सड़कें भी ग़ायब हो गईं, जो मेरी हथेलियों में आ फँसी थीं। पीछे, मेरे होंठों पर हल्की मुस्कान बची रह गई।

मैं उँगलियों के बीच फँसी सिगरेट देखने लगा, लेकिन मैं जानता हूँ, मैं उसे तुरंत नहीं जलाऊँगा। मैं किसी बूढ़े की तरह मंथर गति से चलूँगा और बाद में सेंट्रल अस्पताल के सामने किसी पत्थर पर बैठकर देर तक सिगरेट को देखूँगा, फिर पास से गुज़रते किसी से माचिस माँगूँगा, तीन-चार के मना करने के बाद चौथा कोई मुझे माचिस दे देगा और फिर मैं इसे जलाऊँगा। किसी पुरानी ब्लैक एंड व्हाइट फ़िल्म के लंबे दृश्य की तरह।

और यह सारा काम, स्लो मोशन में, पूरी लंबाई में होता है, इस तरह कि मैं ख़ुद को एक सड़क की तरह महसूस करने लगता हूँ। जो दरअसल चल रही होती है, पर इतना धीरे कि रुकी हुई लगती है। नदी जब सड़क बनती है, तो सबसे पहले अपनी रफ़्तार खोती है। फिर नमी। फिर ख़ुद को खो देती है।

सड़क बन जाना नदी के साथ हुई सबसे बड़ी क्रूरता है।

2.

बूढ़े की कहानी

मनुष्य की स्मृति अद्भुत लेकिन भ्रामक उपकरण होती है। हमारे भीतर रहने वाली स्मृति न तो पत्थर पर उकेरी गई कोई पंक्ति है, और न ही ऐसी कि समय गुज़रने के साथ धुल जाए। लेकिन अक्सर वह बदल जाती है, या कई बाहरी चीज़ों के जुड़ जाने से उनका आकार बढ़ जाता है।

–प्राइमो लेवी
(द ड्राउंड एंड दि सेव्ड)

थर्मस खोलने में उसे इतनी मेहनत करनी पड़ती है, जैसे थर्मस एक पूरी ज़िंदगी हो या बरसों पहले उसके जीवन में आई एक लड़की, जिसका चेहरा उसे बिल्कुल नहीं याद, पर वह जिस गली में रहती थी, वह उसे ज़रूर याद आती है। याद में सिर्फ़ इतना है कि उसने उससे प्रेम किया था, पर कितना, यह नहीं याद।

साठ बरस से ज़्यादा हो गया होगा, जब उसने पहली बार उसकी

गरदन पर हाथ रखा था। यह किसी भी जवान स्त्री को किया गया पहला स्पर्श था और उसे अच्छी तरह याद है कि उसके हाथ बुरी तरह काँपे थे। वह उसकी गरदन और गले पर उँगलियाँ फिराता, फिर घबरा जाता, फिर फिराता, हाथ फिसलकर गले से नीचे की ओर गिरने लगते और वह फिर घबराकर हाथ पीछे खींच लेता। लड़की उसके काँपते हाथों को देखकर हँसने लगी थी। वह और काँप गया था।

थर्मस खोलने की कोशिश में बार-बार उसके हाथ फिसल रहे थे। वह ज़ोर लगाता, थर्मस से सीं-सीं हवा की आवाज़ आती, वह छोड़ देता। जाँघ पर रखे नैपकिन से हाथ पोंछता, फिर थर्मस का गला। और फिर ज़ोर लगाता।

आधी सदी बाद वह लड़की फिर हँस रही थी। उसकी आवाज़ थर्मस के भीतर से आ रही थी।

बसरमल जेठाराम पुरस्वाणी ख़ुद को याद दिलाता है कि अब वह बूढ़ा हो गया है, उसके बाल पक चुके हैं, और वह इतनी लंबी उम्र जी चुका है कि क़ायदे से उसे कुछ भी ठीक से याद नहीं रहना चाहिए, लेकिन उसका ख़ुद, उसकी स्मृति को टहोका मार-मारकर उस लड़की की याद दिला रहा है, जिसे सोलह साल की उम्र में उसने पाकिस्तान के सिंध सूबे में, लड़काना नाम के क़स्बे में, एक वीरान मदरसे के अहाते में उगे एकमात्र छायादार पेड़ के नीचे बैठकर सूफ़ी कवि शाह अब्दुल लतीफ़ की किताब से 'सस्सी और पुन्नू' का क़िस्सा सुनते हुए, चूमा था।

लड़की ने वह क़िस्सा कुछ यूँ सुनाया था :

> सस्सी एक धोबी की ख़ूबसूरत बेटी थी और पुन्नू वहाँ का राजकुमार। दोनों दीवानगी की हद तक एक-दूसरे की मुहब्बत में डूबे हुए थे। एक रोज़ घरवालों के तमाम विरोध के बावजूद उन्होंने ब्याह कर लिया। राजकुमार के भाइयों

को यह ब्याह इस क़दर नागवार गुज़रा कि शादी की रात उन्होंने पुन्नू को जमकर शराब पिलाई और उसे बहुत दूर, अनजान नगर में, उठा ले गए। सुबह सस्सी को पता चला कि उसका पति ग़ायब है, तो वह पागलों की तरह उसे खोजने लगी। उसने कोना-कोना छान मारा। थार की तपती हुई बेरहम रेत ने उसके पैरों में छाले उगा दिए, उसके होंठ सूख गए, लेकिन दुख ने उसकी देह को इस क़दर दबोच लिया था कि वह इनसे बेख़बर रेगिस्तान में नंगे पैर दौड़ती रही। आँखों के आगे चमकता हुआ सुनसान रेगिस्तान! आँखों के नीचे उसके दिल का घबराया हुआ अकेलापन! तभी वहाँ से दो ऊँट-सवार गुज़रे, उनके भीतर बदनीयती भरी हुई थी, उन्होंने सस्सी का फ़ायदा उठाने की कोशिश की। और कोई सहारा न जान, सस्सी ने धरती माता को एक कातर पुकार लगाई कि मुझे अपने भीतर छिपा लो। धरती फट गई, सस्सी उसके सियाह तल में गहरे समा गई। सिर्फ़ उसका दुपट्टा बचा रहा, आधा ज़मीन में धँसा हुआ, आधा हवा में लहराता हुआ। उसकी परछाई तपती हुई रेत पर फहराती रही।

उस वीरान मदरसे में, बसरमल के ठीक बग़ल में बैठ क़िस्सा सुनाती हुई वह लड़की, मानो सस्सी बन गई थी। उसे लग रहा था कि उसके पैर के तलवों में छाले पड़ गए हैं। वह बार-बार अपने तलवों को देखती और सोचती, अब वह कितने क़दम चल सकती है? गरम हवा के थपेड़ों ने उसकी नासिका को, उसके होंठों को झुलसाकर रख दिया था। उस हवा में वह रेगिस्तान की हवा की तपिश को साफ़ महसूस कर सकती थी। साथ ही, महसूस कर सकती थी कि किस तरह बीते हुए वक़्त से दर्द का

जल रिसता रहता है।

हिजाब की तरह बाँधे अपने दुपट्टे को सँभालते हुए वह मदरसा की ऊँची दीवार को देर तक घूरती रही, फिर बोली, "प्यार क्या है? ज़मीन में आधा दफ़न लहराता हुआ दुपट्टा ही तो है, जिसका एक हिस्सा हमारी आँखों से हमेशा अदृश्य रहता है। जो हिस्सा हमें दिखता है, हम उसी को पूरा मान लेते हैं।"

एक पल को ठहरकर उसने गहरी साँस ली और कहा, "एक बात बताऊँ, संसार की सारी कहानियाँ दरअसल अधूरी होती हैं।"

बसरमल एक बार फिर थर्मस पर ज़ोर लगाता है। इस बार वह खुल जाता है। वह उसके खुलने के ज़ोर को रोक नहीं पाता। थोड़ा-सा दूध उछलकर उसकी टेबल पर रखे अख़बारों पर गिर जाता है। डस्टबिन से कुछ पुराने काग़ज़ निकालकर वह अख़बारों पर रखता है और थर्मस के कपनुमा ढक्कन में दूध उड़ेलता है।

बाहर शाम उतर रही है। अभी थोड़ी देर में बिजली चली जाएगी। उससे पहले उसे आज शाम के तीनों अख़बार पढ़ लेने हैं, ज़रूरी ख़बरों की कतरनों को फ़ाइल में लगाना है, पीछे वाली रैक की किताबों में शायद फफूँद उगने लगी है, उसे साफ़ करना है और घर लौटने से पहले मंगण माँ के लिए कुछ दवाएँ भी लेनी हैं।

वह सोच रहा है, क्या वह ख़ुद को कभी पूरा देख पाएगा, जैसे ज़मीन के ऊपर लहराता दुपट्टा?

शर्ट-जैसे-दिखते अपने सफ़ेद कुरते की बाज़ू को ऊपर करते हुए, वह कप में कॉफ़ी का बुरादा छिड़कता है और कुछ क़दम चलकर खिड़की पर खड़ा हो जाता है। मग को अपने होंठों के पास लाते हुए उसे कॉफ़ी की गहरी ख़ुशबू और उठती हुई भाप महसूस होती है। वह याद करना चाहता है– उस लड़की की ख़ुशबू कॉफ़ी जैसी थी! उसके होंठ और नाक के बीच की जगह पर उग आई उस लड़की की साँसों की गर्मास, कॉफ़ी

की इसी गर्म भाप जैसी थी!

शायद उस लड़की के होंठ भी कत्थई रंग के थे। नहीं, गुलाबी तो नहीं थे! और उसका शरीर दूध में मिली कॉफ़ी की तरह था।

खिड़की से सड़क दिखती है। सड़क के उस पार इमारतें हैं। लाइब्रेरी के सामने, चार फ़ीट बाएँ हटकर, एक और खिड़की है, जिसके पल्लों का रंग पीला है, जिसमें फूलदार जालियाँ बनी हैं और जिनका रंग भी पीला है, जिसके ऊपर एक बार्जा निकला हुआ है, शायद टीन का, जिसका रंग भी पीला है; वह उस खिड़की को देखता है। एक और चुस्की लेते हुए आधी सदी से भी पहले लिए गए एक चुंबन को याद करता है।

तब चूमते हुए उसके हाथ काँपे थे, अब चलते हुए उसके पैर काँपते हैं।

भीतर किसी नस में अचरज की लहर बह रही है कि वह लड़की, जिसका चेहरा भी उसे याद नहीं और जिसके नाम में वह भ्रमित है– उसे चूमने के बाद होंठों पर आई सिहरन, हाथों की कँपकँपी और महज़ ऐसे ही कुछ विवरण याद हैं, जो कि आज से पहले याद नहीं आए थे, और बस अभी-अभी याद आए हैं, इसलिए कह सकते हैं कि याद हैं– बताओ भला, वह लड़की अचानक आज ही क्यों याद आई है? साठ बरस गुज़र गए, इतने बरसों तक कहाँ थी वह लड़की?

पुराना प्यार उस दुपट्टे की तरह होता है, जो आधा ज़मीन में धँसा है, आधा हवा में लहरा रहा। न तो उसे बदन पर लपेट सकते हैं, न ही उठाकर कहीं ले जा सकते हैं। उसकी परछाई समय की रेत पर फहराती रहती है।

एक रोज़, जब वे मदरसे की दीवार के पीछे बैठे थे, उस लड़की ने कहा, "तुम्हें पता है, आज मैंने क्या देखा? मैं घर की छत पर गीले कपड़े टाँग रही थी, कि मैंने देखा, सामने वाली गली में एक बुज़ुर्ग जोड़ा ख़रामा-ख़रामा चल रहा है। दोनों ने अपने एक हाथ में छड़ी पकड़ रखी थी, और

दूसरे से एक-दूसरे का हाथ थाम रखा था। आदमी, औरत को सहारा दे रहा था या औरत, आदमी को, मुझे नहीं पता। शायद दोनों ही एक-दूसरे को सहारा दे रहे थे।"

सोलह साल के बसरमल ने बेसब्री से पूछा, "तो इसमें क्या ख़ास बात है?"

उस लड़की ने कहा, "ख़ास तो कुछ नहीं, फिर भी वह नज़ारा मेरे ज़हन में किसी तस्वीर की तरह छप गया है। वो लोग कितने ख़ुशक़िस्मत होते हैं, जो ऐसे पके हुए बुढ़ापे में भी अपने जीवनसाथी के साथ रहते हैं।"

बसरमल ने उसकी बातों को शरारतन हवा में उड़ाने की कोशिश करते हुए कहा, "मेरे घर आना, मैं दिखाऊँगा, मेरे दादा-दादी, नाना-नानी, सब बूढ़े हैं। बाक़ी सबके दादा-दादी से डबल बूढ़े!"

"डबल बूढ़े?" एक पल के लिए लड़की की आँखों में शरारती चमक आई, पर अगले ही पल वहाँ फिर उदासी छा गई, "क्या वे सब सड़क पर हमेशा एक-दूसरे का हाथ थामकर चलते हैं?"

तब बसरमल को महसूस हुआ कि यह शरारत का वक़्त नहीं। सकुचाए लहजे में उसने जवाब दिया, "नहीं!"

एक गहरी साँस भरकर लड़की बोली, "वही कहना चाहती हूँ। बताओ, जब तुम और मैं बूढ़े हो जाएँगे, तब भी क्या हम साथ होंगे? वादा करो कि अगर हम तब भी साथ रहे, तो उसी बुज़ुर्ग जोड़े की तरह चलेंगे, हमेशा एक-दूसरे का हाथ पकड़कर।"

बसरमल ने पूरे आत्मविश्वास के साथ उसका हाथ पकड़ते हुए कहा, "ठीक है। वादा रहा।"

लड़की खिलखिलाकर हँस पड़ी। और तब बसरमल को खिझाते हुए उसने कहा, "मुझे हमेशा से पता था, तुम ही हो, जिसे खोजते हुए मैं इस धरती पर आई हूँ।"

लाइब्रेरी की दीवार से टिका बसरमल जेठाराम पुरस्वाणी, एक हाथ में कॉफ़ी का मग लिए, दूसरी हथेली का मुआयना कर रहा है : शायद इसी हथेली से उसने उस लड़की की हथेली दबाई थी और बुढ़ापे में भी साथ रहने का वादा किया था। आज वह बूढ़ा हो चुका है, लेकिन वह लड़की कहाँ है? एकाएक उसे लगा, वह बहुत अकेला है। क्या यह अहसास उसे पहली बार हो रहा है कि अपने जीवन का सबसे सुंदर वादा पूरा करने में वह बुरी तरह नाकाम रहा है?

वह आँखें मूँदकर उस लड़की को याद करने की कोशिश करता है, तभी महसूस करता है कि आस-पास की हवा में पके हुए अमरूद की ख़ुशबू तैर रही है।

कमरे मे कोई नहीं है, लेकिन किसी के होने का अहसास बराबर बना हुआ है। यह अहसास बसरमल के अकेलेपन का एकमात्र साथी है।

यूँ तो वह लाइब्रेरी की खिड़की पर खड़ा होकर सड़क से गुज़रती गाड़ियों को देख रहा है, लेकिन असल में, उसकी निगाहें आधी सदी से भी अधिक पुरानी यादों को निहार रही हैं। उसका अंतर्मन उससे जिरह कर रहा है–

कॉफ़ी की चुस्की लेते हुए वह जो याद कर रहा है, क्या सच में सब कुछ वैसा ही हुआ था? या इतने बरसों में ऐसे ही दृश्यों को फ़िल्मों और कहानियों और उपन्यासों में कई बार देखने-पढ़ने के बाद उसकी स्मृति ने अपने लिए एक नई कहानी गढ़ ली है, जो दिखने में तो बाक़ी सारी कहानियों जैसी ही है, पता नहीं, अहसास में कितना अलग हो? साठ साल बाद लौटकर आया यह अहसास सच में तब भी वैसा ही रहा होगा? या जैसा भी रहा होगा, क्या ठीक वैसा ही लौट कर आया है?

पता नहीं, फिर वह लड़की कहाँ चली गई थी। एक दिन वह उसे शहदादकोट ले जाने वाला था। वह ज़िद करती थी, “चलो, लाहौर भाग चलते हैं।” पर लाहौर बहुत दूर था। इसलिए बसरमल मना कर देता और

कहता, वे लोग पहले नज़दीकी शहर शहदादकोट जाएँगे।

और शायद उस समय भी, मना करते समय, बसरमल जेठाराम पुरस्वाणी के पैर काँपे होंगे। तब शायद वह लड़की नाराज़ हुई होगी। फिर उसने कहा होगा, मैं तुमसे कभी बात नहीं करूँगी, फिर वह मुँह फुलाकर उस सुनसान मदरसे की सीढ़ियों के एक तरफ़ बैठ गई होगी। उसके मुँह फुलाने से बसरमल को मज़ा आया होगा– वह उठकर कहाँ-कहाँ बैठी होगी, मदरसे की सीढ़ियों पर, या फिर पुराने कॉलेज के लॉन में, या फिर पार्क में, जिसे बाद में जिन्नाह पार्क कहा गया और जहाँ पहली बार उसने किसी जीते-जागते आदमी को गोली लगते और फिर उछलकर तीन हाथ पीछे गिरते देखा था।

उसके बाद का कुछ भी याद नहीं आता। वे शहदादकोट नहीं पहुँच पाए थे। उससे पहले ही लड़की ग़ायब हो गई थी। सुनने में आया था कि उसे बलोच उठा ले गए। फिर यह सुनने में आया था कि वह पठानों के साथ भाग गई। फिर यह सुनने में आया कि वह मीरो ख़ान चली गई थी। फिर यह सुना... फिर वह सुना... और एक दिन, उसके बारे में सुनना बंद हो गया।

वह धीरे-धीरे याद कर रहा है। धीरे-धीरे उसे सब कुछ याद आ रहा है। आज से पहले वह स्मृतिलोप का शिकार नहीं था, फिर भी सलीके से अपने अतीत को याद करना उसने जाने कब से स्थगित कर रखा था।

क्या बसरमल का अंत समय नज़दीक है? क्या यही जानकर उसकी स्मृतियाँ उसके पास दौड़ी आ रही हैं? निजी स्मृति भी, सामूहिक स्मृति भी?

स्मृति से निजी कुछ नहीं, कुछ भी नहीं। स्मृति से ज़्यादा मैनिपुलेटेड कुछ नहीं, कुछ भी नहीं। अंदर ही अंदर कितना संघर्ष है– स्मृति का स्मृति से संघर्ष, स्मृति का विस्मृति से संघर्ष, स्मृति का कल्पना से संघर्ष, स्मृति का सच से संघर्ष और स्मृति का अवधारणाओं-परिकल्पनाओं से संघर्ष–

यह सब न जाने कितने स्तरों पर चलता है, एक साथ न जाने कितनी सृष्टियों में चलता है!

तभी तो, किसी ने कहा था- 'आज का मनुष्य, विस्मृत मनुष्य की अनेकानेक सृष्टियों का स्मारक है।'*

संभव है कि कई सारी चीज़ें उसके अवचेतन में हुई होंगी, उसे पता भी न चला होगा। विस्मृति ने उसकी कल्पना को पाला-पोसा होगा। परिणामस्वरूप, कल्पना ने उसके लिए एक नई स्मृति रच दी होगी। उस नई स्मृति ने उसके भीतर विकसित हो रहे गल्प के स्वायत्त प्रदेश की मरुभूमि को सींचा होगा। इस तरह उसकी काल्पनिक स्मृतियों के भीतर एक शरणार्थी अर्थ की उत्पत्ति हुई होगी। और उसके बाद–

अपने मन में आई अपनी ही इन जटिल बातों को काटते हुए बसरमल धीमी, फुसफुसाती आवाज़ में अपने ही आप से कहने लगा :

"क्या बात करते हो, बसरमल! काल्पनिक स्मृतियाँ? नहीं, मेरी स्मृतियाँ, काल्पनिक नहीं हैं। उनका एक-एक क़तरा सच्चा है। मेरी स्मृति, दरअसल, हर उस शरणार्थी की स्मृति है, जिसे अपनी मिट्टी छोड़ने पर मजबूर किया गया। मैं सिंधी हूँ। मैं भारत में रहता हूँ। जबकि सिंध, पाकिस्तान में है। भारत में कितने सिंधी हैं? लाखों। भारत में कितना सिंध है? राष्ट्रगान में एक शब्द जितना। जो जगह भारत में नहीं है, उसका उल्लेख भारत के राष्ट्रगान में है। इसी को 'स्मृति' कहा जाता है। स्मृति मेरी मातृभूमि है। इसे मुझसे कोई छीन नहीं सकता। जो अपनी मातृभूमि खो देते हैं, स्मृति उनकी मातृभूमि बन जाती है।"

तभी, सामने की खिड़की में हलचल हुई और किसी ने परदा खींचकर उसका मुँह ढाँप दिया। यह वह हलचल नहीं थी, जिसका वह इंतज़ार और उम्मीद कर रहा था। फिर भी, फूलों की जाली वाली उस खिड़की पर हुई हल्की-सी हरकत ने उसकी तंद्रा भंग की, जिससे उसके भीतर चल रहे उस गाढ़े मोनोलॉग को एक विराम मिला, लेकिन एक अंदरूनी आवाज़

ने फुसफुसाते हुए उससे पूछा, "क्या याद कर रहे, बसरमल, मातृभूमि या प्यार?"

"दोनों।"

"क्यों?"

"क्योंकि मैंने दोनों को खो दिया।" वह इतना धीमे बुदबुदाया कि ख़ुद उसे भी सुनाई न पड़े।

बरसों पुराने एक चुंबन को याद करते बसरमल जेठाराम पुरस्वाणी ने थोड़ी-सी कॉफ़ी मग में ही छोड़ दी और बुकशेल्फ़ की तरफ़ चला गया। किताबों पर उँगली फिराई। उतनी जगह की धूल उँगली पर चिपक गई। उचककर, कुछ किताबों में लगी फफूँद को देखा और सबसे नीचे से एक जर्जर किताब खींचकर निकाली। रैक के किनारे टँगे कपड़े से उसे पोंछा। फिर एहतियात से उसे झटककर थपका और थोड़ी देर तक उसे सूँघता रहा।

वह सिंधी भाषा के सूफ़ी कवि शाह अब्दुल लतीफ़ की किताब 'सस्सी-पुन्नू' थी।

टेबल पर आकर वह भर्राई और काँपती हुई बूढ़ी आवाज़ में पढ़ने लगा।

उसकी आवाज़ उस दुपट्टे की तरह है, जो आधा ज़मीन में धँसा हुआ, आधा हवा में लहरा रहा। उसकी परछाई उम्मीद की मरीचिका पर फहरा रही।

3.

मेरा नाम 'मैं' है

सिर्फ़ अपनी कहानियों के ज़रिए हम ये जान सकते हैं कि हमारी कहानियाँ अब ख़त्म होने वाली हैं, वरना हम जिए जाएँगे, जिए जाएँगे, गोया हमारे पास जिए जाने (मसलन अपनी कहानी जारी रखने) को बहुत कुछ बचा हो, इस तरह, दरअसल हम भूलवश जिए चले जाएँगे।

–इमरे कर्तेश
(लिक्विडेशन)

उस दिन, मैं उस लाइब्रेरी के सामने खड़ा था। मुझे क़तई अंदाज़ा नहीं था कि उस लाइब्रेरी में घुसने के बाद मेरी भावनात्मक दुनिया में इतनी उथल-पुथल मच जाएगी। शांत और परित्यक्त, किसी वीरान मकान जैसा खड़ा, मिट्टी की खपरैल वाला वह स्थापत्य– जिसकी खिड़की पर लकड़ी की चिक लगी थी और दरवाज़े पर ताला लटका था और जहाँ दिन के उजाले में भी मुर्दनी-सी दिखती थी– दरअसल वह स्थापत्य पुराने

दिनों का कोई बर्बाद सरकारी स्वास्थ्य केंद्र लगता था। कहीं से भान न होता कि यहाँ कोई लाइब्रेरी होगी!

उस समूचे परिसर में इतनी उदासी थी, जितनी मेरे पिता के चेहरे पर छाई रहती है। शायद इसीलिए, सड़क पर खड़े-खड़े मुझे अपने पिता का परेशान और उदास चेहरा बेतरह याद आया।

शायद मेरे पिता को लगता था कि उन्हें परेशान करके मुझे सुख मिलता है, लेकिन असल बात शायद इसके उलट थी- शायद मुझे सुखी देख मेरे पिता परेशान हो जाया करते थे।

संगीत से मुझे सुख मिलता था। जब मैं अपना कमरा बंद करके एक पुराने टेपरिकॉर्डर पर कोई गाना बजा रहा होता, वह दरवाज़ा भड़भड़ाने लगते। मेरे दरवाज़ा खोलने पर दनदनाते हुए भीतर घुसते और टेपरिकॉर्डर बंद कर देते। फिर तार निकालकर टेपरिकॉर्डर पर लपेटते, फिर उसे उठाकर अपने कमरे में ले जाते। यह सब करते हुए वह इतनी ख़तरनाक नज़रों से मुझे घूरते कि मेरी रीढ़ की हड्डी तक में कँपकँपी लहरा जाती।

मैं रात देर तक जागता था। इस नाते सुबह देर तक सोता था। मुझे लगता है कि सोते हुए मेरे चेहरे पर सुख की छायाएँ डोलती होंगी, जिन्हें देख मेरे पाऊ चिढ़ जाते होंगे। शायद इसीलिए वह बेबात ही मुझे झकझोरकर जगा देते कि उठो, दस बज गए हैं। उनके उलट, मुझे कहीं नहीं जाना होता था। उसके बावजूद वह चाहते थे कि मैं सूर्योदय से पहले उठ जाया करूँ।

एक दिन भनककर मैंने उनसे पूछा, "क्या करूँगा सूर्योदय से पहले उठकर?"

वह बोले, "पढ़ाई।"

मैंने उन्हें बताया, "मेरी सारी परीक्षाएँ हो चुकी हैं। सारे नतीजे आ चुके हैं। मैं अच्छे नंबरों से पास हुआ हूँ। मैंने नौकरी के लिए आवेदन किया है। वहाँ से जवाब आने की प्रतीक्षा कर रहा हूँ। तो अब किस चीज़ की

पढ़ाई करूँ?"

वह बोले, "अपने कॉलेज की किताबों को दुबारा पढ़ो। क्या पता, नौकरी के इंटरव्यू में उन्हीं में से सवाल पूछ लिए जाएँ। एक बार एक इंटरव्यू में मुझसे केमिस्ट्री का एक सवाल पूछा गया था। अगर मुझे वह जवाब आता, तो आज मैं कहीं और होता।"

मैंने उन्हें समझाने की कोशिश की, "वह ज़माना और था, पाऊ, यह ज़माना और है। 2007 चल रहा है ये! इक्कीसवीं सदी!"

यह बात मैंने उन्हें बार-बार, कई बार समझाई, लेकिन किसी ज़िद्दी बालक की तरह अड़कर, वह फिर से बोले, "मैंने कहा न, पढ़ा करो।"

मैंने झल्लाकर जवाब दिया, "पढ़ने के लिए बार-बार मत बोला करो। इसी कारण मुझे किताबों से चिढ़ मचती है।"

ऐसे तमाम वार्तालाप का अंत केवल दो तरीक़ों से होता था–

1- मुझसे निराश होकर मेरे पाऊ, सिर झुकाकर मेरे कमरे से बाहर निकल जाते और अपने कमरे का दरवाज़ा बंद कर लेते थे।

2- अपने पाऊ से निराश होकर मैं, झल्लाते हुए घर से बाहर निकल जाता और अपनी प्रिय सड़क पर पैदल चलने लगता था।

दोनों ही अवसरों पर मेरे भीतर अफ़सोस के समंदर में ज्वार-भाटा आने लगता था। मैं ख़ुद को कोसता था कि मैंने एक बार फिर अपने पाऊ को हर्ट कर दिया। या फिर, इस बात पर बौखलाया रहता कि मेरे पाऊ हमेशा मुझे हर्ट क्यों करते रहते हैं।

पैदल चलते हुए मैं 'इमबेलो' से अपने पिता की विचित्र हरकतों और अव्यावहारिक माँगों के बारे में बात करता, जिन्हें सुनने के बाद एक बार वह बोली, "तुम हमेशा अपने पिता की शिकायत क्यों करते हो?"

उस पल मुझे अहसास हुआ, जब मैं अपने पिता के बारे में साधारण-सी बात भी कहता हूँ, तो लगता है, मैं उनकी शिकायत कर रहा हूँ।

किताबों के साथ मेरा एक अजीब-ओ-ग़रीब रिश्ता था– थोड़ा-सा

प्यार और ढेर सारी चिढ़ से भरा हुआ रिश्ता!

और यह सब मेरे पिता के कारण हुआ था।

मुझे याद है, बचपन में किताबें मुझे बहुत अच्छी लगती थीं। मेरे पिता हर महीने मेरे लिए कुछ बाल-पत्रिकाएँ और बाल-पुस्तकें लाया करते थे। उनमें से कुछ मुझे इतनी पसंद थीं कि मैं नींद में भी उन्हें अपने सीने से चिपकाए रखता था।

लेकिन एक मनहूस दिन सब कुछ बदल गया। मैं उस डरावने दिन को आज तक नहीं भूल पाया हूँ।

उस दिन मेरे पिता ने मुझे बाज़ार से एक नई किताब दिलाई। घर लौटते समय उन्हें कोई काम याद आया और वह मुझे लेकर अपने एक मित्र के यहाँ पहुँच गए। हम उन्हें पहलवान अंकल कहते थे। उनकी बड़ी-बड़ी मूँछें और मोटी-मोटी भुजाएँ थीं। उनका बेटा सोलह का था, मुझसे आठ साल बड़ा, लेकिन मुझसे बिल्कुल हमउम्रों जैसा व्यवहार करता था। मुझे ढेर सारी चॉकलेट्स और किताबें देता था। वह लंबा, चौड़ा और सुंदर था। वह मेरा हीरो था। मैं उसे कभी रामू, तो कभी 'बड़े भैया' कहकर पुकारता था।

पहलवान अंकल के दरवाज़े पर पहुँचते ही रामू के ज़ोर-ज़ोर से चीखने और रोने की आवाज़ हमें सुनाई पड़ी। दरवाज़ा खुला हुआ था। आवाज़ों से घबराकर हम तुरंत अंदर घुसे। हमने देखा, पहलवान अंकल ने रामू का गिरेबान पकड़ रखा था और चटाचट-चटाचट उसके गालों पर चाँटे मार रहे थे।

मेरे पिता दौड़े और उन्होंने रामू को अंकल की पकड़ से छुड़ाने की कोशिश की, लेकिन पहलवान अंकल अत्यंत आवेग में थे। उन्होंने धक्का मारकर मेरे पिता को दूर किया और बेहद चपलता के साथ रामू को उठाकर पलंग पर इस तरह पटक दिया, जैसे अखाड़े की रिंग में किसी विरोधी पहलवान को पटकते होंगे।

उसके बाद वह पगलाए हाथी की तरह चिंघाड़ उठे, "ख़बरदार! जो इस पलंग से उठा तो!"

रामू वहीं पड़ा रोता, तड़पता, कराहता रहा। मैं दहशतज़दा, उसे देखता रहा।

हमें नहीं पता था कि उसका अपराध क्या था। मेरे पिता ने जब बार-बार पूछा, तब पहलवान अंकल ने कहा, "साला, उपन्यास पढ़ रहा था। बताइए, पिद्दी-सी उमर है और चले हैं उपन्यास पढ़ने।"

मेरे पिता ने रामू का बचाव करते हुए कहा, "उपन्यास पढ़ना कोई ऐसा अपराध थोड़े है, भाई साहब, कि आप इतनी बेरहमी से इसे पटक-पटककर मारें।"

मेरे पिता की मृदु वाणी का पहलवान अंकल पर कोई असर नहीं हुआ। वह उसी तरह क्रोध में बोले, "टाँग तोड़ देंगे हम इनकी, जो दुबारा उपन्यास पढ़ा तो। कोर्स की किताबें पढ़ते समय नानी मरती हैं इनकी! और उपन्यास पढ़ने के लिए पूरा-पूरा दिन निकाल लेते हैं। पलंग के नीचे छिपकर उपन्यास पढ़ते हैं, ससुर! मारकर भुर्ता बना देंगे हम इनका!"

पलंग के नीचे उपन्यास पढ़ने वाली बात सुन, मेरे पिता की आँखों में हल्की, शरारती हँसी नाच गई। उसे छिपाते हुए उन्होंने पूछा, "कौन-सा उपन्यास पढ़ते हैं ये? रामू, कौन हैं तुम्हारे पसंदीदा लेखक?"

रामू के कराहने की आवाज़ दर्दनाक थी। उसमें जवाब देने की हिम्मत नहीं थी। पहलवान अंकल ने उसे जवाब देने का मौक़ा भी नहीं दिया। ख़ुद ही पट्ट-से बोल पड़े, "अरे, यह क्या बताएँगे, महाराज! पढ़ते भी हैं, तो हिंदी उपन्यास! बोलिए, हिंदी! हिंदी पढ़कर इस देश में किसी का भला हुआ है, बताइए? ख़ून-पसीना एक करके किसी तरह हमने इसे अँग्रेज़ी स्कूल में पढ़ाया है। फ़ीस भरने में हर साल हमारी जान निकलती है, फिर भी क़र्ज़ा-सर्ज़ा करके भर ही देते हैं। लेकिन ये साहब, कोर्स की किताब छोड़कर उपन्यास पढ़ रहे हैं, वह भी हिंदी उपन्यास! अरे मूर्ख आदमी,

अगर उपन्यास ही पढ़ने का मन है, तो अँग्रेज़ी का पढ़ो, कम-से-कम तुम्हारी अँग्रेज़ी ही सुधर जाएगी। लेकिन नहीं, हिंदी पढ़ेंगे! ससुर, हिंदी!"

मेरे पिता ने एक बार फिर उन्हें शांत करने की कोशिश की, "अरे, आप भी तो हिंदी पढ़कर ही यहाँ तक पहुँचे हैं। इन्हें क्यों पीट रहे हिंदी पढ़ने पर? अपनी भाषा है।"

इस पर पहलवान अंकल का ग़ुस्सा उसी तरह भड़का, जैसे घी छिड़कने पर आग भड़कती है। वह खिसियाकर बोले, "क्या करेगा हिंदी पढ़कर? पानीपुरी बेचेगा? या समोसे का ठेला लगाएगा? या चंडीगढ़-लुधियाना जाकर साइकिल रिक्शा चलाएगा? या लोकल ट्रेन में जेब काटेगा?"

इतना कहकर पहलवान अंकल ने फिर से रामू को पीटना शुरू कर दिया, "अँग्रेज़ी क्यों नहीं पढ़ता है रे? तुझे अँग्रेज़ी का उपन्यास लाकर दिया था न हमने, तू वह क्यों नहीं पढ़ता?"

पहलवान अंकल शायद दुनिया के एकमात्र पिता रहे होंगे, जो अपने बेटे को इस बात के लिए पीट रहे थे कि वह अपनी मातृभाषा में छपी किताब पढ़ रहा था।

पिटाई रामू की हो रही थी, लेकिन हाथ-पैर मेरे काँप रहे थे। मैंने अपने पिता के कान में कहा, "पाऊ, चलो यहाँ से! मुझे बहुत डर लग रहा है।"

घर लौटने के बाद मेरे पिता को याद आया कि उन्होंने मुझे भी सरकारी हिंदी मीडियम स्कूल में डाल रखा था। इसी कारण मैं सारी किताबें हिंदी की पढ़ता था। दिन-भर हिंदी में बात करता था। हिंदी गाने सुनता था। हिंदी फ़िल्में देखता था। मेरा हर काम हिंदी में हो जाता था। जीवन में ऐसी कोई चीज़ नहीं थी, जिसके लिए मुझे अँग्रेज़ी की ज़रूरत पड़े। स्कूल में अँग्रेज़ी विषय था, लेकिन उसे भी हिंदी के माध्यम से, हिंदी की तरह पढ़ाया जाता था। मुझे आज भी याद है, मेरे अँग्रेज़ी के टीचर ने अँग्रेज़ी के क्रिया-शब्द 'बाय' (यानी ख़रीदना) के तीन रूप 'बाय-बॉट-बॉट' को 'बाय-बोगट-बोगट' की तरह हमें रटवा दिया था। वह तो भला हो प्रिंसिपल का, जो एक

दिन राउंड मारते हुए उन्होंने सुन लिया, फिर हमें दुरुस्त किया।

रामू के घर से लौटने के बाद उस रोज़ मुझे पहली बार अहसास हुआ कि पहलवान अंकल की तरह मेरे पिता के जीवन का भी सबसे बड़ा दुख यही था कि उन्हें अँग्रेज़ी नहीं आती। वह अपनी सारी नाकामियों का दोष अपने अँग्रेज़ी न जानने को दिया करते थे। उनके अनुसार, भारत में सिर्फ़ दो तरह के लोग रहते हैं :

1- कामयाब लोग, जिन्हें अँग्रेज़ी आती थी, जो सड़क से लेकर संसद तक हर जगह शक्तिशाली थे और दूसरों पर हुक्म चलाया करते थे।

2- नाकाम लोग, जिन्हें अँग्रेज़ी नहीं आती थी, जो हिंदी या अपनी स्थानीय भाषाएँ बोलते थे और अँग्रेज़ी जानने वाले लोगों का हुक्म बजाया करते थे।

सिर्फ़ राजनीति ही एकमात्र ऐसी जगह थी, जहाँ आप बिना अँग्रेज़ी जाने भी शासन कर सकते थे, लेकिन राजनीति में कामयाब होने के लिए बहुत सारा मनी-पावर और मसल-पावर चाहिए था, जो कि हम लोगों के पास नहीं था। इसलिए मेरे पिता ने इस तीसरे विकल्प को कभी गिनाया ही नहीं।

पहलवान अंकल की उस हिंसक हरकत का मेरे पिता पर गहरा असर पड़ा था। कुछ दिनों बाद ही उनका व्यवहार बदल गया और वह मुझे हिंदी किताबें पढ़ने से रोकने लगे। उन्होंने मेरे लिए कुछ अँग्रेज़ी किताबें ख़रीद दीं। जिन कॉमिक्स और पत्रिकाओं को मैं हिंदी में पढ़ता था, उन्हीं के अँग्रेज़ी संस्करण लाकर उन्होंने घर में रख दिए, लेकिन मेरा मन अँग्रेज़ी में नहीं रमता था, क्योंकि हर लाइन के बाद शब्दकोश देखना, नए शब्दों के अर्थ खोजना थकाऊ काम था। मैंने कुछ ही दिनों में हार मान ली और वापस हिंदी पत्रिकाएँ पढ़ने लगा। मेरे पिता को यह बात बुरी लगी। एक रोज़ सुबह उठने के बाद मैंने पाया, कोर्स की किताबों के अलावा मेरी सारी हिंदी किताबें और पत्रिकाएँ ग़ायब थीं। उनकी जगह अँग्रेज़ी पत्रिकाएँ और

किताबें सजाकर रखी हुई थीं।

जब मैं उन किताबों को उठाता, तब मेरे पिता की आँखों में ग़ज़ब की चमक आ जाती थी। मैं पूरी ईमानदारी के साथ उन्हें पढ़ने की कोशिश करता था, लेकिन मुझे कुछ समझ नहीं आता था। विडंबना यह कि यह बात मैं अपने पिता को बता नहीं सकता था।

वह मुझसे कहते, "ज़ोर-से पढ़ो।"

तब मैं, आज्ञाकारी बालक की तरह, अँग्रेज़ी की उन किताबों को ज़ोर-से पढ़ने लगता। कुछ का कुछ पढ़ता। कुछ का कुछ अर्थ बताता। मेरे पिता मुझे अँग्रेज़ी पढ़ता-बोलता देख इतना गौरवान्वित हो जाते थे कि मैं उन्हें कभी बता भी नहीं पाया, मैं उनके सामने ग़लत पढ़ता हूँ, क्योंकि सही पढ़ना मुझे नहीं आता। उन्हें भी नहीं आता था। इसलिए उनकी प्रसन्नता कभी टूटी नहीं। उन्हें मेरी अँग्रेज़ी पर आज तक संदेह नहीं होता।

लेकिन मेरे ऊपर इन सब बातों का एक अजीब असर हुआ।

पहले जहाँ मैं हर समय किताबों में डूबा रहता था, अब मेरा मन उनसे खिन्न रहने लगा। किताबें देखते ही अँग्रेज़ी के अक्षर मेरी आँखों के आगे चकरघिन्नी की तरह नाचते और मुझे वहशत होने लगती। लिहाज़ा, पढ़ाई का मेरा शौक़ मारा गया। किताबों को देखते ही मुझे चिढ़ मचने लगती।

इस तरह मुझे अँग्रेज़ी से नफ़रत हुई। वह मुझे मेरी नाकामियों का अहसास कराती थी। हिंदी भी बिल्कुल यही काम करती थी। इसलिए मैं हिंदी से भी नफ़रत करने लगा। मैं दिवास्वप्न देखता था कि एक दिन मैं जर्मन, फ्रेंच, स्पैनिश या चीनी सीख लूँगा और तब, न मुझे अँग्रेज़ी की ज़रूरत पड़ेगी, न हिंदी की। फिर ऐसे बेहूदा सपनों के कारण ख़ुद से नफ़रत करने लगता था।

हालाँकि मैं कभी इस नफ़रत को मुखर तरीक़े से अभिव्यक्त नहीं कर पाया। मेरे पिता अँग्रेज़ी से 'ऑब्सेस्ड' थे। जैसे ही उन्हें लगता, मैं अँग्रेज़ी से मुँह चुराता हूँ, 'हर्ट' होकर वह अपने कमरे का दरवाज़ा बंद कर लेते।

खाना-पीना छोड़ देते। हमसे नाराज़गी जताने का यह उनका रामबाण स्टाइल था। हम कमरे के बाहर खड़े होकर मिन्नतें करते, माफ़ियाँ माँगते, पर वह दरवाज़ा न खोलते। माँ को डर लगा रहता कि कमरे के भीतर पाऊ ख़ुद के साथ कोई अनहोनी न कर बैठें। वह बाहर खड़ी होकर रोना-धोना मचातीं।

मेरी माँ को गहरा यक़ीन था कि अगर पाऊ को कभी कुछ हुआ, तो उसका ज़िम्मेदार सिर्फ़ और सिर्फ़ उनका बेटा होगा। मेरे अंदर भी यह आशंका बराबर पलती रहती थी। मैं भले ख़ुद को कितना भी मज़बूत दिखाऊँ, अंदर ही अंदर मैं पाऊ की इन हरकतों से बहुत डरता था। इसीलिए कभी खुलकर उनके सामने अपनी इच्छाओं और भयों को ज़ाहिर नहीं कर पाया। इसीलिए, जैसे ही पाऊ के साथ मेरी बहस क़ाबू से बाहर होने लगती, मैं तुरंत अपनी चप्पल पहनता और घर से बाहर निकल जाता।

यह सड़क मेरी एकमात्र शरणस्थली थी।

दूसरी शरणस्थली यह लाइब्रेरी बनने वाली थी।

पर मैं इस लाइब्रेरी तक कैसे पहुँचा?

इसके लिए मैं उस शाम के एक-एक पल का वर्णन करूँगा–

अगर आप उस जगह को नहीं जानते, तो संभव है कि आप इस सड़क से बरस-दर-बरस गुज़रते रहें, लेकिन कभी उस जगह पर आपकी निगाह न पड़े। नेहरू चौक से फारवर लाइन ('फ़्लॉवर्स लेन' शब्द को तोड़कर फारवर लाइन बना दिया गया था और किसी के सामने उसका असली नाम ले लिया जाए, तो वह चौंक पड़ता था) जाते समय दाहिनी तरफ़ वह छोटी-सी लाइब्रेरी थी, जिस पर अरबी लिपि वाली सिंधी में उसका नाम लिखा था। हिंदी और अँग्रेज़ी में भी था, लेकिन बोर्ड पर से लगभग मिट चुका था। उसके ऊपर किसी ज़माने में एक बल्ब जलता होगा, क्योंकि होल्डर और लटकता हुआ तार अब भी मौजूद थे। एक अहाता था और

उसके बीच छोटा-सा मकान था। अहाते में मकान के चारों ओर ख़ाली जगह थी और उसमें तमाम तरह के पेड़ और झाड़ियाँ थीं।

मैं जो कि उस सड़क पर दिन में बीसियों बार चलता था, मेरा ध्यान सिंधु लाइब्रेरी नाम की उस जगह पर पहली बार तब गया, जब नाक को ज़ुकाम और सड़क को कीचड़ देने में समर्थ एक बारिश के तुरंत बाद मैं हवाई चप्पल पहने वहाँ से गुज़र रहा था।

हवाई चप्पल छींटे उड़ाती है और बारिश के बाद उसे पहनना रिस्की होता है, क्योंकि वह किसी भी वक़्त रपटाकर गिरा सकती है। मेरी सफ़ेद रंग की जीन्स, जिसके पायचों को मैंने उधेड़ दिया था और धागों को फैला दिया था, जो कि लटक रहे थे और लिसड़ भी रहे थे– उसका निचली हिस्सा बुरी तरह कीचड़ में लिपटा था और छींटे उछलकर मेरी बैकपॉकेट तक पहुँच गए थे। पर कीचड़ की इस हरकत के बारे में ठीक उस वक़्त मुझे पता न था।

सिंधु लाइब्रेरी से पाँच क़दम पहले मैंने ठिठककर जेब से सिगरेट-माचिस निकाली और वहीं खड़े होकर उसे सुलगाया था। जलती तीली बाईं ओर सड़क पर बने पानी के डबरे में फेंकने के दौरान मुझे लगा था कि किसी तरफ़ से कोई निगाह आई है और मेरी बाईं टाँग पर बिलकुल नीचे, टखने से ऊपर की ओर चढ़ रही है। उस सिहरन को नहीं भूला जा सकता। पहले वह मेरी चप्पल पर गिरी थी। फिर मेरे टखने पर रुक गई। फिर मैंने उस नज़र को अपनी पिंडली में गड़ते हुए महसूस किया। फिर घुटने पर, फिर और ऊपर। मैंने झुककर अपनी जीन्स का जायज़ा लिया, तब मुझे पता चला कि उस पर कीचड़ के छल्ले जोंक की तरह चिपके हैं।

और अपने आप मेरी नज़र बाईं तरफ़ चली गई, जहाँ एक बिल्डिंग थी, और जिसके ग्राउंड फ़्लोर के फ्लैट की खिड़की से मैं दस क़दम दूर था। वह पीले रंग की खिड़की थी, जिस पर लोहे की जालियों में बड़े-बड़े फूल बने थे, जिसके पल्लों का रंग भी पीला था और उनके ऊपर टीन

का एक बार्जा निकला था, जिसका रंग भी पीला था। उस पीली खिड़की से एक लड़की का चेहरा और उतना ही शरीर दिख रहा था, जितना कि खिड़की से दिख सकता है। वह लड़की चीर देने वाली निगाह से मेरी पैंट, चप्पल और कीचड़ को देख रही थी। उसने भी मेरी नज़र को महसूस किया होगा, सिर उठाकर उसने मेरी नज़र से नज़र मिला ली।

न उसके चेहरे पर कोई भाव था, न उसकी आँखों में। पता नहीं, उसकी निगाह में क्या था कि मेरी पिंडली में चुभन और सिहरन होने लगी। उसने खिड़की की सलाख पकड़ रखी थी। मुझे याद नहीं कि उसने क्या पहना होगा, क्योंकि मुझे सिर्फ़ उसका चेहरा दिख रहा था, जो पीले पल्ले, पीली जाली और पीले बार्जे के बीच पीला ही लग रहा था। उसके चेहरे पर वैसा सूखापन था, जैसे किसी ने लोहे को रगड़ने वाले पॉलिश पेपर से उसे रगड़ दिया हो। वह शायद सोकर उठी थी। उसके बाल एक ख़ास अदा में बिखरे हुए थे, और लटें तो नहीं, कुछ खुले हुए बाल ज़रूर चेहरे के आगे झूल रहे थे।

सच यह है कि वह खड़ी थी और इसके आगे-पीछे जो कुछ भी जोड़ूँगा, वह मेरी काल्पनिक स्मृति ही होगी।

उस वक़्त उस भावहीनता के पीछे मुझे हिकारत का छिपा हुआ भाव दिखा था, क्योंकि क़ायदे से, मेरी आँखों में देखने के बाद उसे चुपचाप खिड़की से हट जाना चाहिए था, लेकिन बजाय हटने के, उसने एक बार फिर नज़र नीची कर कीचड़ पर टिका दी, मेरी नज़रों को गाइड करते हुए।

कुछ दिनों बाद जब मैं उसी रास्ते लौट रहा था, तो उसी जगह आकर मैंने महसूस किया था कि कोई हिकारत भले न हो, उसके देखने में सन्नाटा, अवसाद और प्रतीक्षा ज़रूर थे।

उस शाम पूरे रास्ते वह नज़र मेरी पिंडली से बँधी रही, गंडे-ताबीज़ की तरह। फ़ारवर लाइन से लौटने के बाद सड़क पर उसी जगह मैं रुका। खिड़की पर कोई नहीं था। वहाँ पीले रंग का एक पर्दा हलचल कर रहा

था। हवा से जब वह पीछे की तरफ़ जाता, तो टयूबलाइट की दूधिया रोशनी दिख जाती या फिर परदा जाली से पेट सटाकर चिपका रहता। वहाँ खड़े रहने के दौरान मेरी नज़र ठीक उसके सामने, सड़क के इस तरफ़ सिंधु लाइब्रेरी पर चली गई।

इस तरह, मैंने पहली बार उस लाइब्रेरी के दर्शन किए, जो आने वाले दिनों में मेरे जीवन को बदल देने वाली थी।

मैंने बताया कि वह ऐसी जगह नहीं थी, जिस पर सहज ही ध्यान दिया जाए, लेकिन फिर भी उसे देखकर यही लगा कि सड़क के दोनों ओर जहाँ गज़-भर ज़मीन भी ख़ाली नहीं, यहाँ ऐसा ख़ालीपन क्यों है? अहाते के इस तरफ़ ईंटों, गिट्टियों का अम्बार पड़ा था। और उसमें कोई ताला भी नहीं था। वहाँ घुसकर पीले रंग वाली इस खिड़की पर थोड़ी देर निगाह रखने की साहसिक इच्छा ने सिंधु लाइब्रेरी से मेरा परिचय कराया था।

बाहर से झाँककर उसे देखना और समझना मुश्किल था। ईंटों के ढेर, सीमेंट की बोरियाँ, रेत का टीला, लोहे का सरिया, और भी बहुत सारे अगड़म-बगड़म सामान। जब पहली बार मैं उसमें घुसा था, तो रात हो चुकी थी। कोई आवाज़ तक न आती थी। अगली दोपहर वहाँ गया, तो दरवाज़े पर ताला लटका दिख रहा था। एक गौरैया उस पर ठोंगा मार रही थी।

उन दिनों, सोते-जागते मेरे मन में एक ही सवाल कौंधता, "कौन है वह लड़की? क्या वह मेरी इमबेलो थी, जो मेरे मन से निकल एक आकार ले चुकी थी?"

वह लड़की एक जादुई रहस्य थी, जिसे मैं हर हाल में सुलझा लेना चाहता था।

4.

बूढ़े की कहानी

"...किसी एक ख़ास तस्वीर की स्मृति उस ख़ास पल के लिए किया गया अफ़सोस है..."

–मार्सल प्रूस्त
(स्वान्स वे)

बसरमल जेठाराम पुरस्वाणी जानता है कि वह बूढ़ा हो गया है और शायद जल्द ही मर जाएगा, अलबत्ता, कुछ बेसब्र लोग तो ऐसे हैं, जो उसे कब का, मार डालना चाहते हैं। लेकिन आज, वह उन लोगों के बारे में नहीं सोचना चाहता। वह बस उस हँसी को सुनना चाहता है, जो थर्मस के भीतर से आ रही। कुछ पलों के लिए स्थिर बैठकर, वह उस हँसी को पी जाना चाहता है।

लड़की एक बार अपने साथ ब्लैक एंड व्हाइट तस्वीर ले आई थी उसे दिखाने। उसने बड़े पायचे वाला एक शरारा पहन रखा था। सिर पर

गाढ़े रंग की चुन्नी ओढ़ी थी। हाथों को सामने की तरफ़ बाँध रखा था। उस तस्वीर से अमरूद की ख़ुशबू आ रही थी। लड़काना से जो भी आता है, उसकी हथेलियों से अमरूद महकता है। उस दिन भी, वे अमरूद के पेड़ के नीचे बैठे थे, तब पता नहीं, किस ख़याल से बसरमल जेठाराम पुरस्वाणी उस लड़की की हथेलियों पर अमरूद की पत्ती धीरे-धीरे मसलने लगा था। उसके रस में अपना अँगूठा डुबो वह उसके माथे पर एक टीका लगा रहा था। और थोड़ा ऊपर बढ़कर, उसने उसकी माँग में वह रस लगा दिया था। उसे ऐसा करता देख लड़की खिलखिलाने लगी थी। फिर उसने अपनी हथेली बसरमल के चेहरे पर पोत दी थी। फिर हँसते हुए दौड़ पड़ी थी। इसी में, रस की एक छोटी-सी बूँद तस्वीर पर गिरकर फैल गई थी। पेड़ के नीचे बैठा बसरमल पाजामे के कोने से तस्वीर पोंछ रहा था।

इस समय, वह जिस तरह मुस्करा रहा है, ठीक ऐसे ही आधी सदी पहले भी मुस्कराया था। एक तरफ़ का होंठ उठाकर, टेढ़ी मुस्कान!

उसने दराज़ से कपड़ा निकाला और बग़ल से फूल-झाड़ू उठा लिया। रैक के पीछे जाकर उसने कपड़ा चलाना शुरू किया। आहिस्ता-आहिस्ता। फिर झाड़ू से किताबों को ठोंकने लगा। फफूँद की सीली गंध आस-पास फैल गई। उसने हथेली के उल्टे हिस्से से अपनी नाक पोंछी। कुछ किताबों को बाहर निकाल लिया। बाहर आने की कोशिश में एक किताब ने अपनी जिल्द छोड़ दी। उसने मुँह बिचकाकर उसे देखा और कहा, 'ओह मेरी बच्ची! इतनी नाराज़गी?'

और उखड़ी हुई जिल्द समेत उस किताब को मेज़ पर रख आया।

रैक के पास लौटकर उसने लगभग पचीस किताबें ज़मीन पर बिछा दीं। सब पर फफूँद उग रही थी। कुछ के काग़ज़ इतने पीले और गीले हो गए थे कि स्पर्श से बिखर जाते। काग़ज़ लुगदी की तरह नज़र आता। जिन किताबों की जिल्द कपड़े या रेग्ज़ीन की बनी थी, उन्हें उसने कपड़े से पोंछना शुरू किया। पेपरबैक किताबों को वह अपने नाज़ुक फूल-झाड़ू

से थपथपा देता।

वह लड़की जब कभी रोती, तो वह पूरे जोश के साथ, अमरूद की पत्तेदार टहनी से उसकी पीठ पर थपकी देता। फिर टहनी से एक पत्ती निकालकर पीठ तक लटकती उसकी चोटी में अटका देता। फिर टहनी को उसकी चोटी में बँधे फीते में खोंस देता और 'देखो-देखो, तुम्हें पूँछ उग आई' कहते हुए हँसने लगता। कई बार, लड़की अपना रोना छोड़ उसकी हँसी में शामिल हो जाती या खिसियाकर हाथ उठा देती।

वह रैक के ऊपर, छत की तरफ़ देखता है। मिट्टी की खपरैल है। कुछ नहीं दिखता। स्टूल पर चढ़कर रैक देखता है। पूरी रैक गीली है। वह सारी किताबें निकाल देता है। प्लाईवुड फूलकर खुल गया है। कुछ किताबें वहीं चिपक गई हैं। कुछ खींचते समय अपने निशान वहीं छोड़ आई हैं। वह उँगली से छूकर देखता है, पानी भीतर तक घुस गया है। वह फिर ऊपर देखता है। जाने कब से पानी टपकता रहा होगा, उसकी आँखों को दिखा नहीं ? कानों ने कभी टपकती ध्वनि सुनी नहीं ? भीतर किसी ने भी टहोका क्यों नहीं मारा ?

नेफ्थलीन की एक पुरानी गोली नीचे गिरती है। वह अभी पूरी तरह भाप नहीं बनी है। हालाँकि उसका गोल आकार खो गया है। वह कपड़े से रैक को पोंछने लगता है। सीलन, गीलन और फफूँद के कारण कपड़ा तेज़ी से नहीं सरकता।

एक बार उसने पका हुआ अमरूद लड़की के कंधे पर फोड़ दिया था। बड़े गले वाली क़मीज़ से लड़की का कंधा और पीठ झाँक रहे थे। उसने अमरूद वहाँ रखा और अँगूठे से दबाने लगा। लड़की दर्द से ऐंठने लगी। अमरूद बीच से फट गया। उसने अपने हाथों से अमरूद के दो फाँक किए और शरारतन उसकी पीठ पर रगड़ दिया। लड़की फिर कुनमुनाई और अपनी चुटकी में उसकी नाक पकड़कर ज़ोर से दबा दी। बसरमल ने सिर को झटका देकर नाक छुड़ाई। और दूसरी फाँक को भी उसकी पीठ

पर रगड़ने लगा। लड़की ने उसे धक्का मारकर गिरा दिया।

जब वह घर जा रही थी, तब बसरमल ने अपने पाजामे से रूमाल निकालकर उसकी पीठ पोंछी थी–आहिस्ता से। उसका हाथ तो बाक़ायदा चल रहा था, लेकिन आँख गरदन पर उगे एक तिल पर अटक गई थी। उसके क़रीब ही नाख़ून की खुरच के निशान थे। नज़र तिल में अटकती, मन उस खुरच में अटकता, और हाथ तेज़ी से नहीं सरकता।

*

उसकी स्मृतियों के लड़काना पर अमरूद की भीनी ख़ुशबू और एक लड़की की मीठी हँसी का शासन था। हर प्यार में एक ख़ुशबू होती है। उसका प्यार अमरूद की ख़ुशबू से भरा था। वह जहाँ-जहाँ गया, गली-नुक्कड़-बाज़ार, अमरूद की ख़ुशबू हर जगह उसके साथ फिरती रही, जबकि उस लड़की की हँसी उसके हृदय के भूमंडल पर डोलती रही।

वह उसे प्यार से 'जाम' कहता था। जाम यानी अमरूद। वह अठारह साल की थी, जिसे किताबें पढ़ने और कहानियाँ सुनाने का शौक़ था, जिसके घर से निकलने पर तमाम बंधन थे, तिस के बावजूद वह बसरमल से मिलने पहुँच जाती थी। वे लगभग हर तीसरे रोज़ मदरसे में मिलते थे-सबसे छिप-छिपाकर।

बसरमल सत्रह साल का था, मिट्टी से बनी अपने घर की एक दीवार पर बैठकर सड़क से गुज़रने वाली मोटरकारें गिना करता था या बिखरे हुए काग़ज़ों में कुछ न कुछ उकेरा करता था। एक दिन दीवार पर बैठे-बैठे उसे शौक़ हुआ कि वह अपने प्यार के बारे में जाम को तफ़सील से लिखे, ख़ासकर वे बातें, जो वह उसके सामने कह नहीं पाता था। एक दिन, दो दिन, सात दिन... वह पूरे दस दिन तक उसे ख़त लिखता रहा।

अगली मुलाक़ात में उसने जाम से कहा, "मैंने तुम्हारे लिए सौ पन्नों

का एक ख़त लिखा है।"

उसने पूछा, "सौ पन्ने? क्या लिखा है उनमें?"

"ये लो, तुम ख़ुद पढ़ लो।"

"तुम पागल हो। सौ पन्ने का ख़त पढ़ने में मुझे बीस दिन लगेंगे। और ख़ुदा न खास्ता, ख़त पढ़ते-पढ़ते किसी रोज़ मुझे नींद आ गई, तो?"

"तो?"

"तो मेरी छाती पर रखे ख़त के पन्नों को मेरे अब्बू और भाईजान उठा लेंगे, वे दो घंटे में ही सब कुछ पढ़ लेंगे। फिर अगले दो घंटे तक मेरी सुँताई होगी। फिर अगले दो दिन तक तुम्हारी होगी।"

"तुम मेरा ख़त छिपाकर नहीं रख पाओगी?"

"तुम्हारी मुहब्बत छिपाने में इतनी मेहनत लगती है, ख़त छिपाने में तो जान निकल जाएगी। तुम मत लिखा करो ख़त-वत।"

"और जो लिख दिया है, वह?"

"दफ़न कर देना। सारे के सारे सौ पन्ने। लिखावट का फ़रिश्ता सौ रातों तक मेरे सपने में आएगा, और हर रात उस ख़त का एक पन्ना मुझे पढ़कर सुना जाएगा।" यह कहकर वह दीवानियों की तरह उसका हाथ पकड़कर खिलखिलाने लगी।

"दिल से लिखा है। मेरी सौ पन्ने की मेहनत है, सौ पन्नों का सच्चा प्यार! सच में नहीं पढ़ोगी?"

खिड़की से बाहर झाँकती, हँसती हुई जाम अंततः मान गई, "ठीक है, जो पेज तुम्हें सबसे अधिक पसंद हो, वह पढ़ दो।"

"सुनो, छोटा पेज पढ़ना।" चिढ़ाते हुए उसने अपनी अनुमति में यह भी जोड़ दिया।

बसरमल में एक नए तरह का जोश भर गया, सारे पन्नों को उलटते-पलटते अंततः वह एक पन्ने पर ठहरा, और उसने पढ़ना शुरू किया–

मैं तुम्हारे पास एक स्मृति की तरह आऊँगा।
जैसे अलसाई हुई सुबह एक पेड़ जागता है
और अपने शरीर पर ओस पाता है,
तब वह बारिश की स्मृति में चला जाता है।
जैसे दोपहर सड़क किनारे खड़ी बूढ़े आदमी की मूर्ति
ठंडी हवा की स्मृति में जाती है।
जैसे एक दिन तुम पौ फटते ही उठती हो,
और तुम्हारे बाएँ स्तन पर रात के सपने की स्मृति
मुस्कान बनकर थिरक रही होती है।
जैसे किनारे की रेत पर धँसी एक नाव
समंदर के स्पर्श की स्मृति में स्थिर हो चुकी होती है।
जैसे कोई तितली अपने पसंदीदा रंग की स्मृति में
फूल पर बैठ विश्राम कर रही होती है।
जैसे एक पतंग आसमान के बीचोबीच
आसमान की स्मृति नाप रही होती है।

अपने अनसुलझे बालों में उँगलियाँ फिराती हुई वह ठठाकर हँसी।

मैं तुम्हारे पास एक स्वप्न की तरह आऊँगा।
सोने से पहले जब सपनों की फुसफुसाहटें सुनाई नहीं पड़तीं,
तुम अपनी नींद के भीतर
मेरे लिए एक कोना बुहार रही होगी।
रात के तीसरे पहर
नींद में ग़ाफ़िल मुस्कान की तरह आऊँगा।
भीड़ भरी सड़क पर,

कंधे पर लगे किसी हल्के धक्के की तरह आऊँगा।
रूमानियत से भरी शुक्रवार की रात की तरह आऊँगा।

मैं तुम्हारे पास एक आवाज़ की तरह आऊँगा।
जब किचन में खड़ी हो तुम
अपने यौवन का कोई गीत गुनगुना रही होगी,
मैं उसके बीच बाँसुरी की तान की तरह आऊँगा।
किन्हीं ख़यालों में खोई हुई,
जब तुम ड्राइव कर रही होगी,
तब मैं बग़ल से गुज़र गई
एक कार के हॉर्न की तरह आऊँगा।

मैं तुम्हारे पास एक प्रतीक्षा की तरह आऊँगा।
बरसों खड़े रहने के बाद जब तुम्हारे पैर थक जाएँगे,
मैं बैठ जाने की राहत की तरह आऊँगा।
किसी दिन मैं तुम्हारे गले में हिचकी की तरह आऊँगा।
किसी दिन पानी पीते समय
छाती में उगे ठसके की तरह आऊँगा।

अपने आप में खोया हुआ बसरमल पढ़ता ही जा रहा था–

तुम किसी और को देखोगी और मुझे स्मरण करोगी।
तुम किसी और को खिलाओगी और मेरे स्वाद की कल्पना करोगी।
कॉलबेल बजने पर तुम किसी और का स्वागत करोगी,
लेकिन प्रतीक्षा तुम मेरी करोगी।

तुम किसी और का नाम लोगी और वह तुम्हें मेरा नाम लगेगा।

तुम्हें कोई और गुदगुदाएगा,
लेकिन बख़्श देने की मनुहार तुम मुझसे करोगी।
सब तुम्हारे माथे पर एक तिल देखेंगे,
लेकिन तुम मेरे माथे पर अपना चेहरा देखोगी।

मैं आऊँगा, इस-इस तरह, हर तरह,
हर रूप में आऊँगा।
तुम चाहकर भी मेरा आना
कभी रोक नहीं पाओगी।

जाम पहले से भी ज़्यादा ज़ोर से, ठठाकर हँस पड़ी। शायद बसरमल की अदाबाज़ियाँ देखकर। अचानक ही बसरमल लजा गया। वह हँसती रही, उनकी परछाइयों का आकार बढ़ता रहा।

उस पूरे दिन ने
एक नए नाम के साथ
भविष्य में प्रवेश किया।

शेष प्रेमपत्र अनपढ़ा, अप्रेषित ही रहा। आनेवाले जीवन के बाक़ी सारे प्रेमपत्र इसी के वंशज थे। इसीलिए अनपढ़ा, अप्रेषित, अप्राप्त होने का अभिशाप उनकी आनुवंशिकी में शामिल रहा।

उस रोज़, घर लौटकर, उसने उन सौ पन्नों को एक बड़ी सुई और मोटे धागे से सिला, जैसे स्कूल में बुक-बाइंडिंग सिखाई गई थी। वे पन्ने एक अनगढ़ किताब जैसे दिखने लगे थे। उसने उसके पहले पन्ने पर शीर्षक लिखा- 'प्यार के सौ पन्ने और इनकार का एक शब्द।' उसने लकड़ी का एक छोटा-सा डिब्बा खोजा, उसमें उन पन्नों को बड़े जतन से रखा, उस

पर अमरूद की पत्तियाँ बिछाईं, कीलें मारकर डिब्बे को बंद किया और रात, सबके सो जाने के बाद, घर के पिछवाड़े दफ़न कर दिया।

उसे लिखावट के फ़रिश्ते पर बेइंतहा भरोसा था।

उससे ज़्यादा, जाम की बातों पर।

प्यार के इस पन्ने को उसने ज़ोर-ज़ोर से, ठहर-ठहरकर, पूरी अदा के साथ पढ़ा था। इसलिए यह पन्ना उसकी स्मृति में टँका रह गया।

देश का विभाजन हो गया। दंगे शुरू हो गए। उसने वह ज़मीन खो दी, उसमें गड़ा प्यार का वह ख़ज़ाना खो दिया और जाम को भी खो दिया। पहले तो समझ ही न आया कि दंगे क्यों हो रहे। फिर पता चला कि अँग्रेज़ों ने देश के दो टुकड़े कर दिए हैं- उस तरफ़ हिंदुस्तान, इस तरफ़ पाकिस्तान।

बसरमल के लिए वह सब बहुत अजीब था। अगर आप उसकी किशोरावस्था की कोई तस्वीर देख लें (हालाँकि उसके पास कोई तस्वीर नहीं बची), तो आप कहेंगे कि यह एक मुसलमान युवक है। जिन जगहों पर वह पला-बढ़ा था, वहाँ दोनों क़ौमों में कोई ख़ास अंतर न था। खान-पान, भाषा, पहनावा सब कुछ एक जैसा था। ये ईद की सेवइयाँ चाव से खाते थे और वे दिवाली के दीये शौक़ से जलाते थे। स्वाभाविक है कि उनके बीच असहमतियाँ थीं, विवाद थे, वे ज़ख़्मी होते थे, एक-दूसरे से दुखी होते थे, लेकिन उनकी कोशिकाएँ इतनी मज़बूत और परस्पर जुड़ी हुई थीं कि तुरंत ही मरम्मत कर लेती थीं और उनकी त्वचा पहले जैसी चिकनी हो जाती थी, इस क़दर जवान कि उसे देख किसी को उनकी संस्कृति की उम्र का अंदाज़ा ही नहीं होता था। वही हिंदू-मुसलमान अब अचानक एक-दूसरे के ख़ून के प्यासे हो गए थे। बेरहम अँग्रेज़ों ने उँगली करके उन्हें नये ज़ख़्म दिए, भर चुके ज़ख़्मों को भी उँगली से कुरेद-कुरेदकर ताज़ा किए रहे। उन्होंने फूट डाली, दरार पड़ी और देश दो टुकड़े

हो गया। जैसे सैलाब आ गया। 1947-48 के वे बरस! आपके लिए भले वह जाने-अनजाने इतिहास का महज़ एक पन्ना हो, बसरमल के लिए तो एक ऐसी सज़ा है, जिसे वह आज तक भुगत रहा है। जिन लोगों का सियासत से कोई लेना-देना नहीं होता, सियासत उन्हीं लोगों पर सबसे ज़्यादा असर डालती है।

चीख-पुकार और लाशों के ढेर के बीच अपने सिंध को पीठ पर लादे, बसरमल ने किसी तरह सरहद पार की। उसने मीरपुर ख़ास वाला (लाहौर वाला नहीं) रास्ता लिया, कोटा पहुँचा, वहाँ के रिफ़्यूजी कैंप में एक हफ़्ता गुमनामी में गुज़ारा, फिर दिल्ली की तरफ़ बढ़ते सिंधियों का साथ पकड़ा– जैसे एक बेनाम टहनी धारा में बहती है, बह-बहकर कहीं पहुँच जाती है, उसी तरह कई शहरों के कई कैंपों से गुज़रता, ठहरता, वह एक दिन मुंबई पहुँच गया।

वह कभी नहीं जान पाया कि जाम कहाँ चली गई थी! एक सपना उसे बार-बार दिखाई पड़ता : वह ज़मीन खोद रहा है। खुदाई से तीन लोग निकले हैं, उनके पास कोई चेहरा नहीं है, उसके बावजूद, एक-एक कर वे अपना नाम बताते हैं, जैसे सजदा कर रहे हों–

मैं शाह अब्दुल लतीफ़!

मैं सस्सी!

मैं पुन्नू!

उसकी आत्मा सुदूर स्थित एक शहर थी, नक़्शों से अदृश्य एक ऐसा शहर, जो उसके प्यार की क़ंदीलों से जगमगा रहा हो।

एक दिन एक भटकते दरवेश ने उससे कहा, "बेटा, जो कुछ भी तुमने खोया है, उसे तुम किताबों में पाओगे।"

उसी शाम, झटपट, फ़्लोरा फ़ाउंटेन के पास फ़ुटपाथ पर लगी सेकंड-हैंड किताबों की दुकान से उसने एक किताब ख़रीद ली। उसके पन्नों के भीतर गुलाब का एक फूल रखा हुआ था, जाने कब से सूखता हुआ एक

सुर्ख़ फूल! उसमें से एक जानी-पहचानी ख़ुशबू आ रही थी, हाँ, वह उस ख़ुशबू को दिलो-जान से महसूस कर सकता था। उस दिन, अचानक, उसे पहली बार अहसास हुआ कि वह गुलाब के भीतर से भी अमरूद की मीठी ख़ुशबू को महसूस कर सकता है।

उसने सरहद पार से आए अपने जैसे और शरणार्थियों को जानना शुरू किया। इन सिंधियों के पास कोई ख़ास पैसा नहीं था। सब कुछ छोड़छाड़ कर भारत की ओर भागने से पहले, उनकी औरतों ने कान की बाली, नथनी, अँगूठी या ऐसा ही कोई छोटा-मोटा गहना बड़ी मेहनत से पाजामे की तुरपाई में सिल दिया था– वही संकट की घड़ी में उनका आसरा बन गया। ज़िंदगी का एकमात्र संघर्ष था, बचते-बचाते ख़ुद को बसाना और अपनी संस्कृति को बचाना। उन्होंने औरतों के कपड़ों पर कढ़ाई की, काज़-बटन लगाए, और साड़ियों पर फ़ॉल-पीको किया, बाँस के खोमचों पर बटर-पापड़ी जैसे झटपट नाश्तों की दुकान लगाई, मुंबई के वड़ा-पाव में ख़ास अपनी तरह का स्वाद भरकर बेचा। सस्ती मज़दूरी से लेकर दलाली तक, छोटी-मोटी चोरियों से लेकर सुपारी किलिंग तक, उन्होंने हर तरह के काम किए।

उन्होंने रिफ़्यूजी कैंपों, स्टेशनों और फ़ुटपाथों पर दिन गुज़ारे। बरसों तक, वे अपने अतीत को दुहरा-दुहराकर जीते रहे : *नाराज़ आत्माओं की तरह उनकी भूख भटकती रही। ख़ामोश खंडहर जो किसी को सहारा और आसरा न देते। लाश की तरह लेटी औरतें। बुतों की तरह खड़े पुरुष। चोरी से सरहद पार करतीं सड़कें। लाल आँसू। नमकीन ख़ून। यही वे यादें थीं, जो उनके वर्तमान को परिभाषित करती थीं। और भीतर कहीं, उनका हृदय धड़कता था, उस हृदय का नाम था: एक खोया हुआ महाद्वीप,* यानी एक ऐसी जगह, जहाँ विभाजन नामक भूकंप के झटके, धड़कन की तरह, नियमित आते थे।

एक ठीक-ठाक नौकरी पाने और लाइब्रेरी खोलने से पहले के वे

बरस!

वे शायद बसरमल के जीवन के सबसे कड़वे दिन थे। रिफ़्यूजी कैंप ठसाठस भरे हुए थे। वहाँ कई तरह की बीमारियाँ फैल रही थीं। भारत सरकार की तरफ़ से शरणार्थियों को मकान आवंटित किए जा रहे थे, लेकिन उन्हें पाना आसान नहीं था। उसे बताया गया कि मकान पाने के लिए लिए राशन कार्ड में नाम होना आवश्यक है। राशन कार्ड में नाम तब तक दर्ज नहीं होगा, जब तक रिफ़्यूजी सर्टिफिकेट न दिखाया जाए। रिफ़्यूजी सर्टिफिकेट तब बनेगा, जब बसरमल के पास कोई ऐसा काग़ज़ हो, जो यह साबित कर सके कि विभाजन के समय वह पाकिस्तान के सिंध से भारत की मुंबई में एक शरणार्थी की तरह आया था।

उसके पास कोई काग़ज़ नहीं था। कोई सबूत नहीं था।

उसने क्लर्क से कहा, "मैं सिंधी भाषा बोलता हूँ, यही सबूत है कि मैं सिंध से आया हूँ।"

क्लर्क ने जवाब दिया, "भाषा तो कोई भी बोल सकता है। मुफ़्त का मकान पाने के लिए कोई भी शरणार्थी होने का स्वांग रच सकता है। काग़ज़ लाओ और मकान ले लो।"

बसरमल ने कहा, "मेरे पास कुछ नहीं है। मैंने अपने अब्बू-अम्मी को खो दिया है, अपने परिवार को खो दिया है। लड़काना में हमारा बड़ा-सा घर था, ख़ासी जायदाद थी। मैंने सब खो दिया। वहाँ सिंध में चारों ओर दंगाई फैले हुए थे। उन्होंने मार-काट, लूट-पाट मचा रखी थी। अपनी जान बचाता या काग़ज़ जुटाता? यहाँ ज़िंदा पहुँच पाया हूँ, यही ग़नीमत है। ऐसे में आप ही बताइए, काग़ज़ कहाँ से लाऊँ?"

क्लर्क ने कहा, "काग़ज़ नहीं है? तो कल आना!"

'कल आना-कल आना' करते हफ़्तों बीत गए। बसरमल को न सर्टिफिकेट मिला, न मकान। शायद बाबुओं को रिश्वत चाहिए थी। एक दिन अफ़सरों के साथ उसका जमकर झगड़ा हुआ, तब उसे टालने के

लिए एक उपाय बताया गया– अगर सिंधी समाज के पाँच प्रतिष्ठित लोग लिखित रूप से प्रमाणपत्र दें कि वे लड़काना में बसरमल और उसके परिवार को जानते थे, तब उसके लिए रिफ़्यूजी सर्टिफिकेट बनाया जा सकता है।

बसरमल ने कहा, "लेकिन इसमें तो समय लग जाएगा। तब तक मैं कहाँ रहूँगा? कैंप में बीमारियाँ फैल चुकी हैं। वहाँ एक दिन भी रहना सेहतमंद नहीं है।"

अफ़सर ने बेहद मीठे लहजे में कहा, "यह आपकी मर्ज़ी! आप कैंप में रहें या सड़क पर! बस अड्डे पर रहें या रेलवे प्लेटफ़ॉर्म पर। आप रिफ़्यूजी हैं। रिफ़्यूजी तो कहीं भी रह लेते हैं। मैंने देखा है, जुहू चौपाटी के पास गटर के बड़े पाइप रखे हैं। रिफ़्यूजियों ने उन पर भी क़ब्ज़ा कर लिया है। धीरे-धीरे पूरे देश पर क़ब्ज़ा कर लेंगे।"

यह सुनकर बसरमल को तैश आ गया। उसने कहा, "हम यहाँ क़ब्ज़ा करने नहीं आए हैं, बल्कि हमारी ज़मीन पर किसी और ने क़ब्ज़ा कर लिया है, इसलिए मजबूरी में हमें यहाँ आना पड़ा है।"

अफ़सर का मीठा लहजा बरक़रार था। वह बोला, "किसने क़ब्ज़ा किया है? जिन्नाह ने। है न? तो जाइए, जिन्नाह के पास जाइए, यहाँ क्यों आए हैं? जाकर जिन्नाह से कहिए कि आपके पास रहने को जगह नहीं है। वह ज़मीन हड़पकर एक और पाकिस्तान बनाएगा। फिर आपको रहने की जगह दे देगा।"

बसरमल का क्रोध बढ़ गया, "क्यों जाऊँ जिन्नाह के पास? मैं भारत में आया हूँ। भारतीय हूँ। अपना हक़ यहीं माँगूँगा।"

अफ़सर ज़ोर-से हँसा। उसने अपनी परिचित मीठी वाणी में कहा, "किसने कहा आप भारतीय हैं? आपके पास कोई काग़ज़ है, जो बता सके कि आप भारतीय हैं? एक बात याद रखिए, आप न भारत के हैं, न पाकिस्तान के। आप सिर्फ़ एक रिफ़्यूजी हैं। और रिफ़्यूजी का कोई वतन

नहीं होता। आप दरअसल हवा में लटके हुए हैं, लेकिन आपको लग रहा है कि आप उड़ रहे हैं। ग़लतफ़हमी है आपकी!"**

'मैं एक रिफ़्यूजी हूँ और मेरा कोई वतन नहीं। अपने खोए हुए अतीत पर मेरा कोई दावा नहीं'– इस कड़वी सचाई को पचा पाने में बसरमल को बरसों तक अपमान के घूँट पीने पड़े थे। यह अकेले उसकी नहीं, बल्कि अपनी ज़मीन से उखड़े उस जैसे तमाम शरणार्थियों की दर्दनाक कहानी थी।

पीड़ा, उपेक्षा, संदेह और अपमान की ऐसी मिलती-जुलती कहानियाँ उसने दूसरे शरणार्थियों से सुनीं, कुछ समय बाद अख़बारों में पढ़ीं और बाद में सिंधी साहित्य की किताबों में पढ़ीं। उन्हें पढ़कर लगता, चरित्रों के नाम बदल जाते हैं, नियति वही रहती है।

वह दौर था, जब जिन्नाह का प्रेत बसरमल के पीछे मानो हाथ धोकर पड़ गया था। जब वह नौकरी तलाशने जाता, खींसे निपोरता मैनेजर कहता, "हमसे क्यों माँग रहे? जाकर जिन्नाह से नौकरी माँगो।"

उसने आगे की पढ़ाई जारी रखने के बारे में सोचा। कॉलेज के बुद्धिजीवी अध्यापकों तक ने उस पर व्यंग्य कसा, "पढ़-लिखकर जिन्नाह बनोगे? देश तोड़ोगे?"

वह कहता, "जिन्नाह से मेरा कोई रिश्ता नहीं है। मैंने उन्हें कभी देखा तक नहीं।"

एक दिन उसे महसूस हुआ कि हर समय कोई उस पर नज़र रखता है। उसने कैंप के बड़े-बुज़ुर्गों से यह बात साझा की। पता चला कि पुलिस को उस पर शक है। सिर्फ़ बसरमल ही नहीं, बल्कि हर उस शरणार्थी को पुलिस शक से देखती है, जो सिंध से आया है।

एक दिन, एक दफ़्तर में सादे कपड़ों में घूमते एक पुलिसवाले ने बसरमल को रोककर ठेठ मराठी लहजे में पूछा, "ऐ सुन! तू हिंदू है न?"

बसरमल ने कहा, "हाँ!"

पुलिसवाला : “तब तू अपने माँ-बाप को ‘अम्मी-अब्बू’ क्यों बोलता है?”

बसरमल : “हमारे सिंध में सभी ऐसा बोलते हैं। हिंदू भी, मुसलमान भी, सब कोई!”

पुलिसवाला : “सच्ची बोल, तू पाकिस्तान का जासूस है न? तू सिंधी बनकर इधर छुप के रहता है। है न?”

बसरमल इनकार करता रहा, लेकिन पुलिसवाले ने एक नहीं सुनी। नतीजा : हर शाम नज़दीक की पुलिस चौकी में जाकर हाज़िरी दर्ज करवाने की शर्त उस पर लाद दी गई। दस दिन बाद एक रसूख़मंद सिंधी बुज़ुर्ग की रिश्वत और मेहरबानी के चलते बसरमल का पीछा उस पुलिसवाले से छूटा।

उस बुज़ुर्ग ने उससे कहा, “सतर्क रहा करो। जैसे चिड़िया।”

उसके बाद बसरमल चिड़ियों को ग़ौर से देखने लगा। वे सच में, हमेशा सतर्क रहतीं, क्योंकि वे हर समय डरी रहतीं। एक ख़ुश और चहचहाती चिड़िया भी दरअसल एक डरी हुई चिड़िया थी। सतर्कता के मूल में डर है।

जाम के मुलायम प्यार की दुनिया से निकलकर वह एक डरी हुई खुरदुरी दुनिया में पहुँच गया था। वह लोगों से डरता था। लोग उससे डरते थे। हर छोटी-बड़ी बात पर उसे पाकिस्तान लौट जाने को कहा जाता। यह बात कभी एक भली सलाह की तरह कही जाती, तो कभी एक भद्दी गाली की तरह। हर छोटी-बड़ी समस्या का ज़िम्मेदार बसरमल और उस जैसे शरणार्थियों को बता दिया जाता। आए दिन लोगों से सुनने को मिलता कि फलाँ जगह एक सिंधी रिफ़्यूजी को पाकिस्तान का जासूस होने या बच्चा चोरी करने वाले गिरोह का सदस्य होने या जेबकतरा होने के संदेह में या बिना किसी संदेह के, बिना किसी बात के, पीट दिया गया।

कितने बरसों तक यह सब चलता रहा! कई बार उसे अपने ही

सहकर्मियों की फुसफुसाहट सुनाई पड़ती, "सिंधी मतलब पाकिस्तान का जासूस! साँप पर भरोसा कर लेना, लेकिन सिंधी पर मत करना।"

यह सब सुनकर बसरमल का संवेदनशील मन एकदम दुखी हो जाता था। लेकिन एक समय बाद उसने सुनना बंद कर दिया। दरवेश की सलाह को याद कर वह एक तलाश में लग गया। किताबों की तलाश, लोगों की तलाश, हसीन पलों की तलाश, जाम की तलाश! वह अनेक लोगों से मिलता। बातों-बातों में उनसे पूछता, "याद है, लड़काना की रेशम गली में एक सेठ दयालदास रहते थे? कुछ जानते हैं आप? उनका परिवार कहाँ गया? उनकी एक बेटी भी थी, क्या आपको कोई जानकारी है?"

उसने हज़ारों किलोमीटर दूर अपनी मातृभूमि खोई थी। मुंबई की गलियों में अपनी भाषा, संस्कृति, रीति-रिवाज और परंपराओं का पालन करते हुए उसने अपनी खोई हुई मातृभूमि को खोजने के बारहा जतन किए। वह क्षुब्ध रहा, वह अकेला रहा, दुख और अपमान का पहाड़ अपने कंधों पर लादे चलता रहा, लेकिन एक दुखी आदमी की तरह नहीं, बल्कि अपनी मातृभाषा में उम्मीद और अतीत के गीत गाते आदमी की तरह!

उसने हज़ारों किलोमीटर दूर अपना प्यार खोया था। वह मानता था कि प्यार ही निर्वाण है। एक ऐसे समय में जब मनुष्य अपना प्रेम खो दे, जब ईश्वर गुमशुदा हो जाए, निर्वाण के लिए तब किताबों का रास्ता पकड़ना चाहिए- हर डूबते चाँद के साथ इस बात में बसरमल का यक़ीन गहरा होता चला गया। उसकी खोज बढ़ती चली गई।

उसे पहले दिन से पता था कि उसकी खोज नाकाम रहेगी, लेकिन ख़ुदाया, कोशिश भी तो कोई शै होती है। ज़िंदगी को एक मक़सद तो चाहिए होता है, भले ही एक नाकाम मक़सद!

वक़्त गुज़रता चला गया। बसरमल को एक नौकरी मिल गई। लाइब्रेरी खोलने के लिए एक जगह भी मिल गई। घनचक्कर बना देने वाले महानगर में जहाँ आजीविका का संघर्ष ही लोगों को खाए जाता हो, किताबों की

परवाह किसे होगी? जब हर रोज़ ज़मीन के भाव आसमान छू रहे हों, ज़मीन का एक बड़ा टुकड़ा आख़िर कौन किताबों के नाम कर देगा? हर रोज़ महँगी होती लकड़ी से आख़िर कौन कुछ फल्लियाँ इन किताबों के लिए भी जुगाड़ लेगा?

बसरमल सिंध की यादों को अपने दिल में सँजोए रखना चाहता था। दरवेश सही था। इस काम के लिए भाषा और किताबों से बेहतर दूसरा कोई माध्यम नहीं था। धीरे-धीरे किताबों का ढेर लगने लगा। नई और सेकंड-हैंड किताबें! चमचमाती दुकानों से लेकर फ़्लोरा फ़ाउंटेन के फ़ुटपाथ से आती किताबें! ज़्यादातर सिंधी, हिंदी और अँग्रेज़ी भाषा में, कभी-कभी मराठी में भी, किताबें जुड़ने लगीं, जैसे विभिन्न दिशाओं से आए लोग एक जगह जुड़ने लगते हैं। देखते-देखते, एक लाइब्रेरी ने आकार ले लिया : सिंधु लाइब्रेरी।

शुरुआती दिनों में लाइब्रेरी में ख़ूब लोग आते थे। सब सिंध से उखड़कर आए थे। उनके भीतर उखड़े होने की ताज़ा स्मृति थी। वे किताबों के ज़रिए अपनी जड़ों से फिर जुड़ना चाहते थे। लाइब्रेरी में सिंधी भाषा के कई अख़बार आते थे। शाम होते ही वहाँ लोगों का झुंड जमा हो जाता। बूढ़े अख़बार पढ़ते और अपना सिंध याद करते, नौजवान किताबें पढ़ते और सवाल पूछते– हर उम्र के लोगों के बीच इस तरह विभाजन की बातें होतीं।

विभाजन में सिंध का क्या हाल हुआ था, इस पर हमेशा बहस होती थी। पंजाब के रक्तपात पर सभी सहमत थे, लेकिन सिंध के रक्तपात को कई बार एक मनगढ़ंत ख़बर की तरह प्रचारित किया जाता था। आचार्य जीवतराम भगवानदास कृपलानी जो कि सिंधी थे, विभाजन के समय कॉन्ग्रेस के अध्यक्ष थे और महात्मा गांधी के ख़ास थे, उनकी एक रिपोर्ट कई अख़बारों में कोट की जाती थी।

उस रिपोर्ट में उन्होंने लिखा था :

सिंध से हिंदुओं और सिखों का विस्थापन बेहद छोटे पैमाने पर हुआ

था। सिंध ने किसी विषैले उन्माद का दंश नहीं झेला था। सिंध के लोग, भले वे किसी भी धर्म को मानते हों, उन पर सूफ़ी विचारों और वेदांत दर्शन का बेहद गहरा प्रभाव था। इस कारण सिंध में सहिष्णुता बनी हुई थी।

जिन्होंने दंगों में अपने लोगों और जायदाद को खोया था, उन्हें यह टिप्पणी अपमान जैसी लगती थी। दूसरी तरफ़, कुछ ख़ुशनसीब ऐसे भी थे, जिनके हिस्से कोई हिंसा नहीं आई थी और जिन्होंने आसानी से सरहद पार कर ली थी, वे लोग इससे कमोबेश सहमत होते थे। बसरमल को यह टिप्पणी एक ग़ैर-ज़िम्मेदार अर्धसत्य जैसी जान पड़ती थी। उसने इस पूरे मुद्दे पर जिरह करते हुए आचार्य कृपलानी को एक पत्र लिखा था। उसे नहीं पता कि वह पत्र आचार्य तक पहुँचा भी या नहीं, क्योंकि कभी कोई जवाब नहीं आया। उस पत्र की बातों को आधार बनाकर उसने एक लेख लिखा, लेकिन उसे कभी प्रकाशित नहीं करवाया। पूरा लिखने के बाद उसके मन में आया कि इसे निजी ही रहने दिया जाए। अब भी कभी-कभी पलटकर वह उस लेख के हिस्सों को पढ़ता है। उसने लिखा था :

> पंजाबी सियापा करते हैं, ज़ोर-से रोते हैं, ज़ोर-से हँसते हैं, इसलिए उनका दर्द सबको सुनाई पड़ता है। हम सिंधी ख़ामोशी से अपना दर्द सह लेते हैं और जीवन में आगे बढ़ जाते हैं, इसलिए यह मान लिया जाता है कि हमें दर्द हुआ ही नहीं। मैं पंजाबियों की पीड़ा को कम नहीं बता रहा। सच में, उन्होंने पार्टीशन के दौरान बेहिसाब दर्द झेला, लेकिन हम सिंधियों ने भी कम नहीं झेला। घावों की तुलना घावों के व्यापारी करते हैं, मनुष्य को सहानुभूति से पेश आना चाहिए।
>
> कौन भूल सकता है कि सिंध में वह आग धीरे-धीरे फैली थी। जनवरी 1948 तक आते-आते तबाही मच गई थी। तब बचे-खुचे सिंधियों ने भी अपना सामान बाँध लिया था। सिंध

से छोटा नहीं, एक बड़ा विस्थापन हुआ था। आज सिंधी पूरे भारत में बिखरे हुए हैं, उनके छोटे-छोटे क़स्बे बस गए हैं, तो महज़ इसलिए कि उन्हें कहीं एक साथ, एक जगह बसाना संभव नहीं था। अपनी जगह से उखड़ने के बाद टूटकर बिखर जाना उनकी नियति बन गई। सिंध भी धार्मिक उन्माद का शिकार बना था। धर्म के नाम पर एक हत्या हो या एक हज़ार, उसे धार्मिक उन्माद ही कहना चाहिए। उसे असहिष्णुता का उदाहरण ही मानना चाहिए।

मैंने लड़काना को जलते और डरते देखा था। वहाँ से बड़ी तादाद में हिंदुओं को अपनी जान बचाकर भागते देखा था। वे इंसानियत को शर्मसार करने वाले दिन थे। मैं उस त्रासदी को सिंध और पंजाब में अलगाकर नहीं देखना चाहता, हिंदू और मुसलमान में अलगाकर नहीं देखना चाहता। 1947-48 की त्रासदी एक राजनीतिक नरसंहार थी। उस त्रासदी की तस्वीरें आज भी मेरे दुःस्वप्नों का हिस्सा हैं।

एक अख़बार में बड़ी-सी हेडिंग लगी थी- 'द इंडियन आउशवित्स'। आउशवित्स क्या है, यह मैंने बाद के बरसों में जाना। तब बेहतर समझ में आया कि अख़बार, यूरोप में हुए यहूदी नरसंहार की तुलना भारत-पाकिस्तान पार्टीशन के दौरान हुए नरसंहार से क्यों करना चाहता है! भले मैं इस तुलना से पूरी तरह सहमत न होऊँ, लेकिन दिल में कहीं न कहीं लगता है कि यह इतनी भी बेमानी नहीं। आउशवित्स का दोष देने के लिए बुनियादी रूप से एक इंसान था- हिटलर! पार्टीशन के नरसंहार के लिए किसी एक को दोषी ठहराना कठिन है। इसके लिए हिंदू, मुस्लिम, सिख, अँग्रेज़, सब ज़िम्मेदार हैं।

जब भी दो त्रासदियों की तुलना की जाती है, तो अमूमन उनके कारणों की तुलना होने लगती है, लेकिन सचाई यह है कि त्रासदियाँ अपने कारणों से नहीं, बल्कि अपने नतीजों से महान व भयानक बनती हैं। मैंने भारत का पार्टीशन देखा है, तो समझ लीजिए कि मैंने यूरोप का आउशवित्स भी देख लिया। ऐसा मानिए कि मैंने इस दुनिया के हर हिस्से में हुए नरसंहार को देख लिया, क्योंकि अंत में सबकी तस्वीरें एक जैसी होती हैं। मरने के तरीक़े अलग हो सकते हैं, लेकिन लाशों की भाषा एक ही होती है। मैं पार्टीशन का सरवाइवर हूँ, तो आप इस तरह भी देख सकते हैं कि मैं आउशवित्स का सरवाइवर हूँ। यह मानने के लिए आपको महज़ थोड़ी-सी भावनात्मक कसरत करनी होगी।

हो सकता है कि आनेवाली पीढ़ियाँ इस त्रासदी को ठीक ऐसे ही महसूस न कर पाएँ, संभव है कि तीन-चार पीढ़ियों के बाद यह सब भुला दिया जाए, या जैसे ही इनका ज़िक्र छिड़े, नौजवान पीढ़ी उठकर चली जाए और कहे कि हमें गड़े मुर्दों की बदबू नहीं सूँघनी, लेकिन कोई तो उन्हें बताएगा कि एक समय इन मुर्दों में जान थी और अपने जीवन की कहानी इन्होंने घाव की लिपि में लिखी थी! कोई तो उन्हें बताएगा कि जब हम पर निर्वासन थोपा जाता है, तब सबसे अधिक घायल हमारी आत्मा होती है!

*

सिंधु लाइब्रेरी में आनेवाले लोगों की आत्मा का कोई न कोई हिस्सा ज़रूर घायल था। एक जमनादास था, जिसने पार्टीशन के दंगों में झुलसे

बचपन में अपनी एक आँख गँवा दी थी। वह सूरज उगने से तीन घंटे पहले ही उठ जाता था, बड़ी-सी कड़ाही में तेल गर्म करता, और कम-से-कम पाँच सौ पापड़ तलता था। वे साधारण पापड़ नहीं, बल्कि ख़ास सिंधी शैली में बने 'खिचिया पापड़' होते थे। उन्हें बाँस से बनी एक बड़ी टोकरी में रख, वीटी से कल्याण के बीच, लोकल ट्रेन में बेचा करता था। शाम होने पर लाइब्रेरी आता। बैठकर अख़बार पढता। उसकी टोकरी में पापड़ के टुकड़े बचे होते, जिन्हें एक काग़ज़ में लपेटकर वह बसरमल को देता था।

एक हीरानंद था, जो पास के एक स्कूल में गणित पढ़ाता था। विभाजन के दौरान हुई घटनाओं के प्रति उसके भीतर इतना क्रोध और घृणा भरी हुई थी कि उसके हर दूसरे वाक्य में पाकिस्तान का नाम एक गाली की तरह आता था। जब भी उसे शौचालय जाना होता, वह कहता- "ठहरो, मैं ज़रा पाकिस्तान से होकर आता हूँ।" पाकिस्तान से तमाम नफ़रत के बाद भी वह एक बार वहाँ जाना चाहता था- आख़िरी बार, ताकि सख्खर ज़िले के रोहरी क़स्बे के श्मशान में उसका अंतिम संस्कार हो सके, जहाँ उसने अपने माता-पिता को बेहद भारी मन से अग्नि को सौंपा था। उसकी ख़्वाहिश थी कि रोहरी के किनारे बहने वाली सिंधु नदी में उसके पूर्वजों की तरह उसकी भी अस्थियाँ प्रवाहित हों। उसके ये सपने कभी पूरे नहीं हो पाए।

एक ईश्वर चंदर था। मौक़ा पाते ही अपनी बहादुरी की डींगें हाँकता, बाँका, छैल-छबीला। कम उम्र में ही उसके बाल सफ़ेद होने लगे थे, जिन पर वह हिना की परत चढ़ाए रखता। इससे उसके बाल बीच-बीच में लाल दीखते थे। बात-बात में शेर मारा करता था। उसके पास हर स्थिति के लिए शेर थे। मोहल्ले में पानी नहीं आता, इस पर भी शेर। क़ब्ज़ के दुष्प्रभाव में महबूबा के गालों पर फुंसियाँ निकल आई हैं, इस बात पर भी शेर। इस धरती पर कहीं भी बारिश पड़े, उसके शेरों में सोंधी ख़ुशबू तो सिर्फ़ सिंध की माटी से आती थी, और कहीं की माटी से नहीं।

एक हीरो लालवाणी था। अपने नाम के हिसाब से ही वह हीरो बनना चाहता था। उसने बरसों बॉलीवुड की ख़ाक छानी थी। हिंदी फ़िल्मों में उसे जो सबसे लंबा रोल मिला था, वह एक टैक्सी ड्राइवर का था। पूरे 12 सेकंड के लिए परदे पर उसकी उपस्थिति बनी थी, लेकिन उसका चेहरा एक बार भी न दिख पाया। दरअसल, वह दृश्य पीछे से फ़िल्माया गया था, लालवाणी ड्राइव कर रहा था, और पीछे से उसके सिर का थोड़ा हिस्सा दिख रहा था। अमूमन, वह अपने बैग में एक फ़ाइल रखता था, जिसमें उसकी कई 'स्टाइलिश' तस्वीरें होतीं। बॉलीवुड की बातें वह इस तरह सुनाता, जैसे सारे सितारे उसके निजी दोस्त हों। वह दावा करता था कि उसने मधुबाला का दाहिना स्तन देख रखा है– ख़रगोश जैसा गोरा, हाथी-दाँत जैसा चमकीला, जिस पर कत्थई निप्पल का घेरा सामान्य आकार से कहीं बड़ा था।

एक रामसिंघानी था, जो लाइब्रेरी में चुपचाप एक किनारे बैठा रहता। किसी से कुछ न बोलता। 'राम-राम साईं' तक का जवाब न देता। अक्सर, सिंध के सूफ़ी कवि सचल सरमस्त की कविताएँ पढ़ता दिखाई देता। उसके बारे में कोई कुछ नहीं जानता था। उसकी ख़ामोशी अपने आस-पास के माहौल में इस क़दर घुल-मिल जाती थी कि याद भी न रहता, वह कहीं पास ही बैठा है। एक दिन लाइब्रेरी में पुलिस आई और उसे पकड़ ले गई। अगले दिन अख़बार से पता चला कि वह उस समय के सबसे बड़े माफ़िया डॉन हाजी मस्तान का ख़ास था। उसके लिए उसने ग्यारह हत्याएँ की थीं। जिस समय लाइब्रेरी से उसे गिरफ़्तार किया गया, उसके झोले से तस्करी में लाया गया सवा किलो सोना बरामद किया गया। लोग हैरान थे- इतना ख़ूँखार अपराधी और इतना शांत इंसान! रामसिंघानी के मन में हमेशा ख़लबली मची रहती थी। शायद सचल सरमस्त की कविताएँ उसे शांति और सुकून दिया करती थीं।

बहुत थे इतने लोग। एक नाम लो, तो दस नाम ज़हन में आते हैं।

काफ़ी थे इतने लोग।

एक साँस दो, तो किताब ज़िंदा रहती है हज़ार बरस। बहुत थीं इतनी साँसें। लाइब्रेरी खिल उठी। उन साँसों में एक पुरानी सभ्यता निवास करने लगी।

सो, एक अटूट और अडिग विश्वास के साथ, अपनी कुर्सी और खिड़की के बीच फैली अनंत दूरी में चहलक़दमी करता, वह उन सारे लोगों का इंतज़ार कर रहा है, जो एक वक़्त वहाँ आया करते थे, जबकि उसके क़दम फुसफुसा रहे हैं, *"जो लोग बहुत इंतज़ार करते हैं, दरअसल, उन्हें कम ही उम्मीद करनी चाहिए।"*

विभाजन के बाद जब से वह इस शहर में रहने लगा, लड़काना से यहाँ आने वाले हर शख़्स को सूँघकर देखता था। हाथ मिलाने के बाद उसकी हथेली सूँघता और आँखें बंद कर लेता था, लेकिन अमरूद की वह ख़ुशबू उसे किसी हथेली में नहीं मिली।

*

किताबें फैली हुई छोड़ वह अपनी मेज़ पर आ बैठा। हथेलियों को सूँघने लगा। वहाँ कपड़े का गीलापन महक रहा था।

मेज़ पर पड़ी अलग हो चुकी जिल्द को वह देखने लगा। जीवन के कष्टों से चाहे वह जितना भी त्रस्त हो, जब भी कोई किताब लावारिसों की तरह उसकी ओर देखती है, उसका दिल पिघल जाता है। बरसों बीत गए, उसे लगातार धमकियाँ मिल रहीं कि अगर उसने लाइब्रेरी की ज़मीन नहीं बेची, तो वह उससे छीन ली जाएगी या उसकी हत्या कर दी जाएगी या उसकी कनपटी में गोली दाग़ दी जाएगी या उसके खाने में ज़हर मिला दिया जाएगा या किसी इमारत की छत से उसे नीचे फेंक दिया जाएगा।

उसने किताब को अच्छी तरह पोंछा। फिर उसकी जिल्द को भी।

किताब के आख़िरी पन्ने पर लाइब्रेरी का कार्ड लगा था। उसने तारीख़ देखी। इस किताब को आख़िरी बार सत्रह साल पहले इशू कराया गया था। ले जाने वाले का नाम था भगतराम आर. जुनेजा। नीले रंग के उस कार्ड पर न जाने कितने निशान थे।

उसने दराज़ से गोंद निकाली और जिल्द में लगाने लगा :

"ओह मेरी बच्ची! इतनी नाराज़गी? यह लो। अब ख़ुशी-ख़ुशी चिपके रहना। ओके?"

कहकर उसने रजिस्टर उठाया। उसमें कई बरसों के छोटे-छोटे कैलेंडर चिपके हुए थे। एक पन्ने पर जाकर वह रुक गया। उसके आगे पूरा रजिस्टर ख़ाली था। वहाँ तारीख़ पढ़कर वह शुरुआती पेजों के कैलेंडर पर लौटा। फिर हिसाब लगाया।

पूरे ग्यारह साल, चार महीने और इक्कीस दिन हो गए, इस लाइब्रेरी से किसी ने कोई किताब इशू नहीं कराई।

5.

दिलख़ुश

वह किसी चीज़ में हिस्सा नहीं लेता, किन्हीं में शामिल नहीं होता, न यक़ीन करता है, न विद्रोह और न ही कभी उसका भरम टूटता है।

–इमरे कर्तेश
(लिक्विडेशन)

आगे जाकर दिलख़श सम्बोसेवाले की दुकान थी। समोसा, सम्बोसा कब और कैसे हो गया था, कोई नहीं जानता। हर समय वहाँ एक कोलाहल-सा होता। दिन-भर में कितने लोग उसकी दुकान में घुसते और निकल जाते, इसका हिसाब उसे भी नहीं था। उसके तो एक हाथ में चम्मच होती, जिससे वह छह फ़ीट ऊँची केटली को लगातार टनटनाता रहता। केटली के नीचे नल था। कप को नल के नीचे लगाता, चाय आ जाती। और चाय का स्वाद भी खाँटी क़िस्म का। दूध सादे दूध की तरह नहीं। उसे शायद वह एक ख़ास तरह से जला देता था। सुबह साढ़े पाँच

बजे से ही अधजली मलाई की ख़ुशबू आने लगती। मलाई की प्लेटें बनाकर वह केटली के बग़ल में रखता था। लाल मलाई। जैसे सेवइयाँ हों। जालीदार चद्दर से ढँक देता। चारों ओर उसकी ख़ुशबू फैलती रहती। सड़क के दोनों ओर लगी पीली बत्तियों की रोशनी जब उसकी प्लेट पर गिरती, तो ललाई और बढ़ जाती। जाने कौन-सी डिश थी, पर आस-पास के ऑटोवालों में ख़ासा चलती थी।

पास ही नेहरू चौक का ऑटो स्टैंड था। किसी भी समय वहाँ पचीस ऑटो रहते। कभी-कभी तो ऑटो की लाइनें इतनी लंबी हो जाती थीं कि नेहरू चौक से लेकर दिलख़ुश सम्बोसेवाले तक, सड़क ही जाम हो जाती। सिर्फ़ पार्किंग से। और अगर सम्बोसेवाले के यहाँ ज़रा भी भीड़ हो, तो नज़ारा दंगल की तरह हो जाता। कोई कार-ट्रक आ जाए, तो अफ़रा-तफ़री मच जाती। पतली-सी सड़क थी और कोई चारा न था। वहीं बेगार मज़दूरों का रेला जमा होता था। सुबह आठ बजे से उनकी जो भीड़ इकट्ठा होती, तो दस-ग्यारह बजे तक मेला लग जाता। जिन्हें मज़दूर चाहिए होते, वे नौ-दस बजे से आना शुरू करते और मोलभाव कर ले जाते। फिर भी बीस-पचीस मज़दूर हमेशा ख़ाली रह जाते। दोपहर होते-होते वे छँट जाते। ख़ाली होकर वे कहाँ जाते थे, कभी समझ में नहीं आया।

दिलख़ुश सम्बोसेवाले की दुकान में जो आइटम सबसे कम चलता था, वह था समोसा। दुकान उसने समोसे के लिए ही खोली थी, लेकिन जल्द ही वह चाय और वड़ा-पाव सेंटर में बदल गई। उसकी दुकान में गोली-बिस्किट भी मिल जाते, लेकिन उनके भी लेनदार कम थे। एक चीज़ वहाँ इफ़रात में होती थी- तस्वीरें। गुरु नानक से लेकर सत्यनारायण भगवान की तस्वीरें। ईसा मसीह से लेकर दत्तात्रय की। महात्मा गांधी से लेकर इंदिरा गांधी तक। गौतम बुद्ध से लेकर भीमराव आम्बेडकर की। हाल ही में उसने किसी अख़बार से काटकर छत्रपति शिवाजी महाराज की एक बड़ी तस्वीर लगवाई थी।

जबकि दिलख़ुश सम्बोसेवाला सरदार था। लबाणा सरदार। बात-बात में कह देता कि धंधे का कोई धर्म नहीं होता। धंधा ख़ुद एक धर्म होता है। बात यह थी कि जब जिसकी लहर चल जाए, दुकान में वह उसकी तस्वीर लगा लेता। दलित पैंथर की लहर चले, तो आम्बेडकर की तस्वीर लगा लेता। संघ की चले, तो जय श्रीराम। इन दिनों ऑटोवालों में शिवसेना का प्रभाव ज़्यादा है, और उसके ज़्यादातर ग्राहक ऑटोवाले, तो दिलख़ुश ने अपनी दुकान में शिवाजी की तस्वीर लगा ली।

किसी के पंगे में नहीं पड़ना। इसकी भी जय-जय, उसकी भी जय-जय।

अगर किसी की लहर चली जाए, तो भी उसकी तस्वीर वह नहीं हटाता। इस तरह वह एक अद्भुत समभाव बनाए रखता।

6.

मेरा नाम 'मैं' है

आसमान से गिरने वाली हर चीज़ को कोसा मत करो। बारिश भी आसमान से ही गिरती है।

–एलिफ़ शफ़क
(द बास्टर्ड ऑफ़ इस्ताम्बुल)

कोई मेरा पीछा कर रहा है।

एक दिन यह अहसास मुझे परेशान करने लगा। मैं पलट-पलटकर देखता, पर मेरे संदेह की पुष्टि हो सके, ऐसा कुछ मुझे नहीं दिख पाया। मुझे लगा, मेरा वहम है, लेकिन ऐसा कैसा वहम? हर दसवें क़दम के बाद मैं अपने आप ठिठक जाता, जैसे किसी की निगाह मेरे पैरों में बेड़ी की तरह बँध गई हो।

पीली खिड़की पर खड़ी रहने वाली वर्मीर की 'गर्ल विद अ पर्ल ईयररिंग' जैसी उदास लड़की, जो कि मुझे अच्छी लगती थी, मेरे पैरों

को इसी तरह अपनी निगाहों से बाँध देती थी, लेकिन उस समय मैं पीली खिड़की से बहुत दूर था। फिर वह कौन था, जो लगातार मुझे पीछे से देख रहा था, क़दम-दर-क़दम मेरा पीछा कर रहा था?

अचानक, मैं बिना रुके, तेज़ी से पलटा और एक जानी-पहचानी आकृति को हड़बड़ाकर छिपते हुए देखा। मेरी आँखों ने संदिग्ध को पकड़ लिया था। मेरे माथे पर बल पड़ गए।

घर लौटने के बाद मैंने माँ से पूछा, "तुम पहले मोसाद में थीं?"

भिंडी काटते हुए उन्होंने मेरी ओर देखे बिना पूछा, "मतलब?"

"सड़क पर मेरा पीछा क्यों कर रही थीं?" मैंने दृढ़ता से आरोप लगाया।

"मैं क्यों करूँगी तुम्हारा पीछा?" उनके लहजे से ही पता चल गया, वह झूठ बोल रही थीं।

मैंने ज़ोर दिया, "बताओ मुझे।"

उसके बाद मेरी माँ की हँसी रोके न रुकी। वह चंचल बंदरिया की तरह हँसती रहीं और मैं कन्फ़्यूज़्ड बिलौटे की तरह हैरान उन्हें देखता रहा।

वह बोलीं, "हम वह लड़की देखने आए थे।"

मैंने घबराकर पूछा, "कौन-सी लड़की?" एक पल को मेरे फ़ाख़्ते उड़ गए– इन्हें पीली खिड़की वाली लड़की के बारे में कैसे पता चल गया?

वह हँसती, शर्माती बोलीं, "अरे वही लड़की, जिसकी कहानी तुम बता रहे थे, जिसके बड़े-बड़े बालों को तुम अपनी हथेली पर रखते हो..."

"ओह्ह!" मैंने अपना माथा पकड़ लिया और धम्म-से सोफ़े पर बैठ गया, "क्या यार माँ, तुम सच में ऐसी हो? या ख़ाली बनती हो?"

उन पर मेरे उलाहने का कोई असर नहीं पड़ा। उसका पूरा अस्तित्व ही झूमते हुए मुस्करा रहा था। वह मुझसे इसरार कर रही थीं, "हमको देखना है। एक बार! दूर से ही दिखला दो। हम देखना चाहते हैं, तुम्हें कैसी लड़की पसंद?"

मैंने बुरा-सा मुँह बनाया, "मुझे कोई नहीं पसंद! आइंदा सड़क पर मेरा पीछा मत करना, वरना अच्छा नहीं होगा।" इतना कहकर मैं धम्म-धम्म पैर पटकते हुए अपने कमरे में घुस गया और भीतर से कड़ी लगा ली। पीछे वह मुझे आवाज़ लगाती रह गईं।

मैं नक़ली ग़ुस्सा दिखा रहा था। असल में तो मेरे होंठों पर इतनी लंबी मुस्कान फैली हुई थी कि उसका अहसास होते ही मुझे लाज आ गई। दरअसल, माँ के सामने शेख़ी बघारने के लिए दो दिन पहले मैंने उसे इमबेलो के बारे में इस तरह बताया था, जैसे वह मेरी जीती-जागती प्रेमिका हो। मैंने उसके लंबे बालों और सलोने रूप के बारे में कुछ ऐसी बातें बनाईं कि मेरी माँ उसके बारे में और जानने को उत्सुक हो गईं। उन्हें यक़ीन हो गया था, मैं हर रोज़ उसी के साथ बाहर टहलता हूँ।

मैं माँ के साथ थोड़ी-सी खिलवाड़ ही तो कर रहा था। मुझे क्या पता था, वह इमबेलो को देखने की इच्छा से इस क़दर भर जाएँगी कि सड़क पर मेरा पीछा करने लग जाएँगी। हालाँकि, मैं जब भी उनकी इस हरकत के बारे में सोचता हूँ, मुझे उन पर प्यार आ जाता है।

अगले रोज़ घर से निकलने से पहले मैंने उनसे पूछा, "पाऊ को तो नहीं बता दिया न?"

वह बोलीं, "पहले मैं तो देख लूँ।"

मैंने राज़ क़ायम रखते हुए कहा, "समय आने पर दिखला दूँगा। बस, उनको मत बताना।"

मुझे बाहर निकलता जान उन्होंने पूछा, "अभी उसी से मिलने जा रहा है?"

मैंने झूठ जोड़ना जारी रखा, "हाँ, एक लाइब्रेरी में बुलाया है उसने। मिल आऊँ? लेकिन आज मेरे पीछे मत आना, वरना सड़क पर झगड़ा कर लूँगा।"

आँखें नचाते हुए माँ बोलीं, "तब तो तेरे पाऊ को बता ही दूँगी।"

मैंने उन्हें बड़ी कातर निगाहों से देखा, ताकि उन्हें मुझ पर दया आ जाए। मैं उनके साथ खिलवाड़ कर रहा था, वह कहीं मेरे साथ न कर बैठें, यह डर मेरे भीतर नया-नया पैदा हुआ था। रास्ते-भर मैं पलट-पलटकर देखता रहा। शुक्र है, वह कहीं नहीं थीं।

*

जब पहली बार मैं सिंधु लाइब्रेरी में घुसा था, तो उसके अँधेरे, बू, सीलन और रहस्य से घबरा गया था। अहाते में एक औरत कुछ गुब्बारे लेकर बैठी थी। हर रंग के गुब्बारे, जो हवा में मचल रहे थे, छोड़ दिए जाने के इंतज़ार में। थोड़ी देर पहले बारिश हुई थी और जिस जगह वह बैठी थी, उसके पास की ज़मीन गीली थी। उसके और गीलेपन के बीच बोरी पर लुगदी ओढ़ाया हुआ एक-डेढ़ साल का बच्चा सोया था। उस पर बार-बार मक्खियाँ घिर जातीं, जिन्हें वह दूसरे हाथ से उड़ा देती।

वहीं काग़ज़ पर एक अधखाया वड़ा-पाव था। मक्खियाँ वहाँ भी थीं।

जब मैं अंदर घुसा, तो डरा हुआ था। सबसे पहले तो मुझे उसी औरत ने डरा दिया था। अंदर की सीलन भी ऐसा करने के लिए काफ़ी थी। दरवाज़े के पास ही ठिठक कर मैंने देखा, सारी किताबें ज़मीन पर बिखरी हुई थीं। आलमारियाँ ख़ाली थीं। उनके ख़ालीपन में किताबों का अहसास भी न होता था। उस ख़ालीपन के पार और आलमारियाँ थीं। उनमें भी ख़ालीपन था। उस ख़ालीपन के पार एक और ख़ालीपन, जो दीवार की ओट लेकर बैठा होगा। बाईं ओर कुर्सी-मेज़, जिन पर भी कई किताबें गँजी हुई थीं। एक खुला हुआ थर्मस था। मेज़ के इस तरफ़ ज़मीन पर रखी एक बोरी थी, जिससे पायदान का काम लिया जाता था। फ़र्श जैसी कोई चीज़ नहीं थी या कभी रही होगी। जगह-जगह गड्ढे थे और सीमेंट का कोबा बनाकर उन्हें ढँकने की कोशिश थी। किसी समय यहाँ प्लास्टिक

का कार्पेट बिछाया जाता रहा होगा, उसके निशान थे। कोनों में जहाँ दीवार और ज़मीन मिलती हैं, वहाँ उसके कुछ टुकड़े थे, जो पूरी तरह उखड़ने से बच गए थे। ऊपर लटका पंखा था। उसके किनारों पर चीकट धूल थी और मोटर वाली जगह संकोच में पीली पड़ गई थी। कुर्सी के पीछे एक ट्यूबलाइट चमक रही थी, जिसकी चोकपट्टी से लंबे-लंबे जाले लटक रहे थे। ज़मीन पर ही एक चादर बिछी हुई थी, जिसके एक तरफ़ तकिया और दूसरी तरफ़ मसनद रखी हुई थी। चादर पर जिस तरह सिलवटें थीं, लगता था कि अभी-अभी कोई यहाँ से उठकर गया है।

लाइब्रेरी का वह भुतहा सन्नाटा मुझे कभी नहीं भूलेगा। वैसे भी लाइब्रेरियों में महान लेखकों, पुरानी किताबों, फटी जिल्दों, टूटे फर्नीचरों, अनमने लाइब्रेरियनों, काम में व्यस्त दीमकों और तफ़रीह करते तिलचट्टों की आत्माएँ भटका करती हैं।

मैं मेज़ के पास खड़ा हो गया। उसके सामने दो कुर्सियाँ थीं। थोड़ा इंतज़ार करके मैं एक कुर्सी पर बैठ गया। कुछ देर बाद, आलमारियों के पीछे से चलने की आवाज़ सुनकर मैं खड़ा हुआ। एक बूढ़ा बहुत धीमे क़दमों से आ रहा था। उसने मोज़ों पर चप्पल पहन रखी थी। उसकी क़मीज़ कुर्ते जैसी थी, यानी लंबाई में क़मीज़ और डिज़ाइन में कुर्ता। उसका पायजामा पुराने ज़माने का था। नीचे से बड़े पायचे। जैसे कुर्ते के कपड़े से पैंट सिला ली हो। ज़्यादातर उड़े हुए बाल। तीखी लेकिन थोड़ा झुकी हुई नाक। मोटे फ्रेम का चशमा। मैंने ऐसे लोगों को कम ही देखा था। और जब भी देखा था, उन्हें जी-भर खिझाया था। इसे देखकर भी मेरा मन यही करने लगा।

मुझे देख वह ठिठका। फिर आकर कुर्सी पर बैठ गया।

शाम पूरी तरह गाढ़ी हो गई थी। बाहर से ठंडी हवा आ रही थी। साथ में कुछ बूँदें भी। बारिश हो रही थी या होने को तैयार थी। मुझे बाहर बैठी गुब्बारे वाली औरत का ख़याल आया।

"मैं दिन में भी दो-एक बार आया था, पर बंद थी।"

"सिर्फ़ शाम को खुलती है लाइब्रेरी। टाइम नहीं पढ़ा क्या?"

"कहाँ लिखा है टाइम?"

"बोर्ड पर?"

मैं चुप हो गया।

वह ख़ुद से बोला, "हाँ, टाइम तो मिटा हुआ है।"

वह मेज़ के नीचे झुक गया। मैंने झाँककर देखा, वह जूते बाँध रहा था। पाजामे पर स्पोर्ट्स शूज़ पहने थे, सफ़ेद रंग के।

"पाँच से सात का टाइम है इसका। और अब सात बज रहे हैं। किसी से मिलना है या किसी ने भेजा है, कोई संदेसा देकर?"

"नहीं। यहाँ से गुज़र रहा था, लाइब्रेरी के बोर्ड पर नज़र पड़ गई, तो आ गया।"

मैं खिड़की के पास गया। यहाँ से वह पीली खिड़की साफ़ नज़र आती है। लेकिन इस समय वहाँ कोई हलचल नहीं थी। मैं किताबों के पास गया। कई सड़ रही थीं। भीतर अनुमान से भी लंबी जगह थी।

"देख सकता हूँ?"

मैंने उसके जवाब का इंतज़ार नहीं किया और अंदर चला गया। जगह में मेरी दिलचस्पी बन रही थी। यहाँ किसी फ़िल्म का सेट लग सकता है।

भीतर दो-चार पुरानी कुर्सियाँ और थीं, जिनके हत्थे, पैर या कुछ न कुछ टूटा हुआ था। आलमारियों के उस पार एक टूटा हुआ स्टोव रखा था। एक जार था, जिसमें मटमैली हो गई शक्कर पड़ी थी। स्टोव की दो-चार पिनें बिखरी थीं। और दीवार पर स्टोव के जलने से कालिख के निशान थे। उस कालिख में किसी ने कभी हाथ या उँगली रख दी होगी। उसकी छाप अलग से दिख रही थी।

उसके पास एक खिड़की थी और एक बाथरूम।

बूढ़ा जाने के लिए तैयार हो चुका था। उसने अपना झोला बंद कर

लिया था। थर्मस झोले के अंदर जा चुका था।

उसकी नज़र में मेरे लिए कोई सवाल नहीं था। कोई जिज्ञासा भी नहीं थी। कोई जवाब भी नहीं था। कुछ-कुछ, वैसा ही ख़ालीपन था, जैसा इस समय आलमारियों में बिखरा हुआ है। पहले यहाँ कुछ रहा होगा, यह बताता हुआ ख़ालीपन। रोशनी इस दरवाज़े से आती होगी और भीतर की इस सपाट भूलभुलैया में खो जाती होगी। यहाँ से कोई आवाज़ बाहर निकलने को बेचैन होगी।

दीवारों, खिड़की और दरवाज़ों पर आवाज़ के ठोंगों के निशान क्या मैं पहचान सकता हूँ?

"कोई किताब मिल सकती है मुझे?"

"किसलिए?"

"पढ़ने के लिए।"

"कल पाँच बजे आ जाना, मेंबरशिप ले लेना।"

इस परित्यक्त जगह को देखते हुए उसकी ऐसी रूखी जल्दबाज़ी किसी को भी खल जाती। मैं रोककर उसे हड़काना चाहता था कि फिर दुकान खोल कर क्यों बैठे हो, पर लाख चाहने के बाद भी न मैं उसे हड़का पाया, न खिझा पाया।

मैं उसके साथ ही बाहर निकला। उसने झुककर ताला लगाया।

गुब्बारे वाली औरत अभी भी वहीं बैठी थी। उसने अपने गुब्बारे दीवार में लगी एक कील में बाँध दिए थे। उसकी बग़ल में सोया बच्चा उठ गया था। वह उसे काग़ज़ में पड़ा अधखाया वड़ा-पाव खिला रही थी।

बूढ़ा ठिठका। उसने लहराते गुब्बारों को देखा। फिर छड़ी पर अतिरिक्त ज़ोर डालता धीरे-धीरे बाहर की ओर निकल गया।

औरत अपनी बोरी खिसकाते हुए सूखी जगह की ओर बढ़ने लगी।

7.

बुढ़िया चुप है

प्याज़ की सूखी और चटकती हुई त्वचा के नीचे एक और त्वचा होती है, ज़्यादा गीली, जिसे छीलो, तो तीसरी त्वचा निकलती है, फिर चौथी, फिर पाँचवीं। हर त्वचा के नीचे ढेर सारे शब्द छिपे होते हैं। जैसे किसी जादूगर ने बहुत पहले, प्याज़ के बनने से भी पहले, जादू और कूट के सहारे ख़ुद को इसमें छुपा लिया हो।

–ग्युंटर ग्रास
(पीलिंग द ऑनियन)

लोग उसे मंगण माँ कहकर पुकारते, इसलिए समझा जा सकता है कि उसके बेटे का नाम मंगण था। लेकिन मंगण कहाँ था, किसी को नहीं पता। किसी ने मंगण को नहीं देखा था। किसी की स्मृति में यह नहीं कि मंगण नाम के इस लड़के ने कभी मोहल्ले में क्रिकेट खेलते हुए किसी की खिड़की तोड़ दी होगी, कि कभी इस लड़के की मारी हुई गुल्ली से किसी के माथे पर चोट आई होगी, कि कभी वह इतना भी छोटा रहा होगा कि उसने मोहल्ले में ही किसी दादा-ताया पर सूसू कर दिया होगा, कि किसी

दिन वह इतना भी बड़ा हो गया होगा कि गली में ठुमक-ठुमक चलते उस पर किसी को प्यार भी आया होगा। मंगण कहीं नहीं था। मंगण कोई नहीं था। बस, मंगण माँ थी।

मंगण माँ का चेहरा झुर्रियों से भरा था। उसके दाँत नहीं थे, जिससे मुँह अजीब पोपला नज़र आता था। वह इतनी पतली थी कि हवा से ख़तरा महसूस हो। दुपट्टे को हमेशा सिर पर ओढ़े रखती। ज़्यादातर एक गुलाबी समीज़ पहनती और लंबे पायचे वाला शिकारपुरी पाजामा। और उस पर हवाई चप्पल। चेहरे पर मोटे फ्रेम वाला एक सोडावाटर चश्मा। उसकी ठुड्डी पर से उँगली बराबर तीन सफ़ेद बाल लटकते रहते। कई बार उनमें से दो गोल होकर ठुड्डी में सिमट जाते।

सफ़ाई के लिए ऐसी दीवानगी कि हर चीज़ को धोने की आदत पड़ गई थी। वह सिर्फ़ बर्तन और कपड़ा नहीं धोती थी, फ़र्श और चप्पलें ही नहीं धोती थी, बल्कि हर दूसरे रोज़ दीवार धो देती थी। घर का सारा फ़र्नीचर धो देती थी। खाना गरम-गरम हुआ, तो खा लेगी। रोटी अगर ठंडी हो गई, तो वह उसे भी धो देती थी। एक बार पानी में डुबाने के बाद पंखे के नीचे रखकर सुखाती थी और सूखने से पहले ही दाल में बुरककर खा जाती थी। पकी हुई सब्ज़ी धोने का अलबत्ता उसे कोई तरीक़ा कभी समझ में नहीं आया, लेकिन सिक्के, नोट, फ्रेम्ड-अनफ्रेम्ड तस्वीरों को धो कर ही इस्तेमाल करती थी। कई बार बसरमल ने उसे बिजली का स्विचबोर्ड धोते हुए देखा था। गीले कपड़े से बटन पोंछने के चक्कर में एकाध बार उसे करंट भी लगा था। पानी का इतना ज़्यादा इस्तेमाल करने के कारण उसकी उँगलियों की पोर पर चमड़ी हमेशा सफ़ेद रहती थी।

पानी के लिए उसके भीतर ग़ज़ब का भाव था। लोग कहते थे कि मंगण माँ की प्यास कभी बुझती नहीं। उस इलाक़े में पानी आने का समय तय था और लोग उस दौरान पानी भर भी लेते, लेकिन मंगण माँ को किसी भी समय मोहल्ले के नल पर, चापाकल पर लोहे की पुरानी बाल्टी या

प्लास्टिक का कोई गुग्गी-पीपा लिए देखा जा सकता था। वह किसी भी समय आपके दरवाज़े पर दस्तक देकर सिंधी में पूछ सकती थी-

"डिस त पुट्र, पाणी आयो आ छा?" (देख तो बेटा, पानी आया है क्या?)

"न अम्मा, पाणी अची करे वयो। हाणे न ईन्दो। सुबाणे अचो तवाँ।" (नहीं अम्मा, पानी आकर चला गया है। अब नहीं आएगा। आप कल आना।)

"हट मुआ चण्ड्रा। चरयो।" (हट मुए चंट। पगले।)

मंगण माँ बुदबुदाते हुए लौट जाएगी, पर अगले दिन हो सकता है कि वह फिर आकर आपसे यही सवाल पूछ ले।

बसरमल बार-बार उसे समझाता है कि घर की टंकी भरी पड़ी है। अधिक पानी की ज़रूरत नहीं। लेकिन मंगण माँ की बेआवाज़ निगाह उसे चुप करा जाती है। वह अपना गुग्गी-पीपा सँभाल कर दरवाज़े के पास रख देती है।

उस रोज़, बसरमल ऑटो से उतरा, तो मंगण माँ चापाकल पर उकड़ूँ बैठी दिखाई दी। गुग्गी पानी से भरी हुई थी। मंगण माँ चापाकल चला-चलाकर थक चुकी थी और अब गुग्गी ढोकर घर ले जाने से पहले दो मिनट आराम करना चाहती थी।

बसरमल उसके पास जाकर खड़ा हो गया। मंगण माँ ने चेहरा उठाकर देखा। उसके पास कोई मुस्कान नहीं थी। बसरमल को देखने के बाद एक बार उसने गुग्गी की तरफ़ देखा। फिर घुटने पर हाथ रखकर खड़ी होने लगी। बसरमल ने गुग्गी उठाई और आगे-आगे चलने लगा। अपनी छड़ी उसने मंगण माँ को थमा दी थी।

बसरमल को याद नहीं आता, कितने साल पहले मंगण माँ को हर चीज़ धोने की आदत पड़ गई थी। उसे यह भी याद नहीं आता, कब से मंगण माँ पानी को लेकर इतना असुरक्षित हो गई थी। उसे यह भी याद नहीं

आता, आख़िरी बार मंगण माँ ने कब उससे कोई शब्द कहा था।

उसे वह प्याज़ की तरह लगती है, जिसकी बाहरी त्वचा सूखी है। जितना छीलो, भीतर से एक नम और नर्म त्वचा दिखाई देती। ऐसा प्याज़, जिसने अपने छीले जाने को स्थगित कर दिया हो। त्वचा के भीतर छिपे कूट-शब्दों को बचाने के लिए जिसने कोई और त्वचा ओढ़ ली हो। प्याज़ के इतने सारे दरवाज़ों के भीतर से कोई आवाज़ नहीं आती। शायद भीतर क़ैद हो, जहाँ से निकलने के लिए वह सिमसिम वाला मंत्र भूल गई थी। यह भी संभव है कि भीतर प्रवेश करने के लिए ज़रूरी वह मंत्र ख़ुद बसरमल ही भूल गया हो। शहरज़ाद की कहानियों में गुफ़ा पर लगे सिमसिम दरवाज़े को खोलने वाला सिमसिम मंत्र!

उसे एक बहुत पुरानी दुपहरी याद आती है, जब स्टेशन से पैदल आते समय मंगण माँ, जिसे वह 'जालो' नाम से बुलाता था, ने कहा था कि बस, अब और पैदल नहीं चला जाता, मुझे गोद में उठा लो। बसरमल ने जवाब में कुछ नहीं कहा था, बस जालो की आँखों में झाँककर देखा था और वह खिलखिलाकर हँसने लगी थी।

जालो की पलकों के किनारे खिंची काजल की लकीरें उसे बेपनाह प्यारी लगती थीं। वह चहककर कहता था, "काजल की ये लकीरें तुम्हारे सपनों को थामे रखती हैं।" कभी-कभी, जब उसका काजल फैलकर आँखों की कोर से आगे निकल जाता, वह उसे चिढ़ाते हुए कहता, "देखो, जालो, देखो, तुम्हारे सपने बहे जा रहे।"

उसे एक रात याद आती है, जब वे खाना खाकर घर से बाहर निकले थे और एक मैंगो कैंडी को इतनी देर तक चूसते रहे थे कि उनके होंठ पीले हो गए थे। हुल्लड़ मचाते हुए घर लौटने के बाद उन्होंने पाया था कि उनके कपड़ों पर भी सामने की तरफ़ पीले दाग़ पड़ गए हैं। उसकी हँसी के नाम पर बसरमल को उसका हँसता हुआ चेहरा याद है।

उसे वह शाम याद है, जब वह पहली बार सिंधु लाइब्रेरी आई थी।

बरसों पुरानी उस शाम को भला वह कैसे भूल सकता है? उसे सिंधु लाइब्रेरी शुरू किए महज़ कुछ महीने हुए थे। जालो ने पहली बार वहाँ अपने क़दम रखे थे। उस रोज़ अपने सुरीले कंठ और विद्वतापूर्ण बातों से जालो ने सबका मन जीत लिया था।

बसरमल के बूढ़े होंठों पर एक अदद मुस्कान जवान हुई। उसने ख़ुद से कहा, "ऐसे नहीं, बसरमल! ज़रा प्यार से, मन लगाकर याद करो।"

उसके बाद उसने आँखें मूँद लीं और मुस्कराते हुए अपने जीवन के उस हिस्से को याद करने लगा, कुछ-कुछ जी हुई ज़िंदगी की तरह, तो कुछ-कुछ किताबों में पढ़ी दिलकश कहानी की तरह!

बसरमल, जालो को बचपन से जानता था। वह सिंध में शिकारपुर में रहती थी। दोनों के पिता जिगरी दोस्त थे। दोनों के परिवार एक-दूसरे के घर आते-जाते थे। जालो उससे सात साल बड़ी थी। इस नाते, उस पर दादागिरी करती थी। उन्नीस की होने पर जालो का ब्याह हो गया और वह दूर चली गई।

कुछ बरसों बाद, बसरमल को जाम से मोहब्बत हो गई थी। उसे खोने, फिर उसकी तलाश में दर-दर भटकने, जान की बाज़ी लगाने और बेतरह नाकाम होने के बाद किसी तरह सरहद पार कर वह भारत आ गया और मुंबई में नौकरी करने लगा।

एक रोज़ किताबों के चक्कर में वह फ़्लोरा फ़ाउंटेन के आस-पास भटक रहा था। तब उसकी नज़र जालो के भाई डेडर पर पड़ी। उसे डेडर का असली नाम नहीं याद था, बस, उसकी मेंढक जैसी उभरी आँखों को देखकर उसने उसका नाम 'डेडर' (सिंधी में अर्थः मेंढक) रख दिया था। वे दोनों एक-दूसरे को देखकर जितना प्रसन्न हुए थे, उससे कहीं ज़्यादा हैरान। पार्टीशन के इतने बरस बाद मुंबई में अपने सिंध का कोई पुराना यार मिले, तो दोनों का बल्लियों उछलना लाज़िमी था। वह जबरन बसरमल को अपने घर ले गया। वहाँ बसरमल ने जालो को देखा, जिसे इतने बरसों

में वह पूरी तरह भूल चुका था। वह हूबहू वही पुरानी जालो थी, मानो समय का उस पर कोई असर ही न पड़ा हो, जबकि बसरमल उसे क़रीब दस साल बाद देख रहा था।

डेडर ने बसरमल को बताया कि उसके साथ बुरा हुआ था। ब्याह के बाद उसने शिकारपुर छोड़ दिया था और अपने पति के साथ लाहौर रहने लगी थी। पार्टीशन के दंगों में किसी ने लाठी से मारकर उसके पति का सिर फोड़ दिया था।

बसरमल को याद है, कैसे दिल डुबो देने वाली आवाज़ में जालो ने अपनी कहानी सुनाई थी–

सड़क पर हर तरफ़ ख़ून फैला था। पति की लाश देखकर जालो बेहोश हो गई और वहीं गिर पड़ी। जब उसे होश आया, तो वह एक अस्पताल में थी। वह अनारकली बाज़ार के उस चौराहे पर जाना चाहती थी, जहाँ उसके पति की ख़ून से सराबोर लाश पड़ी थी, लेकिन नर्सों ने उसे हिलने तक नहीं दिया। तीन दिन बाद जब उसे अस्पताल से छुट्टी मिली, तब तक अनारकली बाज़ार पूरी तरह बंद कर दिया गया था, सड़क से लाशें हटाई जा चुकी थीं, भिश्तियों ने चमड़े की मश्क से पानी उड़ेलकर गलियों से ख़ून के निशान मिटा दिए थे। अभागी जालो को कभी नहीं पता चल पाया कि किसने उसके पति की हत्या की थी? वह दंगे में हुई एक मौत थी? या किसी ने घात लगाकर उसके पति को मारा था? इन तीन दिनों में उसकी लाश का क्या हुआ? ठीक तरह से उसका अंतिम संस्कार हुआ भी या नहीं?

उसने सरकारी दफ़्तरों की दौड़ लगाई, पुलिस थानों के चक्कर लगाए, अस्पतालों में जाकर पूछताछ की, लेकिन उसके पति की लाश कहीं नहीं मिली। कैसे मिलती? 1947 का लाहौर कोई शहर नहीं था, बल्कि एक ऐतिहासिक मुर्दाघर था। हर रोज़ इतने लोग मारे जा रहे थे कि जलाने को श्मशान और दफ़नाने को क़ब्रिस्तान कम पड़ गए थे। सबको अपनी जान

बचाने की पड़ी थी। जब मौक़ा मिलता, सरकारी कर्मचारी सड़कों से लाशें उठाते, ट्रकों में डालते और शहर के बाहर गड्ढों में फेंक आते। काग़ज़ों पर लिख दिया जाता कि सामूहिक अंतिम संस्कार संपन्न किया गया।

जालो अगर कुछ दिन और खोजती, तो उसे भी किसी गली में काट डाला जाता।

सड़क पर चलना मुश्किल था। मोड़ पर मौत घात लगाकर बैठी रहती थी। वह बचते-बचाते किसी तरह शिकारपुर में अपने भाई के घर पहुँची और कुछ समय बाद वहाँ से मुंबई आ गई। यहाँ आने के बाद उसका जीवन बदल गया। उसने ख़ुद को एक कमरे में बंद कर लिया। वह कम ही लोगों से मिलती, कम ही लोगों से बात करती।

बसरमल को याद है, बरसों बाद उसे देखकर जालो कितनी ख़ुश हुई थी। डेडर के अनुसार, एक अरसे बाद उसने जालो को इतना हँसते हुए देखा था। बसरमल को कालबादेवी का वह कमरा अच्छी तरह याद है, जहाँ जालो की पलंग पर किताबें ही किताबें थीं।

मुस्कराते हुए उसने पूछा, "आप इन किताबों के बीच सोती हैं?" जालो को देख उसकी पुरानी शरारत जैसे लौट आई थी।

मुस्कराते हुए जालो ने जवाब दिया, "हाँ, एक दरवेश ने मुझसे कहा था, जिसे मैंने खो दिया है, वह मुझे किताबों में मिलेगा।"

"हैरत की बात है, मुझसे भी एक दरवेश ने यही कहा था।" बसरमल ने चकित भाव से कहा।

यह सुनकर जालो इतना ज़ोर-से हँसी कि बसरमल को समझ में आ गया, उसने उसकी बात पर ऐतबार नहीं किया है।

अचकचाते हुए वह फिर से बोला, "अरे, सच में! एक दरवेश ने कहा था मुझसे।"

उसके बाद से बसरमल जब भी दरवेश का ज़िक्र करता, जालो बेयक़ीनी का वह उन्मुक्त ठहाका लगा देती। बसरमल, ज़िंदगी-भर उसे

यक़ीन दिलाने की कोशिश करता रहा, ज़िंदगी-भर जालो मानती रही कि बसरमल ने महज़ फ़्लर्ट करने के लिए उससे यह बात कही थी।

उस दिन, बसरमल ने उसे अपनी लाइब्रेरी आने का न्यौता दिया। जालो ने जिस तरह हँसकर टाला था, बसरमल को लगा था कि वह नहीं आएगी, लेकिन कुछ दिनों बाद जालो अपने भाई के साथ सिंधु लाइब्रेरी पहुँच गई। उस दिन लाइब्रेरी में बहुत लोग थे। सब किसी न किसी तरह अपने छूटे हुए सिंध को अपनी बातों में वापस पा लेना चाहते थे।

संयोग से उस दिन बसरमल ने सफ़ेद कुर्ता-पायजामा पहन रखा था और गले में हरे रंग का मफ़लर लपेट रखा था। उसे देखकर जालो कुछ देर मुस्कराती रही, फिर उसने एक काग़ज़ पर यह पंक्ति लिखी और बसरमल को थमा दिया–

'ऐसे लग रहे हो, जैसे सफ़ेद तश्तरी में रखा घास का हरा तिनका!'

पढ़कर बसरमल के गाल लजाकर लाल हो गए। जवाब सोचने में उसने ज़्यादा देर नहीं लगाई और उसी पंक्ति के नीचे लिख दिया–

'हरा, तुम्हारी उम्मीद से भरा तिनका!'

वहाँ मौजूद लोगों के बीच सहसा शाह अब्दुल लतीफ़ पर चर्चा चल पड़ी। जब सब उनकी किताब 'रिसालो' पर बहस कर रहे थे, बिना किसी औपचारिकता के, जालो ने अपनी सुरीली आवाज़ में शाह की वे पंक्तियाँ गानी शुरू कीं, जिनमें नायिका मूमल अपने प्रेमी राणा को पुकार रही है :

आओ राणा, रहु रात
तुहिंजे चांगे खे चंदन चारियाँ
रतियाँ डीहाँ रूह में, तन तुहिंजे जी तात
आओ राणा, रहु रात
तुहिंजे चांगे खे चंदन चारियाँ
(आओ राणा, मेरे साथ गुज़ारो रात
तुम्हारे ऊँट को चारे में चंदन की लकड़ी खिलाऊँगी

रात दिन मेरी रूह में, सिर्फ़ तुम्हीं को पाने की आस है
आओ राणा, मेरे साथ गुज़ारो रात
तुम्हारे ऊँट को चारे में चंदन की लकड़ी खिलाऊँगी)

जालो गा रही थी। बसरमल की आँखों की कोर गीली हो रही थी, जिसे वह सबसे छिपाने की कोशिश कर रहा था। हालाँकि एक बात वह अपने आप से भी नहीं छिपा पा रहा था– जाम का चेहरा। उसे लग रहा था, जालो नहीं, जाम गा रही है। वही सुर, वही कविता, वही शाह अब्दुल लतीफ़, वही मूमल, वही राणो– सब कुछ वही, बस, लड़की अलग थी, लड़का अलहदा था।

गाना पूरा होते ही मंत्रमुग्ध बसरमल ने जालो की हथेली, अपनी हथेली में थाम ली। उसे महसूस हुआ, दोनों के इर्दगिर्द हवा में अमरूद की ख़ुशबू फैल गई है। वह ख़ुशबू, शायद बसरमल के अतीत से चलकर वहाँ तक आ रही थी।

बाहर अँधेरा हो गया। एक-एक कर लोग लाइब्रेरी से चले गए। पीछे की कुर्सी पर डेडर बैठा रहा। और अगली कुर्सियों पर एक-दूसरे का हाथ पकड़े जालो और बसरमल! अगर डेडर ने टोका न होता, तो वे जाने कब तक उसी तरह बैठे रहते, ख़ामोश, बिना हिले-डुले, बग़ीचे के बीचोबीच जड़ी किसी मूरत की तरह।

उस रोज़ जैसे ईश्वर ने दोनों के जीवन के पियानो पर एक मधुर 'एक्सीलरांदो' छेड़ दिया था। कुछ दिनों बाद, उसी लाइब्रेरी में, एक अटपटी लंबी ख़ामोशी को तोड़ते हुए बसरमल ने बेहद मासूमियत के साथ, किसी संदर्भ या भूमिका के बिना, एक अजीब सवाल जालो की तरफ़ उछाल दिया :

"क्या मैं तुम्हारे जीवन में आ जाऊँ?"

"नहीं, यह पहले ही बर्बाद हो चुका है।"

जालो ने जिस तत्परता के साथ उतना ही अजीब जवाब दिया, बसरमल चौखाने चित हो गया। उस दिन से बसरमल, जालो के 'विटी' जवाबों और 'सेंस ऑफ़ ह्यूमर' का क़ायल हो गया। सिर झुकाए, अपनी-अपनी किताबों में आँखें गड़ाए, वे दोनों ही चोरी-चोरी मुस्कराते रहे।

वे एक-दूसरे को कितना ख़ुश रखा करते थे! शादी के बाद जालो में बचपन वाली शरारतें, अल्हड़ता और दादागिरी लौट आई थी। वह सपनों और गीतों से भरी हुई थी, एक ऐसी ज़िंदादिल स्त्री, जो न केवल शाह की पंक्तियों को गाती थी, बल्कि उनकी बौद्धिक व्याख्याओं से अच्छे-अच्छों को अचरज में डाल देती थी।

बसरमल को वह रात याद है, जब पलंग पर उसकी गोद में जालो हिचक-हिचक कर रोई थी और बसरमल से बार-बार पूछ रही थी, "यह मंगण आख़िर आ क्यों नहीं जाता?"

'ईन्दो, जालो, ईन्दो। मंगण ईन्दो हेकड़ो डियँ। चव झूलेलाल।' (आएगा, जालो, आएगा। मंगण आएगा एक दिन। झूलेलाल का नाम लो।)

रोते-रोते जालो ने कहा था, "मेरा भाई डेडर कहता है कि मैंने शायद किसी ज़माने में दुर्भाग्य को देखकर आँख मारी थी, इसीलिए दुर्भाग्य, सड़कछाप आवारा आशिक़ों की तरह मेरे पीछे पड़ गया है।"

बसरमल को याद है, वह पूरी रात उसने जालो की रुलाहट को रोकने की कोशिश में बिताई थी। तब उसे शिद्दत से महसूस हुआ था, जीवन सुनहरे किनारों से घिरा अनंत अंधकार है।

दोनों बहुत देर तक गुमसुम रहे थे, अपने-अपने भीतर डूबते हुए। जालो बार-बार अपने पेट पर हाथ रखती। बार-बार अपनी समीज़ उठाकर पेट देखती। और आँख बंद कर बसरमल की हथेली पर कुछ लिखती- *यह मंगण आख़िर कब आएगा?*

अगली सुबह से बसरमल ने उसे जालो की जगह 'मंगण माँ' कहना शुरू कर दिया था। वह जितनी बार मंगण माँ कहता, जालो की आँख

चमक जाती, फिर भर आती, फिर एक ख़ालीपन में जाकर अटक जाती। हर बार, कहे जाने के साथ, मंगण के होने का आभास गहरा जाता। उसके इस दुनिया में आने की उम्मीद हरी हो जाती। धीरे-धीरे पूरे पाड़े ने उसे मंगण माँ कहना शुरू कर दिया।

जाने कब से उसने ख़ुद को किसी और त्वचा के भीतर, कहीं गहरे, छिपा रखा है, उसने अपनी भाषा को सिकोड़कर एक अनकही-अबोली इच्छा में तब्दील कर दिया है, एक परित्यक्त लावारिस सपना, जो अपनी शक्तिशाली किंतु असहनीय उपस्थिति के साथ उसके दिल की कगार पर बैठा है- वही सपना, जो बार-बार उसे यक़ीन दिलाता है, एक दिन उसका मंगण इस दुनिया में ज़रूर आएगा।

बसरमल को कई चीज़ें नहीं याद हैं।

और कई चीज़ें रह-रहकर याद आती हैं।

मंगण माँ कुछ नहीं बोलती। बसरमल को उसकी खिलखिलाहट याद आती है।

मंगण माँ चुप रहती है। बसरमल को उसकी शरारत याद आती है।

मंगण माँ, सिर झुका कर, एक बेबी गिटार धोती है। बसरमल को मंगण का न आना याद आता है।

8.

किताब की जिल्द

जब बच्चा, एक बच्चा था, उसे नहीं पता था, कि वह एक बच्चा था। उसके लिए हर चीज़ में एक आत्मा थी, और सारी आत्माएँ दरअसल एक थीं।

–पीटर हैंडका
(सॉन्ग ऑफ़ चाइल्डहुड)

मैं किताब की वह फटी हुई जिल्द हूँ, जिसे बसरमल ने अपनी मेज़ पर रख दिया था।

जिस दिन वह सस्सी-पुन्नू की कहानी याद करते हुए एक किताब को कपड़े से पोंछ रहा था, एक दूसरी किताब उसके हाथ से टकराकर फ़र्श पर गिर गई थी। वह इस लाइब्रेरी की सबसे पुरानी किताब थी। सबसे बूढ़ी किताब, जिस पर कभी ध्यान नहीं जाता। क्या आप कभी किसी लाइब्रेरी में गए हैं ? अगर गए हैं, तो क्या कभी आपके मन में यह ख़याल आया है

कि यहाँ सबसे पुरानी किताब कौन-सी होगी? क्या कभी आपका मन हुआ है, कि यहाँ जो सबसे पुरानी किताब है, उसे एक बार खोजकर पढ़ा जाए? कुछ नहीं, तो एक बार जाकर उसे थपथपा दिया जाए? उसे सहलाया जाए? दो घड़ी ही सही, उसे प्यार से निहार लिया जाए?

आमतौर पर ऐसा ख़याल किसी के मन में नहीं आता। मैं किताब हूँ और मैं यह बात अच्छे से जानती हूँ कि मनुष्यों के सबसे पुराने पुरखे की कहानी को मैंने ही बचाया है। लेकिन क्या कोई जानता है कि इस दुनिया की पहली किताब कौन-सी थी? वह बची भी या नहीं? कोई नहीं जानता, क्योंकि किसी मनुष्य ने उस किताब को बचाया ही नहीं।

इंसान आपस में एक-दूसरे को नहीं बचाते, तो किताबों को भला क्या बचाएँगे? उनके भीतर एक-दूसरे को रौंद डालने की या बर्बाद कर डालने की, एक-दूसरे का शिकार करने या क़ब्ज़ा कर लेने की हवस इस क़दर भरी होती है, जिसकी कल्पना तक नहीं की जा सकती। अपना वर्चस्व स्थापित करने के लिए, जब भी देश और संस्कृतियाँ और सभ्यताएँ और क़ौमें एक-दूसरे पर हमला करती हैं, सबसे पहले वे औरतों को निशाना बनाती हैं, फिर किताबों को। इस तरह देखो, तो एक दुखद बात पता चलेगी, इस दुनिया में किताबों की स्थिति औरतों जैसी है।

क्या आपको पता है, जब भाषा की शुरुआत हुई थी, तब 'पुस्तक', एक पुल्लिंग शब्द था? उस ज़माने में भी यही कहा जाता था कि पुस्तकों के भीतर ज्ञान होता है, और समाज में ज्ञान का सारा ठेका पुरुषों के पास था, इसलिए 'पुस्तक' पुल्लिंग था। (स्त्रीलिंग का प्रयोग करना हो, तो 'पुस्तिका' कहा जाता था।) पुस्तक को गुरु का दर्जा मिला था। फिर पुस्तकों पर हमला हुआ, उन्हें आत्मरक्षा में असफलता मिली। जो ख़ुद को बचा नहीं पाता, वह भाषा के भीतर धीरे-धीरे 'स्त्रीलिंगी' बना दिया जाता है। पुस्तक स्त्रीलिंग बन गई। या ऐसा कहें कि बना दी गई। स्त्रियाँ कमज़ोर नहीं होतीं, पुस्तकें भी नहीं, लेकिन सत्ता की साज़िशों के ज़रिए

कुछ भी करवाया जा सकता है।

सारी साज़िशें भाषा के भीतर घटित होती हैं। सत्ता का सारा विमर्श भाषा के भीतर ही रचा जाता है।

मुझे बसरमल अच्छा लगता है। मुझे हर वह आदमी अच्छा लगता है, जो किताब पढ़ता है, किताब सँभालता है और किताबों से प्रेम करता है। कला और साहित्य हमारी भीतरी शक्तियों का स्वीकार हैं। जब हम किसी चीज़ की रचना करते हैं, तब दरअसल हम मृत्यु को चुनौती देते हैं। जब मैं यह कह रही हूँ, 'सामवेद' की एक कहानी मुझे याद आ रही है। यह वर्णन उसके 'छांदोग्य' उपनिषद में है, एक ऐसा ग्रंथ, जिसमें संगीतमय श्लोक, सूक्त और मंत्र हैं :

एक बार मृत्यु देवताओं के पीछे पड़ गई। देवता घबरा गए। मृत्यु से बचने के लिए उन्हें कहीं छिपना था, लेकिन जाएँ तो जाएँ कहाँ? छिपें तो छिपें कहाँ? जहाँ जाते, मृत्यु पीछे-पीछे चली आती। जब देवताओं को कोई राह न सूझी, वे वेदों में घुस गए और स्वयं को छंद या कविता से ढँक लिया। यह जानना दिलचस्प होगा कि 'छंद' शब्द की व्युत्पत्ति 'छान्दस' से हुई है, जिसका अर्थ है ढँकना या आच्छादित कर लेना। इस तरह देवताओं ने स्वयं को कविता से ढँका और मृत्यु से बच गए।

उपनिषद के ऋषियों का कहना है, कविता (या छंद) हमें एक बुरी मृत्यु से बचा लेती है। जब सारी नकारात्मकताएँ हमारी ओर दौड़ी चली आती हैं, कविता एक छतरी की तरह तन जाती है और हमारी रक्षा करती है। कविता की सराहना में इससे सुंदर शब्द भला और क्या कहे जा सकते हैं? यह माना जाता है कि जिस भाषा और संस्कृति में मृत्यु की जितनी गहरी समझ होगी, उसमें उतनी सुंदर कविता रची जाएगी।

मैं परंपरा के उस पहलू के पक्ष में हामी भरती हूँ, जो साहित्य को अमरता से जोड़ता है। किताबें बसरमल के जीवन का इस क़दर हिस्सा हैं कि अगर उसे उनसे अलग कर दिया जाए, उसका जीवन, मौत जैसा

बन जाएगा। मुझे पता है, लाइब्रेरी की सबसे पुरानी किताब जब उसके हाथों गिरी, तब बसरमल बहुत दुखी हो गया था। वह ऐसे चीखा था, जैसे उसकी ग़लती से उसका कोई बच्चा ज़मीन पर गिर गया हो। मैं, यानी जिल्द, जो किताब को बाँधे रखती है और उसे बरस-दर-बरस सुरक्षित रखती है, इस दौरान टूटकर, अलग हो गई थी। उसने बहुत नज़ाकत से किताब उठाई, किसी तरह उसे वापस मेरे भीतर रखने की कोशिश की, लेकिन वह फट गई थी।

उसने मुझे अपनी मेज़ पर रख दिया, यह सोचते हुए कि जल्द ही वह गोंद से मुझे चिपका देगा। उसने कुछ दूसरी किताबों को गोंद से चिपकाकर वापस उनकी जगह रख दिया था, लेकिन मैं वहीं पड़ी रही।

मैं वही जिल्द हूँ, जो अपनी किताब से बिछड़ गई है। उससे चिपकने, चिपक कर संपूर्ण होने की प्रतीक्षा में है।

बसरमल मुझे भूले हुए है, जैसे वह ख़ुद को भूले हुए है।

मेरी स्थिति चकवा और चकवी की तरह है। क्या आपने चकवा-चकवी की कहानी सुनी है? वे दो सुंदर, प्यारे पक्षी थे। हमेशा साथ रहते, साथ उड़ते, आनंद मनाते, पंख से पंख रगड़ तपिश पैदा करते। उनकी संगत में प्यार की गहरी रंगत थी। खेल-खेल में यूँ ही एक दिन उन्होंने एक साधु की तपस्या भंग कर दी। क्रोधित होकर साधु ने उन्हें शाप दे दिया कि रात के समय दोनों जुदा हो जाएँगे। चकवा, नदी के इस किनारे रहेगा और चकवी, नदी के उस किनारे। उनकी जुदाई में भी प्यार की गहरी रसाई थी। हर रात, पूरी-पूरी रात, चकवा नदी के एक किनारे बैठ अपने प्यार की पीड़ा की सोग-भरी कविताएँ गाता, और दूसरे किनारे बैठी चकवी उसका गाना सुन बेचैनी से तड़प उठती। लाख चाहकर भी दोनों का मिलन न हो पाता। रात-भर वे प्रार्थना करते कि किसी तरह साधु का शाप ख़त्म हो जाए, लेकिन शाप देने के बाद साधु ऐसे ग़ायब हुआ कि उसका कुछ पता ही न चला। वैसे भी, प्यार को लगा शाप कभी वापस कहाँ हो पाता है?

उन दोनों के जीवन की रात कभी ख़त्म ही नहीं होती। उसके बाद भी दोनों उम्मीद करते हैं कि एक दिन नदी के दोनों किनारे जुड़ जाएँगे। मैं चकवा-चकवी के उसी जोड़े की तरह हूँ। मैं एक जिल्द की तरह यहाँ हूँ, लेकिन मेरी किताब कहीं और है। जैसे बसरमल यहाँ बैठा है, लेकिन उसकी प्रतीक्षा किसी भूली-बिसरी नदी के उस पार, जाने कहाँ खड़ी, जाने क्या गा रही है।

थोड़ा पास आकर देखोगे, तो तुम्हें मेरा चेहरा बसरमल की तरह दिखाई देगा–

इस दुनिया में हममें से हर कोई अधूरा है: यह दुनिया, जो इनफ़िनिट, अनंत है, साथ ही साथ अपूर्ण भी है, जिसका कोई आदि नहीं, अंत नहीं।

अनादि, अनंत। जीवन और कला इसी अपूर्णता में वास करते हैं। किसी भी कलाकृति का, किसी भी विचार का आदि और अंत पता करना असंभव है। कौन कहाँ से आया, कौन कहाँ को जाएगा, रहस्य है–हम जो जानते हैं, महज़ बीच का हिस्सा जानते हैं। आदि और अंत के मध्य-भाग को। फिर भी, हम क्या करते हैं? जो कुछ दिख रहा, उसमें आदि और अंत के बिंदु को खोज लेते हैं। क्यों? क्योंकि हमारी बुद्धि को आदत है, अपनी सुविधा और प्रसन्नता के लिए चीज़ों को आदि-अंत वाले एक पैटर्न में देखने की।

अगर मुझे अपनी किताब से जोड़ दिया गया, तो क्या मैं पूर्ण हो जाऊँगी?

क्या बसरमल पूर्ण हो जाएगा, अगर उसे अपना 'आदि' मिल गया?

हम बनाते हैं, हम तोड़ते हैं, हम रेखाओं से चित्र बनाते हैं, हम खुरचकर उसे मिटा देते हैं, हम अपने दीपक ख़ुद हैं, हम ख़ुद ही जलते हैं और ख़ुद ही ख़ुद को बुझा देते हैं। एक दिन, जब हम ख़ुद को पूरा करने की कोशिशों से थक जाते हैं, हम बरबस मान लेते हैं कि हम पूरे हो गए हैं। हम अपने साथ यह खेल सबसे अधिक खेलते हैं।

आपको बताऊँ, श्रेष्ठ कला कभी पूर्णताओं के पीछे नहीं दौड़ती। उसके तत्व पहले से तय नहीं होते। मिसाल के तौर पर, सस्सी-पुन्नू की कहानी ही ले लीजिए। वही कहानी, जो किताबों की आलमारी में मेरी दिलकश साथी की तरह मेरे साथ रहती है। तब तक रही, जब तक कि गिर न गई। जिस तरह हम किसी चीज़ को पूर्ण मानते हैं, उस तरह देखें, तो सस्सी-पुन्नू की कहानी भी पूर्ण है। लेकिन यह क्लासिक कथा लगातार एक अधूरेपन की ओर बढ़ती दिखाई देती है– उनका प्रेम अधूरा है। उनका मिलना अधूरा है। उनका बिछड़ना अधूरा है। राजपरिवार का षड्यंत्र भी अधूरा है। सस्सी का मरना अधूरा है। पुन्नू का बिलखना अधूरा है। यह अधूरापन घटनाओं के स्तर पर नहीं, अनुभूतियों के स्तर पर है। इस अधूरेपन को आप भाषा के भीतर विश्लेषित नहीं कर सकते, सिर्फ़ अनुभूत कर सकते हैं। यह अनुभूति, आदि और अंत की अवधारणा को अवैध बना देती है। अपनी तमाम सूक्ष्मताओं में एक काल्पनिक अपूर्णता। और एक काल्पनिक पूर्णता। ज़मीन में आधा दफ़न लहराता हुआ दुपट्टा। सस्सी-पुन्नू की कहानी हमेशा पूर्ण है और हमेशा ही अपूर्ण है।

जैसा कि मेरा शायर साहिर कह गया है-

वो अफ़साना जिसे अंजाम तक लाना न हो मुमकिन,
उसे एक ख़ूबसूरत मोड़ देकर छोड़ना अच्छा!

अपनी कहानियों में हम शायद उसी ख़ूबसूरत मोड़ को तलाशते हैं, क्योंकि हमें नहीं पता, अंजाम क्या है, अंत क्या है। किसी को नहीं पता। न बसरमल को पता, न चकवा-चकवी को, और न ही मुझे!

9.

दिलख़ुश

हम इस भूमि को अपने पूर्वजों से विरासत में नहीं पाते, बल्कि अपनी संततियों से इसे उधार लेते हैं।

–एक हाइडा इंडियन कहावत

दिलख़ुश सम्बोसेवाला मुझसे पूछता है कि बताओ, बीस साल तक यहाँ दुकान चलाने के बाद यह दुकान हटाई जा सकती है? मैं कुछ नहीं कहता। वड़े पर लहसुन की लाल सूखी चटनी बुरकते हुए उसे देखता-भर हूँ। वह छह फ़ीट की केटली पर टन-टन-टन, जाने कितने हाथ मारता है। लगता है कि किसी स्कूल में हमेशा के लिए छुट्टी हो जाने की घोषणा में घंटी बजा रहा है।

"बोलो, हटा सकता है कोई?" वह फिर पूछता है।

"कौन हटा रहा है तेर्को यहाँ से?" मैं प्लेट उसके सामने बढ़ाता हूँ,

"थोड़ा गीली चटनी मार।"

"कोई नहीं," वह एक कलछुल से हरी चटनी वड़े पर उड़ेल देता है। उसके कुछ छींटे उड़कर मेरी शर्ट पर गिर जाते हैं। मैं दिलख़ुश को घूरता हूँ। वह केटली बजाने में व्यस्त हो गया है। मैं रूमाल निकालकर छींटे पोंछता हूँ। दोपहर को उसकी दुकान पर कम भीड़ होती है। वह इसका कारण बताता है कि दिन में लोग खाना खाते हैं, चाय-समोसा नहीं खाते। इस समय दुकान में वे लोग आते हैं, जो चाय और समोसे से खाने का काम चला लेते हैं।

मैं छींटे पोंछते हुए फिर उसे घूरकर देखता हूँ, तो वह हँसने लगता है। छोटी-सी पगड़ी और बड़ी दाढ़ी के बीच उसका सिर इतना बड़ा लगता है कि कई बार मुझे वह किसी और ही नस्ल का नज़र आता है। लगता है, किसी उड़नतश्तरी के साथ वह पृथ्वी पर तफ़रीह करने आया था और जल्दबाज़ी, गड़बड़झाले में उनसे यहीं छूट गया। यहाँ के लोगों में मिक्स होने के लिए उसने सरदारों की पगड़ी पहन ली। सफ़ेद खिचड़ी दाढ़ी के बीच जब उसकी हँसी का आकार देखता हूँ, तो यह अहसास मुझे और गहरा लगने लगता है। कई बार मुझे वह एसएमएस लगता है। अधूरे शब्दों, अधूरे वाक्यों से बना हुआ छोटा-सा कोई संदेश। इनबॉक्स में अटका हुआ अनपढ़ा एसएमएस।

"दिलख़ुश, कभी तेर्को लगा कि तेरे ग्राहक तेर्से प्रेम करते हैं?"

वह जिस स्तर का दुकानदार है, उससे ऐसा सवाल करना फ़ालतू लगता है। पर वह ढंग से जवाब देता है, "क्या कभी किसी ग्राहक को लगा कि मैं उससे प्रेम करता हूँ?"

कह कर वह ज़ोर-ज़ोर से केटली बजाते हुए हँसने लगता है। मुझे भी हँसी आ जाती है। उसकी बात से ज़्यादा उसके अंदाज़ पर। उसका केटली बजाना देख मुझे किंगकांग याद आ जाता है, जो दोनों हाथों से छाती पीटते हुए गुर्राता है।

फिर मैं उससे लाइब्रेरी वाले बूढ़े के बारे में पूछता हूँ। वह उसे सनकी मानता है। मेरी भी उसके बारे में कल से यही राय बनी हुई है। दिलख़ुश बताता है कि वह बीस साल से उसे इसी तरह देख रहा है। बीस साल पहले भी वह इतना ही बूढ़ा नज़र आता था। तब दिलख़ुश को लगता था कि बीस साल बाद वह जवान हो जाएगा, पर उसके बीस साल बाद यानी आज भी वह बूढ़ा ही दिखता है।

दिलख़ुश फिर केटली बजा-बजाकर हँसने लगता है- 'साला बुड्ढा, जवान इच नईं होता।'

किसी ग्राहक को वड़ा-पाव बाँधकर देने, गल्ले में पैसे खड़काने, केटली बजाने और ठठाकर हँसने के बीच रुक-रुककर वह बूढ़े के बारे में बताता है कि वह सिंधी है कि पहले उसके पास बहुत ग्राहक आते थे कि उसकी जगह बहुत बड़ी है कि उसमें फ़ालतू का कचरा भरा है कि पता नहीं उसका ख़र्चा कैसे चलता है कि पहले वह एक बैंक में नौकरी करता था कि पहले भी सिर्फ़ शाम को ही दुकान खोलता था कि वह ग़ुस्सा करता है कि मैं उसकी लाइब्रेरी को दुकान कहता हूँ कि मैं उससे कई बार कह चुका हूँ कि दुकान के भीतर थोड़ी ज़मीन मुझे दे दे कि मुझे किचन की जगह बहुत छोटी पड़ती है कि पहले शाम को उसके यहाँ मैं ही चाय भेजा करता था कि मैंने उससे कहा था कि बार-बार कहने के बाद भी आप मेरी मदद नहीं कर रहे कि थोड़ी-सी ज़मीन मुझे दे देने के बाद आपकी दुकान यानी लाइब्रेरी बंद थोड़े ही हो जाएगी कि आपको थोड़ी एक्स्ट्रा इनकम ही हो जाएगी कि वह इतना भड़क गया कि मुझको गेट आउट कर दिया कि तब से मैंने भी उसके लिए शाम की चाय भेजनी बंद कर दी कि मैंने कभी उससे चाय के पैसे नहीं लिए थे कि वह इतना बुज़ुर्ग है कि अपने आप इज़्ज़त हो जाती है कि अब देखा कि कोई उसके पास आता ही नहीं कि हफ़्ते-दो हफ़्ते में एक-दो बूढ़े दोस्त आ जाते हैं कि ये... कि वो... कि... कि...

मैं उसे बताता हूँ, "मैंने देखी है उसकी ज़मीन।"

"बताओ फिर? कितनी फ़ालतू स्पेस है उसके पास? फुक्कट में अटका के रखी है।"

"तेकों क्यों चाहिए स्पेस?"

"किचिन के वास्ते। मेरा किचिन उधर जाएगा, तो इधर मेरी दुकान में स्पेस हो जाएगा। फिर मैं अंदर सिटिंग कर सकता न। फिर इसका रिनोवेशन कर देता।"

"तो क्या बोलता वो?'

"क्या बोलेगा? नहीं दिया। बोला, मेरे बच्चों की जगह मत छीन।"

"कितने बच्चे हैं उसके?"

"अरे, कोई नहीं है रे। गले में बाँध के जाएगा वो। दुकान के अंदर जो रद्दी रखी है, उसको वह अपना बच्चा बोलता है। और उसके घर के अंदर एक ख़याली बच्चा है, जो कभी पैदा ही नहीं हुआ।"

मैं उससे उस लड़की के बारे में पूछना चाहता था कि कौन है वह, जो पीले पल्लों, पीली जालियों और पीले परदों के बीच खड़ी रहती कि जिसके चेहरे पर कोई भाव नहीं दिखता कि जिसने मेरी पैंट पर लगे कीचड़ को इस तरह देखा था कि मैं उसके देखने को अभी तक देखता रहता हूँ कि इतने दिनों से उसे देखते यहाँ से गुज़र रहा हूँ कि वह लड़की हमेशा वहीं दिखती है कि दो हाथों से जालियों को पकड़े रहती है कि जैसे किसी जेल में खड़ी है कि उसके चेहरे को ध्यान से देखो तो लगता है कि बस अभी रो देगी।

मैं पूछना चाहता था कि वह लड़की कौन है रे...

और मेरे मुँह से निकला- "कौन हटा रहा है रे तेकों यहाँ से?"

अपनी जगह खड़े-खड़े वह भीतर किसी नौकर को हड़का रहा है। पलटकर मेरी ओर देखता है। उसके चेहरे पर अजीब क़िस्म की गंभीरता आ जाती है। ऐसी कि इस समय उससे कोई भी डर जाए। केटली पर

उसका चम्मच दनादन पड़ने लगता है। टन-टन-टन-टन से पूरी सड़क गूँजने लगती है। यह आवाज़ केटली से भी सौ गुना ऊँची हो जाती है।

10.

मेरा नाम 'मैं' है

...रात के लिए वे ख़ुद को सहेज रहे हैं, अपने अँगरखे लपेटकर उन्होंने तकिए बना लिए हैं और पुआल में लेटने की जगह बना रहे हैं। वे सब पूरे कपड़े पहने हुए ही सोने जा रहे थे, जैसे किसी भी समय उठकर, फिर यात्रा पर चल निकलने के लिए तैयार हों।

–पेर लागरक्विस्त
(द डेथ ऑफ़ अहस्वैरस)

मैंने इससे पहले कोई लाइब्रेरी नहीं देखी थी। लाइब्रेरी के नाम पर मेरा ज्ञान उन ठेलों तक ही था, जहाँ कॉमिक्स, पत्रिकाएँ और कुछ उपन्यास किराए पर मिल जाते थे। जो या तो ठेला हुआ करती थीं या रद्दी की दुकान। किताबें पढ़ने के नाम पर मेरे बचपन में बस इतना ही था। जिस स्कूल में मैं पढ़ा था, वहाँ कोई लाइब्रेरी नहीं थी। जिस कॉलेज में मैं गया था, वहाँ लाइब्रेरी के नाम पर ही मुझे बुख़ार आता था। सो, उसके रीडिंग

रूम के अलावा कहीं गया ही नहीं। कंप्यूटर की स्क्रीन पर या नेट से प्रिंट निकालकर जो मैं पढ़ लेता था, बस, वही पढ़ पाता था। किताबें तो बिल्कुल नहीं। कॉलेज में किताबों से उतना ही पढ़ता, जितना काम का होता। कितने पेज काम के हैं, ये लेक्चरार बता देता या फ़ोटोस्टेट वाला। यही मेरी पढ़ाई का दायरा था।

लेकिन पिछले कुछ समय से मेरे भीतर छपी किताबों को पढ़ने की तमन्ना जगी हुई थी। पाऊ के प्रति विरोध जताने के लिए मैंने बरसों से, सिलैबस के बाहर की किताबों को पढ़ना छोड़ रखा था, लेकिन अब ऐसा महसूस होने लगा था कि मुझे विरोध के अपने तरीक़े को उलट देना चाहिए। मैं पढ़ना जारी रखकर भी विरोध कर सकता था। हालाँकि अपने जीवन की तमाम बातों की तरह इस बात को भी मैं सबके सामने स्वीकार नहीं करना चाहता था- पढ़ने की अपनी इच्छा को भी सबसे छिपाए रखना चाहता था। इसीलिए, उस रोज़ जब मैंने लाइब्रेरी में बूढ़े से कहा, 'मैं पढ़ना चाहता हूँ, मुझे किताब दीजिए', तो यक़ीन मानिए, मैं ख़ुद भी ख़ुद से हैरान रह गया था। मैं एक-दो नहीं, बहुत सारी किताबें पढ़ना चाहता था। लाइब्रेरी में इतनी किताबें देख मैं बूढ़े से जानना चाहता था कि क्या उसने सारी किताबें पढ़ रखी हैं? क्या उसे सारी किताबों के नाम याद हैं? और जब इन सारी किताबों की पीडीएफ़ बनाकर सिर्फ़ दस डीवीडी या पेन ड्राइव में रखा जा सकता है, तो भला इनसे इतनी जगह क्यों घेर रखी है?

मैं यह भी सोच रहा था कि किताबें कौन पढ़ता है? ये किनके लिए लिखी जाती हैं? और जब बूढ़ा लाइब्रेरी में नहीं होता, तो ये किताबें क्या करती होंगी? और जब वह अपनी कुर्सी पर शिथिल-सा बैठा रहता होगा, तब उसे देखती होंगी? क्या उसकी अनुपस्थिति में ये सारी किताबें अपनी-अपनी जगहों से बाहर आ जाती होंगी, अपने खोल और जिल्द को पहने रखती होंगी या उतार देती होंगी, किसी गौरैया की तरह झटक देती होंगी, अपने बदन से धूल और दीमकों को पोंछ देती होंगी और किसी धुन पर

थिरकती होंगी या कोई गीत ही गाती होंगी? वह कौन-सा ताल होगा, जिस पर किताबें नाचती होंगी? वह कौन-सा राग होगा, जिस पर किताबें गाती होंगी?

मैं दिलख़ुश सम्बोसेवाले की दुकान पर नहीं रुकता। वहाँ बहुत भीड़ है इस समय। मैं उससे भी आगे चलता हूँ। सेंट्रल अस्पताल की तरफ़। फिर वहाँ से फारवर लाइन की तरफ़। एसएमएस बजने की आवाज़ आती है। लंबी टीं-टीं। उस तरफ़ से निक्की ने चुटकुला भेजा है। संता और बंता के नाम देखते ही, बिना पढ़े मैं रिप्लाई करता हूँ- :-) कोलन, हाइफ़न और क्लोज़्ड ब्रैकेट से एक स्माइली बनाता हूँ, जिसका मतलब है, हैप्पी या फ़नी। उसे भेज देता हूँ। और मोबाइल वापस जेब में कोंड देता हूँ। मुझे पता है, वह तप जाएगी।

मुझे याद आता है, कहीं तो पढ़ा था कि बहुत-सारे देवदूत रात-भर किसी मैदान में नाचते हैं। उस समय वे अपने पंख उतार देते हैं। माथे से मुकुट भी उतार देते हैं और सिर पर चमकते छल्लों की लाइट ऑफ़ कर देते हैं। वे उन्मत्त होकर नाचते हैं। पहली नज़र में उनका नाच किसी उत्सव की तरह दिखता है, लेकिन भीतर से वे सब बहुत दुखी हैं। दरअसल, वे किसी से बदला लेना चाहते हैं, लेकिन देवदूत होने की मजबूरी इस ख़याल को उनसे दूर कर देती है। वे अजीब क़िस्म की बेबसी में अपने भावों को दबाते हुए नाचते हैं और उत्सव का स्वांग करते हैं।

क्या किताबें भी ऐसे ही नाचती होंगी? शोक की किसी धुन पर? अवसाद की किसी थाप पर? उपेक्षा और अपमान की मिली-जुली ताल पर? क्या वे भी देवदूतों की तरह अपनी भावनाओं को दबाकर उत्सव का स्वांग करती होंगी?

मैं सेंट्रल अस्पताल से आगे नहीं जाता। बहुत पहले मैं इसी अस्पताल में पैदा हुआ था। मैं इसके आगे से न जाने कितनी बार गुज़रा हूँ, लेकिन पैदा होने के बाद दुबारा कभी इसके भीतर नहीं गया। जब पाऊ यहाँ

एडमिट थे, तब मैं इस शहर में नहीं था। और फ़ोन पर जब मुझे पता चला कि उन्हें यहाँ एडमिट किया गया है, तो मेरा मन ही नहीं हुआ कि उन्हें देखने के लिए यहाँ आऊँ। जब लौटकर आया था, तो मैंने उनसे कहा भी था कि अक्खे शहर में उनको यही अस्पताल मिलता है क्या?

जैसे मैं उनसे कई बार कई सवाल करता हूँ। आलोचना से भरे तीखे सवाल। अपनी नौजवान शर्मिंदगियों से जन्मे सवाल।

जब अँग्रेज़ी न आने के कारण कॉलेज में मैं शर्मिंदा होता था और क्लास से भाग जाने का कोई न कोई कारण खोजा करता, तब मैं उनसे पूछता था कि अक्खे शहर में कोई इंग्लिश मीडियम स्कूल नहीं था क्या, जो पहली से दसवीं तक हिंदी में रट्टा मरवाया मेर्से? आप चाहते थे कि मैं अँग्रेज़ी में एक्सपर्ट बनूँ, लेकिन बिना अँग्रेज़ी मीडियम स्कूल में पढ़े? ऐसा कैसे संभव है, पाऊ?

पाऊ के पास कोई जवाब नहीं होता।

वह अपनी बात बस ऐसे खोलते हैं- "बेटे के सवालों का जवाब किसी बाप के पास नहीं होता। बेटे के दिल में सवाल आने लगें, तो समझो, परवरिश अधूरी रह गई।"

उसके बाद पाऊ उठ जाते हैं। कभी वो बिजली का मीटर चेक करने लगते हैं, कभी पानी की मोटर। माँ मुझे दिलासा देती है- "बहुत सारे लोगों को अँग्रेज़ी नहीं आती, फिर भी वे पढ़ रहे हैं, कमा रहे हैं। तू क्यों फ़िक्र करता है? एक दिन तेरा भी हो जाएगा।"

और मैं तय कर लेता हूँ कि इनसे कभी कोई बात नहीं करनी, इन सब पर।

पर साथ ही, मैं नाइंसाफ़ी से भरी इस ज़िंदगी की लीक पर घिसट-घिसटकर चलना भी नहीं चाहता। मैं चुपचाप माँ की तरह संघर्ष भी नहीं करना चाहता। पाऊ की अचानक आई बेरोज़गारी के दिनों में हमारे परिवार पर अचानक पड़े मुसीबतों के बादल की कहानियाँ मैंने कई बार सुन रखी

हैं, किस तरह वे बरसों तक अपना सामान उठाकर भटकते रहे थे, एक जगह से दूसरी जगह तक! एक अँधेरे से दूसरे अँधेरे तक! मुझे याद है, अभी दो साल पहले मुझे माँ ने एक क़िस्सा सुनाया था :

> जब तुम मेरे पेट में थे, मैंने घर छोड़ दिया था। जानते हो क्यों? तुम्हारे पाऊ के कारण। नैतिकता के उनके भाषण, उनकी रोज़-रोज़ की ग़ुस्सैल चिकचिक और बेमानी मशविरे। उनकी ईर्ष्या और उस कारण मुझ पर लादी पाबंदियाँ। मेरे पेट में एक और जीवन पल रहा है, वह कभी इसके बारे में कोई बात नहीं करते थे, लेकिन मेरी कमियाँ गिनाते हुए बात-बात में लेक्चर सुनाना उन्हें हमेशा सुहाता था- "सिर क्यों नहीं ढँका जी?" "दिन में बिजली क्यों जला रखी है?" "तुम्हें फलाँ के सामने हँसने की क्या ज़रूरत थी?" उनको मेरे हर काम में, हर अंदाज़ में बस ग़लतियाँ ही नज़र आती थीं।
>
> एक दिन मैं तंग आ गई। कुछ ज़रूरी कपड़ों और बर्तनों की गठरी बनाई, फिर चल पड़ी। इतना बड़ा मुंबई शहर! मैं तो शादी करके अभी साल भर पहले ही यहाँ आई थी। न सड़कों का ज्ञान, न भाषा की समझ! घर से निकल तो गई, लेकिन तय नहीं कर पाई कि कहाँ जाऊँ? किसी तरह मैं दादर स्टेशन पहुँच गई। तुम जानते ही हो, कैसा स्टेशन है वह! इतने प्लेटफ़ॉर्म्स, इतनी ट्रेनें, हर पल कोई ट्रेन रुक रही, हर पल कोई चल रही, लोगों का रेला उतर रहा, चढ़ रहा। वह सब देखकर मैं एकदम कन्फ़्यूज़ हो गई- किस ट्रेन में चढ़ूँ? किससे मदद माँगूँ? उस रोज़, अपने सिर पर बर्तन-कपड़ों और ग़रीबी की गठरी और गर्भ में तुम्हारे होने का बोझ उठाए मैं, प्लेटफ़ॉर्म नंबर एक से नौ के बीच सही ट्रेन की तलाश में

धक्के खाती रही। मैं बार-बार, कभी आगे जाती, कभी पीछे, मुझे समझ ही नहीं आ रहा था कि आख़िर इनमें से कौन-सी ट्रेन मुझे घर ले जाएगी। घर? कैसा घर? मुझे ज़ोर की हँसी आई। क्या ट्रैजेडी है! मैं अभी-अभी घर छोड़कर आ रही थी, और उस समय प्लेटफ़ॉर्म पर खड़ी होकर यह सोच रही थी कि कौन-सी ट्रेन मुझे घर लेकर जाएगी। हम जिस नर्क से दूर भागते हैं, जाने-अनजाने दुबारा वहीं पहुँचने के उपाय खोजते हैं। ऐसी कोई ट्रेन नहीं थी, जो घर तक जाती हो।

मैं थक चुकी थी। बुरी तरह घबराई हुई थी। किसी तरह जाकर, प्लेटफ़ॉर्म नंबर एक पर अख़बार की दुकान के पास एक बेंच पर बैठ गई। जब मैं पहली बार मुंबई आई थी, दादर स्टेशन पर उसी जगह तुम्हारे पाऊ ने बड़े प्यार से मुझे बिठाया था और पास के स्टॉल से मुझे वड़ा-पाव लाकर दिया था। मुझे वह इतना पसंद आया था कि मैंने पाँच वड़ा-पाव खा लिए थे। तब से, मैं उन्हें जाने कितनी बार कह चुकी कि वड़ा-पाव खिलाने के लिए मुझे दादर स्टेशन ले चलो। आज मुझे यह सोचकर हँसी आती है कि कैसी थी मैं! तमाम औरतें अपने पति की जान खाती हैं कि उन्हें जुहू बीच या चौपाटी जाना है और एक मैं... मैं अपने पति से कहती थी कि मुझे दादर के प्लेटफ़ॉर्म पर ले चलो।

उस बेंच पर बैठे-बैठे मैं अपने आप में इस क़दर खो गई थी कि मुझे वक़्त का भी अंदाज़ा न रहा। जाने कब, पीछे से तुम्हारे पाऊ की आवाज़ आई। वह दिन, मुझे अब भी याद है वह सब! तुम्हारे पाऊ की काँपती हुई आवाज़, काँपता हुआ हाथ। तुम जानते हो, स्टेशन पर घुसते ही प्लेटफ़ॉर्म पड़ता है, सो तुम्हारे पाऊ ने स्टेशन में प्रवेश करते ही मुझे देख लिया

होगा। मुझे देखते ही बेंच के किनारे वह धप्प-से फ़र्श पर बैठ गए। उनका मुँह बंद था, लेकिन उनकी गीली आँखें सवाल पूछ रही थीं। ऐसे में वह बेहद अजनबी लग रहे थे। अचानक, वह ज़ोर से, साँस अटका-अटकाकर, हिचक-हिचककर रोने लगे, जबकि मैं किसी मूर्ति की तरह स्थिर बैठी रही। मैंने जताया नहीं, लेकिन मुझे अच्छा लगा कि यह आदमी मेरी फ़िक्र करता है। मुझे खोजते-खोजते वह आख़िर इस जगह पहुँच गए। शायद उन्हें याद था कि इस बेंच के साथ हमारी एक प्यारी याद जुड़ी हुई थी। उस दिन, जब मैं उन्हें नहीं मिली होऊँगी, तो उन्होंने अंदाज़ा लगाया होगा कि मैं यहाँ मिल सकती हूँ।

मैं चुपचाप उनके साथ घर लौट आई। अगले रोज़ उन्होंने मुझसे पूछा, "तुम्हें डर नहीं लगा, इतने बड़े शहर में तुम कहीं खो जाओगी?" तुम्हारे पाऊ यह सवाल पूछकर भूल भी गए होंगे, लेकिन मैं आज भी उस सवाल का जवाब खोजती हूँ, और एक बात समझ में आती है कि मैं तो पहले से ही खोई हुई थी- जिस घड़ी मैं इस घर में आई, तब ही से खोई हुई थी। मेरे पास ज़्यादा विकल्प नहीं थे। या तो शहर में खो जाती या इस घर में। मेरे शरीर में दो दिल धड़क रहे थे- एक मेरा, एक तुम्हारा। मैंने तुम्हारे दिल की आवाज़ सुनी और घर में खो जाने का विकल्प चुना। उसके बाद मैंने एक तरह से ख़ुद को बंद कर लिया। शायद तुम्हारे पाऊ ने भी ख़ुद को बंद कर लिया, उनके भाषण बंद हो गए। तब से हम बस, जिए जा रहे हैं। क्या विडंबना है न! दूर से देखो, तो घर दिखता है, घर में घुसते ही दूरियाँ दिखती हैं।

वह मुस्कराई और बोली, "जब से मैं घर वापस आई हूँ, तब से मैंने इतनी बात कभी नहीं की।" और उसके बाद उसने यह वाली कोख-कथा दुबारा नहीं सुनाई।

मैं पाऊ को देखते ही घर से जो भाग जाता हूँ, शायद मैंने यह आदत तभी डाल दी थी, जब मैं माँ की कोख में था। इतनी पुरानी आदत इस जीवन में तो सुधरने से रही। हालाँकि यह भी जानता हूँ, फ़िल-हाल के लिए, मुझे जल्द-से-जल्द ख़ुद को सुधार लेना है।

रोटी के टुकड़े से अचार तोड़ते हुए मैं सोचता हूँ कि अचार के मर्तबान के भीतर जाकर सो जाऊँ। जिस दिन निकलूँगा, स्वादिष्ट और काम का हो चुका होऊँगा। यहाँ मुझे फिर स्माइली लगाने की ज़रूरत महसूस होती है... :-)

बालाजी टी-स्टॉल पर रुकता हूँ। एक सिगरेट पीता हूँ और ज़िंदगी के तमाम बूढ़ों से मन हटाने की कोशिश करता हूँ। बार-बार मेरे ख़याल में वह पीली खिड़की आती है। मैं अनायास ही अपनी पैंट के पीछे झाँकता हूँ। ओहो! तो छींटे आज भी हैं, लेकिन अभी तक उसने इन छींटों को नहीं देखा? इस क़यास पर मुझे ख़ुद ही हँसी आ गई, जैसे वह मेरी पैंट पर छींटे देखने के लिए ही वहाँ खड़ी होती हो। उसके बाद से मैं उसे कई बार खिड़की पर खड़े देख चुका हूँ। कई बार तो ठिठककर उसके सामने ही खड़ा हो गया हूँ। अब तो वह मुझे पहचानने लगी है। पर वह एक बार भी मुस्कराई क्यों नहीं? क्या पीले पल्लों, जालियों और परदों के बीच रहने वाला उसका चेहरा भी पीला नहीं दिखता?

टीं-टीं बजता है। निक्की ने स्माइली का जवाब स्माइली से दिया है। उल्टी स्माइली। :-(यानी मुँह बिचकाती हुई। अच्छा है, अब मैं उस लड़की को अपने जीवन में नहीं रख सकता। अब वह सिर्फ़ मेरे इनबॉक्स में रहेगी।

मुझे वैसे भी उन लोगों को याद करने या रखने का कोई शौक़ नहीं, जो

जा चुके हैं। जीवन से या मेरे जीवन से। मैं बहुत जल्दी भूल जाता हूँ और भूल जाना मुझे पसंद भी है। चाहें, तो इसे आप कोई स्मृतिहीनता भी मान सकते हैं। मेरा मानना है कि हमारे जीवन के अधिकांश पल बेमानी होते हैं। उन पर ध्यान नहीं देना चाहिए या फिर भूल जाना चाहिए। इसीलिए मैं उनको पसंद नहीं करता, जो बिला वजह, बार-बार अपने ज़माने की बात करते हैं। इसीलिए पाऊ के साथ मेरा छत्तीस रहता है, जब वह बताते हैं कि मेरी उम्र तक वह इतना कर चुके थे या इतना कमा चुके थे।

एक दिन चिढ़कर मैंने उनसे कह दिया था, "पाऊ, मुझे मत सुनाया कीजिए। आप जितने पर रिटायर होंगे न, उतनी तनख़्वाह मैं ज्वॉइनिंग पर पाऊँगा।"

वह पूछते- "कैसे ? बोलो, कैसे ?"

मैंने कहा, "उसके बारे में मत सोचिए। साढ़े तीन-चार लाख का पैकेज कोई बड़ी बात नहीं होती।" और हमेशा की तरह, इसके बाद या तो वह कमरे से बाहर निकल जाते हैं या मैं।

लौटते समय दिलख़ुश वाले के यहाँ बहुत भीड़ दिखती है। शायद कोई दंगल हो रहा है।

11.

बूढ़े की कहानी

जब मैं छोटा था, तो मेरा सपना था, बड़ा होकर किताब बनूँगा। लेखक नहीं। लोगों को चींटियों की तरह मारा जा सकता है। लेखकों को मारना भी मुश्किल नहीं। लेकिन किताबों को नहीं मारा जा सकता। उन्हें नष्ट करने की कितनी भी योजनाबद्ध कोशिश की जाए, यह संभावना हमेशा रहती है कि दुनिया के किसी निर्जन कोने में, किसी लाइब्रेरी के किसी ख़ाने में, उसकी एक प्रति तब भी बची रह जाए।

–अमोस ओज़

(अ टेल ऑफ़ लव एंड डार्कनेस)

पेंसिल उसे परेशान करती है।

छीलते-छीलते जब लगता है कि ख़ासी नुकीली हो गई है, ठीक उसी समय जाने क्या हो जाता है कि नोंक टूट जाती है और शार्पनर में अटक जाती है। किसी तरह ठोंक-ठाककर वह नोंक निकालता है और पेंसिल को

नए सिरे से छीलना शुरू करता है।

दीवार के सहारे पीठ टिकाकर अधलेटे बसरमल की जाँघों पर ड्रॉइंग बुक है। बूढ़े और काँपते हाथों से वह उस पर पेंसिल बिछा देता है। आड़ा-तिरछा हिलाकर कुछ लकीरें बनाता है।

मंगण माँ धीमे क़दमों से बाहर आती है। उसके हाथ में पानी से भरा मग्गा है, जो छलक रहा है और दूसरे हाथ में प्लास्टिक का गुड्डा है। मग्गे के पानी में साबुन का झाग है। गुड्डे को पानी में डाल, तल्लीनता से उँगलियों से रगड़-रगड़कर उसे धो रही है।

बसरमल कुर्सी पर बैठी मंगण माँ की तस्वीर बनाने लगता है। सबसे पहले कुर्सी की पीठ बनाता है। फिर उस पर टिकी हुई मंगण माँ की पीठ। फिर कुर्सी की सीट बनाता है। फिर उससे सटी हुई मंगण माँ की सलवार। फिर सलवार से बाहर निकले उसके पैर।

एक आकृति-सी बन गई है। सलवार को देखकर लग रहा है कि यह मंगण माँ है। बस, इससे ज़्यादा नहीं बनाना उसे। पता नहीं, कितने साल पहले, उसने मंगण माँ से कहा था, "चित्र बनाने के दौरान जिस पल यह समझ में आ जाए कि आप क्या सोच रहे हैं और क्या बनाना चाहते हैं, उसके बाद उस चित्र को नहीं बनाना चाहिए।"

याद नहीं, उस समय मंगण माँ ने क्या कहा था।

वह फिर वही बात उससे कहता है। उसका गुड्डा पानी में डूबा हुआ है। उसकी उँगलियाँ भी वहीं पर हैं। वह पानी में ही हाथ डाले-डाले उसकी ओर देखती है। इस तरह, जैसे सुन ना पाई हो। वह अपनी बात दुहराता है। मंगण माँ का चेहरा फिर वैसा ही है। जैसे चाहती हो, एक बार और कही जाए वही बात, उसी तरह। कुछ पल पहले की तरह, कुछ बरस पहले की तरह।

वह उठकर चली जाती है। भीतर से वॉश बेसिन में पानी गिरने की आवाज़ आती है। उसने गुड्डे को अब साफ़ पानी से धो दिया है।

बसरमल अपनी ड्रॉइंग बुक के पिछले पन्नों को देखता है। वहाँ कई पन्नों से मंगण माँ नहीं है। उसने बहुत दिनों बाद उसकी देह और आकृति पर पेंसिल फिराई है। वह उस पर आहिस्ता से उँगली फिराता है। याद नहीं, आख़िरी बार कब उसने मंगण माँ की देह पर उँगलियाँ फिराई थीं। वह तस्वीर के बग़ल में सिंधी में लिखता है- 'जालो'। फिर रबर से मिटा देता है। फिर अँग्रेज़ी में लिखता है- 'शी'। फिर उसे भी मिटा देता है। फिर वह अँग्रेज़ी में ही लिखता है- 'मेलन्कली'।

अमरूद की ख़ुशबू पूरे कमरे में फैल जाती है।

इतनी बारीक होती है वह ख़ुशबू कि कई बार नाक की पकड़ में नहीं आती। पर बसरमल उस महक को मीलों दूर से भी पहचान लेता है। वह एक पुराने पन्ने की ओर जाता है। वहाँ एक पीठ है, और उस पर एक लंबी चोटी लहरा रही है। अगले पन्ने पर आम का एक पेड़।

बीस साल पहले शहर से बाहर जंगल में उसने आम का एक पौधा रोपा था। इतने बरसों में वह अब भरा-पूरा, मोटे तने वाला, विशाल पेड़ बन गया है। बसरमल को इस बात की कोई चिंता नहीं कि वह ख़ुद बचेगा या नहीं, लेकिन यह ज़रूर सोचता है कि क्या वह पेड़ बचा रहेगा? ज़मीन हड़पने वाला लैंड माफ़िया मुंबई का एक-एक इंच भकोस रहा है। एक दिन इस शहर में ज़मीन कम पड़ जाएगी, तब क्या जंगल को खोद दिया जाएगा? उसके प्रिय पेड़ को उखाड़ दिया जाएगा? ख़तरनाक शार्क मछलियाँ तब क्या उसकी तरह क़रीब के उस जंगल को भी गड़प जाएँगी?

वह अपना सिर झटकता है। अमर कोई नहीं! ज़िंदगी चलती है, तो सिर्फ़ जीते रहने की कोशिशों के कारण। इन्हीं कोशिशों के तहत वह ज़मीन हड़पने की ख़ूनी राजनीति और धमकी भरे टेलीफ़ोन कॉल्स के बारे में हर महीने बिला नागा प्रधानमंत्री को चिट्ठी लिखा करता है, जिनका कभी जवाब नहीं आया।

अगर माफ़िया ने उसकी हत्या कर दी और उसी की ज़मीन के नीचे

उसे दफ़न कर दिया, तब वह क्या करेगा? वह सोचने की कोशिश करता है। वह आहिस्ता-आहिस्ता ज़मीन के नीचे एक सुरंग खोदेगा, उस गीली मिट्टी में एक-एक इंच खिसककर लड़काना तक पहुँचंगा, और ज़मीन के नीचे टहलते-टहलते उस जगह को खोज निकालेगा, जहाँ उसने काठ के एक छोटे-से बक्से के भीतर सौ पन्नों का अपना प्रेमपत्र दफ़न कर रखा था। उस बक्से को खोल वह अपने प्रेम को आज़ाद कर देगा।

वह मुस्कराने लगता है, स्मृतियाँ ही हैं, जिन्होंने उसे आज तक सबसे बचाए रखा है।

वह याद करता है।

पूरा-पूरा दिन, पूरी-पूरी रात याद करता है।

याद करने से अतीत ज़िंदा हो उठता है।

याद करना, दरअसल, प्रेम करना है।

इस दुनिया को प्रेम बचाता है। इस दुनिया को प्रेम की स्मृति भी बचाती है।

वह पन्ना पलटता है। वहाँ एक पन्ने पर किसी बच्चे के पैर हैं और एक फ़ुटबॉल। उसके किनारे लिखा है–

उसका आना तय था बहुत पहले से
वह आज भी इंतज़ार कर रही है

वह उन पैरों के आस-पास दो जोड़ी पैर और बनाता है। एक ने पैंट और बूट पहने हैं, दूसरे ने सलवार और चप्पल। फ़ैमिली पूरी हुई।

मंगण माँ भीतर से लंबी पाइप लेकर निकली। रबर की पीली पाइप, जो क़रीब चालीस फ़ुट की होगी। उसने उसका एक सिरा वॉश बेसिन के नल में लगाया है और दूसरा सिरा पकड़कर खींच रही है। वह उसे बाहर लेकर जाएगी। सामने की सड़क धोएगी।

"सड़क को क्यों धोना भई? वैसे ही वहाँ से पब्लिक निकलती है।"

मंगण माँ फिर बसरमल की तरफ़ उसी तरह देखती है, जैसे सुनी हुई बात को एक बार और सुनने की इच्छा हो। कमर झुकाए धीरे-धीरे बाहर निकल जाती है।

शायद मंगण माँ के लिए यह सड़क 1947 के लाहौर की सड़क है, जिस पर उसके किसी अपने का ख़ून बह रहा है। बसरमल समझ नहीं पाता, मंगण माँ अतीत की सड़क को धोती है या वर्तमान की सड़क को?

बसरमल ड्रॉइंग की किताब में और पीछे जाता है। वहाँ एक खिड़की बनी है। जैसे पूरा पन्ना एक दीवार हो और उस पर एक खिड़की। अधूरी-सी। उसमें एक ही पल्ला है। दूसरा कहीं गिर गया या बनाया नहीं गया। खिड़की पर जाली है, जिस पर बड़े-बड़े फूल बने हैं।

वह अपने बनाए अधूरे स्केच को ध्यान से देखता है। यह कला है। तो फिर ज़िंदगी क्या है? क्या ज़िंदगी अधूरेपन का सम्मान करती है? देवता भी एक कलाकृति है। और ईश्वर? हम सब अपना-अपना ईश्वर ख़ुद बनाते हैं। हर युग का ईश्वर पिछले युग के ईश्वर के मुक़ाबले अधिक अपूर्ण, अधिक असिद्ध दिखाई पड़ता है।

वह जाली के बीच बची सफ़ेद जगह पर तिरछी पेंसिल से पतली-पतली लकीरें भरने लगता है। थोड़ी देर बाद एक पन्ने पर जाकर रुक जाता है। वहाँ किताबों की रैक है, जिसमें किताबें नहीं हैं। वे नीचे फ़र्श पर बिखरी हुई हैं।

वह किताबों को छूता है, जुनून और दृढ़ता से भरे एक अकेले बूढ़े आदमी की तरह, काग़ज़ पर उसकी पेंसिल जैसे लकीरों के माध्यम से एक पीड़ादायी विचार-मंथन कर रही है। उसके किनारे लिखा है–

एक डॉट यानी फ़ुल स्टॉप
तीन बार डॉट डॉट डॉट यानी
चीज़ें अभी ख़त्म नहीं हुईं
ज़िंदगी जारी है

किताबों की बग़ल में वह एक बोरी बनाता है। उसकी बग़ल में एक और बोरी। फिर एक और। फिर एक कुदाल। फिर कुछ ईंटें। ईंटें, ईंटों जैसी नहीं दिखतीं। वह उन्हें मिटा देता है। फिर वह बोरियों को मिटा देता है। फिर कुदाल को। फिर रैक को। फिर किताबों को। वह सब कुछ मिटा देता है। पूरे पन्ने को फिर से सादा बना देता है।

दराज़ से वह नया इरेज़र निकालता है और पूरी ड्रॉइंग बुक को सादा करने पर जुट जाता है।

उसे नहीं याद, यह आदत उसमें कब और क्यों आई। वह एक ड्रॉइंग बुक लेता है, उसमें कुछ समय तक तस्वीरें बनाता है और कुछ समय बाद सबको मिटा देता है। फिर उन्हीं पन्नों पर कुछ और बनाता है। तब तक, जब तक कि वे पन्ने इस लायक़ बचे रहें।

वह एक पेंसिल बन जाना चाहता है, ताकि इस दुनिया की आकृति में कुछ ज़रूरी रेखाएँ जोड़ दे।

वह एक इरेज़र बन जाना चाहता है, ताकि इस दुनिया की आकृति से कुछ फ़ालतू रेखाएँ मिटा दे।

या एक खिड़की। या एक गेंद। या एक बच्चा। या एक स्त्री। वह बसरमल बनना छोड़ बाक़ी कुछ भी बन जाना चाहता है।

बाहर आकर मंगण माँ के पास बैठ जाता है। वह सड़क धो रही है। धोई हुई सड़क से फटफट करती एक मोटरसाइकल गुज़रती है। मंगण माँ बुदबुदाने लगती है। मेहनत का ज़ाया होना उसे बुरा लगता है।

बसरमल कहता है, "उसका फ़ोन फिर आया था। वही सारी बातें। पर मैं नहीं बेचना चाहता।"

मंगण माँ, अपने बूढ़े की तरफ़ नहीं देखती। वह उसके हाथ से पानी की पाइप ले लेता है और ख़ुद भी वहीं बैठकर सड़क धोने लगता है।

उसने कहा, "एक बात बताऊँ, जालो, इस दुनिया में ज़्यादातर लोग दूसरों की ज़मीन हड़प लेना चाहते हैं। ऐसा नहीं है कि उनके पास ज़मीन

की कमी हो, बल्कि उनके भीतर हड़पने की हवस है। भूख नहीं, हवस! भूख तो थोड़ी देर के लिए मिट जाती है, लेकिन हवस एक पल को भी नहीं मिटती। जिस चीज़ को पाने की हवस है, उसे पा लिया, तब तो और बढ़ जाती है। सिकंदर के पास ज़मीन की कमी नहीं थी, लेकिन उसके भीतर हवस थी कि संसार की सारी ज़मीन उसके नाम हो। उसने युद्ध लड़े। उसके कारण लाखों लोगों की जान गई। आज के संदर्भ में देखें, तो सिकंदर राजा नहीं, लैंड-माफ़िया था। किसी भी तरह दूसरों की ज़मीन पर क़ब्ज़ा करने वाला लैंड-माफ़िया! हर वह राजा, जो दूसरे पर हमला करता था, दरअसल लैंड-माफ़िया था। नेपोलियन से लेकर हिटलर तक, स्टॉलिन से लेकर फ्रैंको तक! हर वह देश, जो सरहद का कुछ हिस्सा दबाकर पड़ोसी देश की ज़मीन पर क़ब्ज़ा कर लेना चाहता हो, दरअसल लैंड-माफ़िया है। इज़राइल लैंड-माफ़िया है, तो फ़लीस्तीन भी लैंड-माफ़िया! सोवियत संघ लैंड-माफ़िया था, तो तिब्बत को दबा लेने वाला चीन भी लैंड-माफ़िया! जिन्नाह को अपने लिए, अपने लोगों के लिए ज़मीन चाहिए थी, उसने हमारी ज़मीन दबा ली। जिन्नाह भी लैंड-माफ़िया! उसके कारण मैं अपनी मिट्टी छोड़कर यहाँ बैठा हूँ। हम सब लोग ऐतिहासिक तौर पर अलग-अलग तरह के लैंड-माफ़िया के शिकार हैं! आज फिर मेरे पीछे लैंड-माफ़िया पड़ा है। मुझे शिकार होने से कोई रोक पाएगा? शायद यही मेरी ऐतिहासिक नियति है।"

इतना बोलने के बाद वह देखता है, मंगण माँ पैरों के पास ज़मीन पर जमा पानी में अपनी तर्जनी से वृत्त बना रही है। बार-बार एक ही वृत्त, जो कि बनते ही मिट जाता है।

उसने ख़ुद से सवाल पूछा, "अब तुम्हें कौन बचाएगा, बसरमल?"

"किताबें!"

उसने ख़ुद को जवाब दिया।

12.

मेरा नाम 'मैं' है

मैं पहाड़ी की चोटी पर गया, जहाँ देवी का एक मंदिर था, लेकिन मूर्ति की जगह सिर्फ़ एक शिलाखंड था। सामने पेड़ पर हवा में फड़फड़ातीं रंग-बिरंगी झंडियाँ।

–निर्मल वर्मा
(धुँध से उठती धुन)

मुझे यह समझ में नहीं आता कि जब मैं लाइब्रेरी की खिड़की पर आकर खड़ा होता हूँ, तो यह बूढ़ा भी क्यों आ जाता है ? अभी भी मेरे पीछे खड़ा है और बाहर झाँक रहा है।

आज कई दिन हो गए यहाँ आते। मैं लगभग हर शाम आने लगा हूँ। बूढ़ा भी मेरे आने का इंतज़ार करने लगा है। उसकी बातों से यह समझ में आ गया है। जब पहले दिन यहाँ आया था, तो इसने देखा तक नहीं था। दूसरे दिन आया, तो यह बैठकर किताबें साफ़ कर रहा था। मैं भी इसके साथ लग गया। कितनी तो किताबें थीं और उनमें से कितनी हमेशा के लिए बर्बाद हो गईं। दीमक चाट गए। टपकते पानी से गल गईं। दो दिन लगे मुझे इसके साथ उन किताबों को ठीक करने में। वापस रैक में

जमाकर रखने में।

ख़राब हो गई किताबों को अलग कर मैंने उससे कहा, "इन्हें रद्दी वाले को देना होगा।"

"पीछे एक साथ रख देना।"

वे किताबें वहाँ से कभी नहीं हटीं।

उसके बाद मैंने रैक्स को उनकी जगह से हिलाया। ऐसी जगह बनाई कि छत से टपकने वाला पानी सीधे इन पर न गिरे। कई दिन सात की जगह हम आठ बजे तक रुके रहे।

जाते समय मैं एक-दो किताबें शर्ट के नीचे दबा लेता, बूढ़ा जिस समय सामने न होता। पढ़ना शुरू करना है, इस ख़याल से। इतनी तो मज़ूरी बनती ही है! चौथे, पाँचवें या छठे दिन, याद नहीं, पर जब हम बाहर निकल रहे थे और मैं बूढ़े के हाथ से ताला लेकर लगा रहा था, तब वह बोला, "ऐसे तो लाइब्रेरी ख़ाली हो जाएगी बेटा!" और मुस्कराने लगा, तो मुझे लगा कि उसने सीधे मेरी शर्ट के नीचे हाथ डाल दिया है, मेरी पैंट खींचकर फेंक दी है और मुझे नंगा कर दिया है। मैंने ज़ाहिर तौर पर उसकी बात पर ध्यान नहीं दिया और झुककर ताला लगाता रहा। लग जाने के बाद भी ताले को बार-बार खींचकर आश्वस्त होता रहा। जब सिर उठाकर देखा, तो बूढ़ा बाहर के लिए चल चुका था। झुका हुआ। छड़ी पर टिकता। कंधे से बैग लटकाए हुए। उसकी खादी की शर्ट के कॉलर पर थोड़े-से सफ़ेद बाल गरदन के हिलने के साथ हिल रहे थे। लाइब्रेरी सड़क के मुक़ाबले निचाई पर थी। दस फ़ीट का वह रास्ता चढ़ाई में था। बूढ़ा छड़ी को दबा, झुककर उसे पार कर रहा था।

मैं हतप्रभ उसे जाता देख रहा था। अनजाने, उस दिन चाभी मेरे ही पास रह गई थी। और मैं अगले दो दिन इस सड़क पर आया ही नहीं।

पीछे बूढ़ा बेचैन होता रहा। मुझे नहीं पता था। जब आया, तब पता चला। वह पढ़ रहा था। इसके लिए उसे सोडावाटर चश्मे के बाद भी

हाथ में मैग्नीफ़ाइंग ग्लास लेना होता है। जिस समय वह पढ़ रहा होता है, इतिहास की किसी गली में बैठा पुरातत्त्वविद् लगता है, जो अक्षरों, घटनाओं, रहस्यों, बयानों और दर्ज दुखों को उनके आकार से बड़ा कर देखने की कोशिश कर रहा हो।

मैं उसकी मेज़ के सामने खड़ा हो गया, पर उसे पता चला मेरी आवाज़ सुनकर- "क्या अंकल?"

उसने सिर उठाकर देखा। पहली बार मुझे लगा कि किसी को देखकर इस तरह भी ख़ुश हुआ जा सकता है। बूढ़ा मुँह खोलकर मुझे देखता रहा। उसने एक भी शब्द नहीं कहा, लेकिन चश्मे के पीछे से झाँकती उसकी आँखें इस तरह चमकीं, उसके होंठ फैलकर इस तरह मुस्कराए, गालों पर लटकी झुर्रियाँ और चमड़ी जाने कितनी बार फड़फड़ाईं और भवें ऊपर हो गईं कि मैं बस देखता रह गया। देर तक देखते रहने से झेंपने लगा। उसकी इतनी ख़ुशी मुझसे झेली नहीं जा रही थी।

तब लगा कि बूढ़ा अब मेरा इंतज़ार करने लगा है।

लेकिन उसकी यह आदत मुझे अच्छी नहीं लगती कि जब भी वह लड़की खिड़की पर आकर खड़ी होती है और उसे देखकर मैं इस खिड़की पर आ जाता हूँ, तो यह भी मेरे पीछे-पीछे यहाँ खड़ा हो जाता है। मैं नॉर्मल होकर लड़की को देख ही नहीं पाता। कितनी बार मैंने उससे इशारों में बात करने की कोशिश की है, और मुझे लगता भी है कि वह मेरे इशारों का जवाब दे देगी, पर यह साइड में खड़ा रहता है। इसी के कारण वह जवाब नहीं देती होगी। हालाँकि इधर बार-बार देखती है। मैं इसे भगाने की कोशिश करता हूँ, लेकिन हिलता तक नहीं। मुझे कॉफी देने के बहाने यहाँ आ जाता है, फिर ख़ुद भी यहीं खड़े हो कॉफ़ी पीता रहता है। मुझे यक़ीन हो चला है कि यह एक बदमाश बूढ़ा है।

पीली जालियों के पीछे खड़ी वह लड़की चली जाती है। मुझे ग़ुस्सा आ जाता है। मैं घूरकर बूढ़े को देखता हूँ, पर वह अभी तक बाहर ही

देख रहा है।

मैं उठकर बाहर चला जाता हूँ और एक सिगरेट सुलगा लेता हूँ। बूढ़ा मेरे पीछे-पीछे बाहर भी आ जाता है। वह अपने साथ एक कुर्सी ला रहा है, खींचकर।

"छोड़ो अंकल। अंदर आ रहा हूँ मैं।"

"थोड़ी देर यहीं बैठते हैं।"

वह मेरे लिए वहाँ कुर्सी रख देता है। फिर दूसरी कुर्सी लेने अंदर जाता है। मैं उसे रोककर ख़ुद दूसरी कुर्सी लाता हूँ।

वह मेरे साथ वहाँ बैठ जाता है। फिर कहता है, "एक कश मुझे भी देना।"

मैं उसकी तरफ़ सिगरेट बढ़ाता हूँ। यहाँ से भी वह खिड़की साफ़ दिख रही है, बस, एंगल थोड़ा-सा बदला हुआ है। बीच में एक झाड़ आ रहा है। थोड़ा-सा झुककर या गरदन को साइड में करके देखना पड़ता है।

वह चश्मा निकालकर जेब में रख लेता है और सिर को पीछे दीवार में टिका देता है। फिर हाथों को उठाकर सिर पर बाँध लेता है।

वहाँ ढेर सारी गिट्टियाँ पड़ी हैं। एक तरफ़ रेत का टीला है। और उस तरफ़ ईंट का। ज़मीन कच्ची है, लेकिन उस पर रेत ही रेत बिखरी है। दिन में शायद बच्चे इस रेत में ऊधम मचाते हैं।

"अंकल, ये इतना सामान क्यों पड़ा है यहाँ? बाँधकाम करने वाले हो क्या?"

"नहीं, ये सामने वालों का है। उनके रिनोवेशन का।"

"सामने वाले? बोले तो, ये खिड़की वाले?"

"हाँ।"

वहाँ से कोई हाथ बाहर निकलता है, पीले पल्लों और पीली जालियों वाली उस खिड़की पर पीले रंग का एक परदा खींच देता है। उसके पीछे रोशनी में कोई आकृति रह-रहकर हिलती है।

बूढ़ा आँख खोलकर पूछता है, "तुम्हें यहाँ कहीं अमरूद की ख़ुशबू आ रही है?"

"नहीं तो। यहाँ कोई ख़ुशबू नहीं," मैं नाक पर ज़ोर देता हूँ।

"ध्यान नहीं दिया तुमने। आती है, उस खिड़की से अमरूद की ख़ुशबू आती है। इसीलिए मुझे वह खिड़की बहुत अच्छी लगती है।"

सुनकर मैं ज़ोर-से हँसता हूँ, बिल्कुल पागलों की तरह। मेरी सारी चिढ़ और ग़ुस्सा उड़ चुके हैं और मैं बहुत दिनों बाद इतना खुलकर हँस पा रहा हूँ। मुझे हँसता हुआ देख वह झेंप गया है। उसका सिर झुक गया है और गरदन डोल रही है। उसे इस तरह देख मुझे और हँसी आ जाती है। मैं बेरियायत हा-हा-हा हँस रहा हूँ। हँसते-हँसते ही मैं कहता हूँ– "और मुझे वह खिड़की वाली।"

फिर और ज़ोर-से हँसने लगता हूँ।

बूढ़ा ज़मीन से कुछ कंकड़ उठाकर अँधेरे में फेंक रहा है। उसके फेंकने से कोई आवाज़ नहीं हो रही। मेरी हँसी की आवाज़ धीरे-धीरे मद्धम हो रही है।

13.

किताब की जिल्द

स्वप्न एक ग्रंथ है, और बहुत-से ग्रंथ स्वप्न के सिवाय कुछ नहीं।

–उम्बेर्तो एको
(द नेम ऑफ़ द रोज़)

मेरी त्वचा को महसूस करते हुए उस लड़के ने मुझ पर हाथ फिराया। मुझे उसका स्पर्श अच्छा लगा। अँग्रेज़ी में कहते हैं- फीलिंग लव्ड। मुझे ठीक वही महसूस हुआ– इस दुनिया की सबसे सुंदर अनुभूति!

मैं एक किताब हूँ। मुझे छुओ। मुझे चूमो। मुझे पढ़ो। आदि से लेकर अंत तक। मैं सादि हूँ। मैं सांत हूँ। तुम्हें अनंत काल तक कोशिश नहीं करनी होगी। अगर तुम अपनी उँगलियों से मुझे छू रहे हो, तो इसका अर्थ है कि आँखों से मुझे चूम रहे हो। अगर तुम होंठों से मुझे चूम रहे हो, तो इसका अर्थ है कि तुमने मुझे अपने दिल में बसा लिया है। एक सच्ची छुअन, एक सच्चा चुंबन मुझे खोल देने के लिए पर्याप्त है।

मैं यहाँ की सबसे पुरानी किताब हूँ। मुझे कभी नहीं छुआ गया। सिर्फ़ बसरमल है, जो कभी-कभी मेरी धूल झाड़ देता था। मैं जब से इस आलमारी में आकर लगी हूँ, मैं तब से इंतज़ार कर रही हूँ कि कोई मुझे छुए। नहीं, मैं इस इंतज़ार से थकी नहीं हूँ। भला कैसे थक सकती हूँ? मैंने अपना पूरा जीवन इंतज़ार के पालने में ही झूलकर बिताया है। आख़िर, मैं बसरमल की बेटी हूँ। उस शख़्स की बेटी, जो इस वीरान लाइब्रेरी में एक मेज़ पर कुहनी टिकाकर बरसों से इंतज़ार कर रहा कि कोई आए, और यहाँ से एक किताब इशू कराके पढ़ने ले जाए।

किताबें उसकी प्रतीक्षा की सुगंधित संज्ञा हैं।

इस दुनिया में प्रतीक्षा का गल्प या तो स्त्रियों ने लिखा है, या मुझ जैसी भूली-बिसरी किताबों ने।

इसीलिए जब उस लड़के ने मुझे छुआ, तो मैं आनंदित हुई। वह गोंद से मुझे चिपका रहा था, उस समय वह मेरे बारे में सोच रहा था। मुझे अंदाज़ा लग गया कि अब वह मुझे पढ़ेगा। और हाँ, उसने मुझे पढ़ना शुरू कर दिया।

'मुझे पढ़ा गया।' इस वाक्य को अगर आईने के सामने रखोगे, तो इसका प्रतिबिंब बनेगा– 'मुझसे प्रेम किया गया।'

मैं ख़ुश थी। मैं मुस्करा रही थी। उस शाम जब बसरमल और वह लड़का, दोनों चले गए, लाइब्रेरी में कोई इंसान नहीं बचा, तो मैं नाची। ख़ूब नाची। बहुत दिनों बाद उस लाइब्रेरी में आधी रात किताबों का ख़ुश-नाच हुआ। हम अक्सर यहाँ नाचती हैं, पर कई बार हमारा नाच एक शोक-नृत्य की तरह होता है।

खिड़की से हलकी रोशनी आ रही थी। थोड़ी-सी चाँद की रोशनी। थोड़ी-सी लैंप पोस्ट की रोशनी। दोनों रोशनियाँ आपस में मिल गई थीं। फ़र्श पर खिड़की के पल्लों और सलाखों की परछाई पड़ रही थी। मैं अपनी जगह से नीचे उतर गई। मैंने किताबों की भाषा में आवाज़ लगाई।

उसे सुन बाक़ी सारी किताबें भी जैसे जाग गईं। हममें से एक किताब ऐसी थी, जिसे बहुत पहले, बहुत बार, शायद सबसे ज़्यादा बार, पढ़ा गया था। वह बहुत आहिस्ता-से उठी और जाकर खिड़की पर बैठ गई। हमें याद है, किसी ज़माने में वह बहुत सुंदर गाती थी। लंबे समय से उसने अपना गायन स्थगित रखा था। वह लगातार बाहर देख रही थी। उसने धीमी और प्राचीन आवाज़ में एक गीत शुरू किया। वह प्रेम की अनंत स्मृति का गीत था। हम सबके चेहरे खिल उठे।

आलमारी से एक किताब और निकली। फ़र्श पर रोशनी के एक चौकोर टुकड़े पर वह खड़ी हुई। हमने उसे एक चमचमाती हुई वायलिन में बदला हुआ पाया। लहरा-लहराकर उसने बजना शुरू किया। सुरीली और मधुर, अपने तारों को उँगलियों से छूती, छड़ी से छुआती, आर्को-पिज़िकातो बजाती हुई, वह फ़र्श पर ऐसे सरक रही थी, जैसे चिकनी बर्फ़ पर सरक रही हो।

एक और किताब निकली। लुढ़कते हुए वह एक ढोलक में बदल गई। एक दूसरी किताब ने अपनी जगह बैठे-बैठे ही बाँसुरी की तान शुरू की। एक किताब ड्रम बन गई। एक किताब सैक्सोफ़ोन।

लाइब्रेरी की छत एक जगह से टूटी हुई थी, वहाँ से बारिश का पानी अंदर गिरता था। वे बूँदें जिस किताब पर गिरा करतीं, वह अक्सर गीली रहती थी। वह किताब कूदकर अपनी जगह से निकली और ज़मीन पर लंबवत लेट गई। हमने देखा, वह जलतरंग बन गई थी। वह इस तरह बजती, जैसी ख़ुशी की लहर बजा करती है। अपने भीतर संचित जल को उसने सुमधुर संगीत में तब्दील कर दिया था।

उस रात वह लाइब्रेरी नहीं थी, एक पूरा रंगमंच था। हर किताब के भीतर एक संगीत होता है। उस रात वह संगीत पन्नों से निकलकर हवा में लहरा रहा था। हम सब आसमान में बिखरे संगीत के सितारों की तरह टिमटिमा रहे थे। हम एक साथ गा रहे थे। हमने एक-दूसरे का हाथ

पकड़ा। हमने अपने क़दम उठाए। हमारी देहों में लोच का बसेरा था। हम सुरों की सबसे आबाद सराय थीं।

हम, प्रसन्नचित्त, एक साथ नाच रही थीं।

कविता की किताब, गद्य की किताब से लिपटकर नाच रही थी। एक मोटे, थुलथुल उपन्यास की किताब नाचते-नाचते हाँफने लगती, तो बाक़ी कई किताबें उसे गोद में उठाकर नचाने लगतीं। पतली पुस्तिकाएँ जो हवा के झोंके से भी उड़ सकती थीं, एक-दूसरे का हाथ पकड़, क़तार बनाकर, आदिवासी लड़कियों की तरह कोरस में नाच रही थीं। कुछ किताबें जिन्हें सबसे ज़्यादा उबाऊ माना जाता था, उनमें आँकड़े ही आँकड़े भरे थे, एक प्रांजल वाक्य तक न था, वे उन्मत्त हाथियों की तरह नाच रही थीं। नाचते-नाचते वे दुबली किताबों से टकरा जातीं, लेकिन नृत्य की उस दीवानगी में हममें से किसी ने भी इसका बुरा नहीं माना।

यह आनंद का नृत्य था। यह महामाया पार्वती का लास्य था। जब शिव तांडव करते हैं, तब उनकी संगत के लिए पार्वती लास्य करती हैं। तांडव में रौद्र भाव हो सकता है, लास्य हमेशा आनंद का नृत्य होता है। बेहद कोमल, स्वाभाविक, प्रेम से भरा हुआ। लास्य की स्निग्धता, तांडव के रौद्र को शांत करती है। हम किताबें हैं। हमें नहीं पता, हम पर किस रौद्र की छाया पड़ी है, पर इस समय, हम आनंद के इस लास्य से अपने जीवन पर छाये तमाम रौद्र का शमन करना चाहती हैं। वहाँ सृष्टि-रचना के किसी अदृश्य हिमालय में पर्वत की बेटी पार्वती अपने शिव के साथ उम्मीद के ताल पर नाच रही है। यहाँ लगभग नष्ट हो चुकी इस लाइब्रेरी के भीतर, हम बसरमल की बेटियाँ, अपने शिव की प्रतीक्षा में नाच रही हैं।

नृत्य एक प्रतीक्षा है। नृत्य एक उम्मीद है।

मैं जिस आलमारी में रहती हूँ, उसके ठीक सामने यह खिड़की है, जिस पर वह लड़का आकर खड़ा होता है। उस खिड़की से बाहर सड़क के दूसरी ओर, वह पीली खिड़की दिखाई देती है, जिस पर एक लड़की एक

भूली-बिसरी किताब की तरह खड़ी, जाने किसका इंतज़ार करती है। मुझे यहाँ से उस लड़की का चेहरा साफ़ दिखाई देता है। मुझे एक-एक चीज़ दिखाई देती है। उस रात मेरा मन हुआ कि मैं किसी तरह उस लड़की को यहाँ बुला लूँ, और अपने नृत्य में उसे भी शामिल कर लूँ। उसकी कमर में हाथ डालकर वाल्ट्ज़ करूँ। उससे कहूँ, बहुत नेह से एक किताब को, एक देह को छूकर देखना। तुम्हारे भीतर नृत्य जन्म लेगा।

जैसे पृथ्वी के भीतर समंदर नाच पड़े, तो पृथ्वी भी तो नाचती हुई जान पड़ेगी। ठीक उसी तरह, यह देह का नहीं, नेह का नृत्य है। शाम के समय पड़ने वाली परछाई की तरह, जिसमें वस्तु तो बहुत छोटी होती है, लेकिन जब रोशनी के बीच आती है, तो वस्तु के आकार से कई गुना लंबी परछाई बना देती है। उसी तरह, जिन अनुभूतियों को हम अभिव्यक्त नहीं कर पाते, हमारे भीतर की रोशनी बाहर, कई बार, उनकी विशालकाय परछाई का निर्माण करती हैं। यही तो प्रेम का, आनंद का, विराट स्वरूप है, जो जीवन की मुखर अभिव्यक्तियों से ज़्यादा, दिल की अनकही बातों में होता है।

मैं उससे कहना चाहती हूँ :

जिसे तुम नृत्य कहती हो, वह तुम्हारी देह के भीतर एक अनकहे प्रेम, एक अव्यक्त उत्साह, एक अनजानी करुणा की तरह रहता है। नाचती देह है, नचाता नेह है।

या शायद मैं किताब की जिल्द नहीं हूँ, मैं वह पीली खिड़की वाली लड़की हूँ ?

और मेरा यह नृत्य सिर्फ़ किताब का नृत्य नहीं है, बल्कि उस लड़की के मन में हुआ नृत्य है।

14.

दिलख़ुश

अगर मुझे एक अपराधी की तस्वीर बनानी हो, तो मैं उसे फूलों से इतना सजा दूँगा कि वह उनमें इतना अदृश्य हो जाए कि ख़ुद एक फूल बन जाए–एक नया और विशाल फूल।

–ज्यां जेने

(द थीफ़्स जर्नल)

वहाँ इतनी भीड़ देखकर मन सच में घबरा गया।

"क्या हो रहा है यहाँ?"

मैं भीड़ में, पीछे खड़े किसी से निहायत रिवायती सवाल करता हूँ। रिवायत के ही मुताबिक़ वह मुझे कोई जवाब नहीं देता। मैं उचक कर देखने की कोशिश करता हूँ। कुछ नहीं दिखता। बस, फट-फट की आवाज़ आ रही है। साथ में गालियों की भी।

'एक्सक्यूज़-मी-एक्सक्यूज़-मी' करता मैं भीड़ चीरने लगता हूँ।

दिलख़ुश की दुकान से लगा बिजली का एक पोल है। दिलख़ुश की पीठ उस तरफ़ रहती है। उसकी दुकान से बाहर निकला उसका गल्ला है। और उससे भी बाहर निकली उसकी केटली, एक बड़ा-सा गैस स्टोव और फिर शो-केस जैसा कुछ, जिसमें उसके सम्बोसे, वड़े, भजिया पड़े रहते हैं।

बिजली के पोल से सत्रह-अठारह साल का एक लड़का बँधा हुआ है। बदन पर सिर्फ़ पैंट है। उसे उसकी शर्ट से ही बाँधा गया लगता है। कोई आदमी गाली देता है और उसे थप्पड़ मारता है। लड़का बिलबिला जाता है। उसके होंठों से थूक गिर रहा है। आँखें सूज गई हैं। अधखुली। उसका सिर बार-बार नीचे हो जाता है। आदमी उसके बाल पकड़कर सिर उठाता है, फिर कुछ बोलता है, जो यहाँ सुनाई नहीं पड़ता। फिर एक थप्पड़। इतने में दूसरा आदमी पीछे से एक मोटा डंडा लेकर आ गया है।

वह ग़ुस्से में चीख रहा है– "मार डालो!"

भीड़ दोहराती है– "मार डालो!"

पहला आदमी उससे डंडा ले लेता है और बँधे हुए लड़के के पैरों पर मारता है। फट-फट की हौलनाक आवाज़ आ रही है। भीड़ होहराते हुए शोर कर रही है। दिलख़ुश भी वहीं पास में खड़ा है। उसके बड़े सिर और दाढ़ी के बीच जहाँ मुझे हमेशा चमकते हुए दाँत दिखते थे, बेतहाशा ख़ौफ़ है। वह बार-बार उन लोगों को रोक रहा है। उन दोनों से कहता है, जाने दो। उसके हाथ काँप रहे हैं। शायद पैर भी। मुझे पता है, उसे हाई ब्लडप्रेशर रहता है। मुझे देख वह मेरी तरफ़ आ जाता है। पूछने पर कहता है, "पता नहीं, बोल रहे हैं कि चोरी की है इसने। यहाँ से चौकी ले जा रहे थे जुलूस बनाकर। पता नहीं क्यों, मेरी ही दुकान के आगे रुककर, ये नाटक शुरू कर दिया इन लोगों ने।"

हमारे पास ही खड़ा एक आदमी हैंडीकैम से इसकी तस्वीर उतार रहा है। कुछ लोग मोबाइल कैमरे से शूट कर रहे हैं। अभी कुछ दिनों पहले ही टीवी पर देखा था, चेन्नई के एक कॉलेज के गेट पर एक लड़के को इसी

तरह गिरा-गिराकर मार डाला गया। उससे पहले दिल्ली में एक ऑटोवाले को इसी तरह पीटा गया। उससे पहले मेरठ में एक महिला को इसी तरह पीटा जा रहा था।

ये हैंडीकैम वाला आदमी 'सिटीज़न जर्नलिज़्म' के नाम पर यह टेप किसी चैनल वाले को बेच देगा। फिर पूरा देश इसे एक फ़िल्म की तरह देखेगा। फिर पूरा देश चोरों के नाम एक गाली देगा। फिर पूरा देश इस चोर को देखते हुए बाक़ी चोरों को भूल जाएगा।

पहली बार मुझे एक लड़का एक देश की तरह दिख रहा था। मेरे अपने देश की तरह। जिसे कुछ लोग पीट रहे हैं और बहुत लोग देख रहे हैं।

दिलख़ुश के साथ मैं भी उन लोगों से कहने लगता हूँ- "बस करो यार, मार डालोगे क्या इसको?" फिर बेतहाशा चिल्लाने लगता हूँ- "खोलो, इसको खोलो। चौकी ले के चलो।"

अब दिलख़ुश भी चिल्लाने लगा है। उसके नौकर भी। सब ओर से 'चलो-चलो' की ध्वनि आती है।

वे लोग, पता नहीं, उसे पीट-पीटकर थक चुके थे या हमारे चिल्लाने का असर था या भीड़ चीरकर घुसते दो हवलदारों का कि उन्होंने पीटना बंद कर दिया। वे दिलख़ुश की दुकान से बेंच खींचकर बैठ गए। दोनों बुरी तरह हाँफ रहे थे। लड़का शायद मर गया था। उसमें कोई हरकत नहीं हो रही थी। मैं दिलख़ुश को लेकर उसकी दुकान के भीतर जाने लगा, पर उसने रोक दिया। वह मोटा आदमी लगातार दिलख़ुश को घूरे जा रहा था। दिलख़ुश अब भी काँप रहा था। उसकी आवाज़ इतनी घबराई हुई है कि अब रो देगा। उस लड़के के चेहरे को देखकर मुझे उबकाई आने लगी थी। छाती में अजीब हो रहा था। थूक का एक धागा उसके मुँह से निकलकर घुटनों तक, लटक रहा है। डोलता हुआ। वह धागा धीरे-धीरे लंबा हो रहा है। जाकर ज़मीन को छूता है। छूते ही धागा टूट जाता है और बचा हुआ हिस्सा वापस जाकर मुँह से चिपक जाता है।

उसके नौकर ने पानी लाकर उन दोनों पीटने वालों को दिया। दो गिलास पानी हवलदारों को भी। हवलदार बेंच पर बैठकर उन दोनों से पूछ रहे हैं। वे सुना रहे हैं। अपनी क्रूरता को फूलों की मानिंद कोमल और मुलायम रूपक दे रहे हैं।

पीटने वाले आदमी ने गिलास का बचा पानी उस लड़के के चेहरे पर फेंक दिया है। लड़के के सिर में हरकत होती है।

15.

मेरा नाम 'मैं' है

नब्बे के दशक के विज्ञापनकर्ता, लाज़िम तौर पर, चीज़ों को बेचने की चतुर और असरकारी तकनीकें ले आए थे। जिन बनाने वाली कंपनी गॉर्डन्स ने अपने एक उत्पाद से मिलती-जुलती एक ख़ास क़िस्म के जामुन की सुगंध ब्रिटिश मूवी थियेटरों में फैला दी थी, कल्वीन क्लाइन ने टिकटमास्टर संगीत समारोह के लिफ़ाफ़ों के पीछे अपने 'सीके बी' परफ्यूम की पट्टियाँ चिपका दी थीं...

–नाओमी क्लाइन
(नो लोगो)

तीन-चार महीने से मैं ख़ाली हुआ हूँ, तो वह जान को पड़े रहते हैं। इसीलिए मैं उनके सामने से भाग जाता हूँ, लिट्रली।

सुबह तीन-चार घंटे नेट पर बैठने के बाद मैं निकल जाता हूँ। नेट सर्फ़िंग को मैं अपना स्ट्रगल का समय मानता हूँ, क्योंकि उतनी देर में

मैं कुछ जॉबसाइट्स पर अपना रेज़्यूमे अपलोड करता हूँ या कंपनियों में ईमेल करता हूँ। अगर मुझे लगता है कि किसी ख़ास चीज़ का ज्ञान भविष्य में मेरे लिए मददगार होगा, तो मैं उसे हासिल करने के लिए जी-जान से कोशिश करता हूँ। कॉर्पोरेट के इतिहास से लेकर किताबों, संगीत और कला के इतिहास तक। मैंने अपनी अँग्रेज़ी सुधारने के प्रयास भी शुरू कर दिए हैं, जिसे जाने कब से स्थगित रखे आया था। यानी सुबह का मेरा समय जॉबहंटिंग का होता है। साथ ही, अपने बारे में जो चीज़ें मैंने सोच रखी हैं, उनके लिए तैयारी करने का समय।

पर ये सब बातें सिर्फ़ मुझ तक रहती हैं, इनके बारे में पाऊ को मैं कभी नहीं बताता। मेरे चुप रहने से उनको लगता है कि मैं कुछ नहीं करता, कोई कोशिश तक नहीं। रिज़ल्ट आते ही मेरे कई दोस्त यहाँ-वहाँ सेट हो गए, पर मैं ख़ाली हूँ, तो उन्हें मैं बेकार लगता हूँ। कितनी बार उन्हें समझाया कि कैंपस प्लेसमेंट के समय मैं बीमार हो गया था, अटैंड नहीं कर पाया था, वरना मैं भी कहीं चिपका होता। जो यहाँ-वहाँ चिपके भी हैं, तो सिर्फ़ ढाई-तीन लाख पर। छह महीने में चेंज का प्लान है सबका। जितना मैंने सोच रखा है, उसके साथ समझौता करने की मेरी कोई मंशा नहीं। ढाई-तीन लाख के छोटे-मोटे ऑफ़र्स के बारे में तो मैं सोचता भी नहीं। उन्हें ठुकराने का गुर्दा है मुझमें, साथ ही ख़ुद पर इतना भरोसा भी कि जो मुझे चाहिए, वह मैं हासिल कर लूँगा, क्योंकि मुझे बार्गेनिंग आती है।

शायद सब कुछ सोचे हुए तरीक़े से नहीं होता। किताबों की देखभाल करते-करते मैंने उन्हें पढ़ना कब शुरू कर दिया, पता ही नहीं चला, लेकिन इतना ज़रूर कहूँगा कि उस दिन के बाद से मैंने चुराने के लिए कोई किताब अपनी शर्ट के नीचे नहीं खोंसी।

मुझे याद है, जो पहली किताब मैंने पढ़ी थी, वह थी मारकेज़ की 'नो वन राइट्स टु द कर्नल'। मुझे जीवनियाँ और आत्मकथाएँ अच्छी लगने लगी थीं, कई बार तो मैं उन्हें मराठी संस्करण में पढ़ता था। जो किताबें

मुझे ख़ास पसंद थीं, वे थीं बुन्युएल की 'द लास्ट साय', इनग्रिड बर्गमैन की आत्मकथा, मैरी पिकफ़ोर्ड, डगलस फेयरबैंक्स, विवियन ली और क्लार्क गैबल की जीवनियाँ। और एलन सीली की शानदार 'द एवरेस्ट होटेल'! इन सारी किताबों में वह बूढ़ा किसी न किसी तरह मौजूद था, अपने लचकदार हस्ताक्षर और पेंसिल के निशानों के साथ साफ़-साफ़, तो कभी ढँका-छिपा सकुचाया हुआ। जहाँ दुख और उदासी की सबसे गहरी पंक्तियाँ थीं, किसी मटमैले पुच्छल तारे की तरह उसकी पेंसिल वहाँ से ज़रूर गुज़री थी। जिन पन्नों से आँख गीली हो जाए, उन पन्नों को बार-बार पढ़ा गया था। उनके किनारे मुड़े हुए थे, जिसका तिकोना निशान अब भी दिखता था। पन्नों के बीच पर्चियों के रूप में कुछ भूले-बिसरे नोट्स भी अटके हुए थे।

किताबों के साथ मेरे अजीब रिश्ते को समझने में मेरा ज़हन कमोबेश नाकाम ही रहता है, और ये किताबें मेरे और उस बूढ़े के बीच जाने कैसा, अजीब-सा रिश्ता बनाती हैं।

उस रात इंगमार बर्गमन की 'द मैजिक लैन्टर्न' ख़त्म करने के बाद मैं अपने कंप्यूटर पर मार्लबोरो फ्राइडे क्राइसिस पर एक डिसर्टेशन खोल लिया, लेकिन मैं उसे पढ़ना शुरू कर पाता, उससे पहले ही पाऊ आकर चाँव-चाँव करने लगे। पता नहीं, शायद खिड़की से आती हवा का कर्कश शोर है या मौसम की गर्मी, मुझे लगता है, वह लगातार मुझे ख़ारिज करते जा रहे हैं। क्या बिना स्पष्टीकरण दिए मेरा कोई अस्तित्व नहीं हो सकता? तानों, उलाहनों और बहस से बचने के लिए मुझे यही सही लगा कि चार लाख के ऑफ़र वाला वह ईमेल दिखा दूँ।

मैंने उन्हें बताया, "मैं नेगोशिएट कर रहा कि वे क़रीब डेढ़ लाख और बढ़ाएँ। एक भी बढ़ा देंगे, तो मैं ज्वॉइन कर लूँगा।" (जितना पाऊ इस समय पाते हैं, उससे ज़्यादा ही होगा यह भी।)

वह बजाय ख़ुश होने के, भड़क जाते हैं, "अगर तुम चार में ज्वॉइन नहीं

कर सकते, तो तुम्हारा राम ही मालिक है। लालच मत करो। धीरे-धीरे चलो।"

"पाऊ, जब कैंपस प्लेसमेंट में किसी को दस लाख का स्टार्ट ऑफ़र हो सकता है, तो मुझे पाँच लाख भी नहीं मिल सकता क्या?"

"एक्सीपीरियंस चाहिए होता है। हमें साढ़े तीन मिलते हैं, तो इतने लंबे काम के बाद। कंपनी में एक ट्रस्ट बिल्ड करने के बाद।"

"अरे पाऊ, बस करो। आपको मार्केट का अंदाज़ा नहीं। नौकरी झुककर नहीं, ठसक कर माँगी जाती है। आप लोग झुककर करते रहे, इसीलिए हमेशा दबे रहे। एक्सपीरियंस-फ़ीरियंस कुछ नहीं होता। जहाँ मैं ज्वॉइन करूँगा, वहाँ आपकी उम्र के दस होंगे मेरे अंडर। और साल-भर झुक-झुक के सलाम करेंगे, ताकि उनका अच्छा इंक्रीमेंट रिकमेंड करूँ मैं।"

पाऊ कुछ नहीं बोलते। बैठ जाते हैं। वह 'द मैजिक लैन्टर्न' उठा लेते हैं और उसके पन्ने पलटने लगते हैं। मुझे लगता है कि अब वह देर तक यहाँ बैठे रहेंगे। मैं वापस 'मार्लबोरो फ्राइडे' में घुस जाता हूँ।

उनको चुप बैठा देख मुझे लगता है कि मैंने उनका दिल दुखा दिया है। मैं उन्हें समझाता हूँ, "पाऊ, प्लीज़। समझिए। मुझे पता है, कैसे प्लान करना है अपना करियर। अपने मुँह से बोलना मुझे अच्छा नहीं लग रहा, पर मैं इतने कॉन्फ़ीडेंस के साथ ख़ाली बैठा हूँ, तो समझिए, कि मेरे हाथ में भी कुछ है। ये अपना 'अनएंप्लॉयमेंट कॉम्प्लेक्स' हटाइए। मैं ब्रैंडिंग का आदमी हूँ और मुझे पता है कि मेरा ब्रांड अगर एक बार किसी मिडीओकर कंपनी से जुड़ गया, तो मेरे लिए आगे प्रॉब्लम्स ही होंगी। सो, मैं स्टार्ट ही बड़े ऑफ़िस से करना चाहता हूँ। और ये, मेरे लिए कोई मुश्किल नहीं। मैं पैशन और नॉलेज में यक़ीन करता हूँ, एक्सपीरियंस तो आते-आते आता है। ऐसा अंडरडॉग मत समझिए मुझे। प्लीज़, स्टॉप टॉकिंग लाइक ओल्ड गूफ्स, माय यंग पाऊ!"

मेरे लहजे में प्रार्थना आ गई है, जैसे असहाय हो जाने के बाद आ जाती

है। तमाम बातों के बावजूद, मैं उन्हीं का ख़ून था, उनसे प्यार करता था और चाहता था कि यह बात उन्हें भी दिख जाए।

लेकिन ईश्वर ने मेरी क़िस्मत की झोली में एक अनुपम भेंट डाल रखी है। जानते हैं क्या? वो ये कि तमाम अच्छी नीयत के बाद भी मुझे ग़लत समझ लिया जाए। मेरे हर रिश्ते में मेरे साथ कमोबेश यही होता है।

मैं टेबल लैंप के बटन के साथ खेलने लगता हूँ। उसे बंद-चालू करता हूँ। पाऊ हाथ से इशारा करके मुझे रोक देते हैं। खिड़की के बाहर हवा तेज़ हो गई है।

"तुम्हें लगता है कि मुझे बोलना बंद कर देना चाहिए?"

क्या जवाब दिया जा सकता है, ऐसे टिपिकल मेलोड्रमैटिक सवाल का?

मुझे लगता है, अभी वह मेरी सिगरेट पर बोलना शुरू कर देंगे। उसके बाद मेरे पैदल चलने की आदत पर। उसके बाद इस पर कि मैं कभी-कभी बीयर पीता हूँ। फिर इस पर कि मैं कभी-कभी लड़कियों के साथ घूमने चला जाता हूँ। फिर इस पर कि मैं ओवरकॉन्फ़ीडेंट हूँ। भटका हुआ हूँ। ख़याली पुलाव बनाता हूँ। फिर इस पर कि हमारे समय में ऐसा नहीं होता था। फिर इस पर कि यह घर उन्होंने बीस साल की नौकरी के बाद बनाया है। अब क्या बताऊँ उनको कि दो साल की नौकरी पर इससे बड़ा घर बनाया जा सकता है। कि उनके इस रवैये से माँ को तकलीफ़ होती है। कि सिगरेट, पैदल चलना या बीयर पीना, ख़ुद को कॉन्सनट्रेट करने, तरोताज़ा करने या वर्कआउट का मेरा अपना तरीक़ा है। इसमें तो आई नेवर केयर्ड द ब्लडी गर्ल्स आई रोम्ड विद, तो किसी और का क्या बोलूँ! बट आई नो, लाख समझाने के बाद भी वह अपना ही सरकास्टिक टेप बजाएँगे।

"तुम्हारे पास बहुत सारा पैशन, बहुत सारा नॉलेज है बेटा! मैं तो सिर्फ़ एक मूर्ख बूढ़ा हूँ। मैं क्या कह सकता हूँ?"

"ओह नो! अगेन दैट जनरेशन गैप वाला क्लीशेड फंडा। ऐसा नहीं

है, पाऊ। समझिए..."

पर पाऊ उठकर जा चुके थे। बोलकर वह अचानक उठे, उनकी आँखों में पानी आ चुका था और होंठ काँपने लगे थे। शायद उनका हाथ भी काँपा था। बेचारे, फुक्कट में फिर दुखी हो गए।

"शिट! टु हेल विद पाऊ! टु हेल विद ऑल दिस!"

:-(

जब कभी पिता मेरे प्रति अपना प्यार दिखाना चाहते हैं, मैं उनका मज़ाक़ उड़ाते हुए हँसने लगता हूँ। और जब कभी मैं उनके प्रति अपने प्यार को जताना चाहता हूँ, वह अनायास ही किसी बात पर आहत होकर, उठकर चले जाते हैं। ऐसा लगता है, मेरे और पिता के बीच एक बंद गुफ़ा है– हम दोनों ही नहीं जानते कि उस गुफ़ा को कैसे खोला जाए, कैसे उस पार पहुँचा जाए। वह जादुई सिमसिम कहाँ तैरता है, हमें नहीं पता। शायद हमारे जीवन की किसी अँधियारी जगह पर।

मैं आँखें बंद कर कुर्सी की पीठ पर अधलेट जाता हूँ।

जहाँ साथ होना चाहिए, वहाँ हम विलोम हो जाते हैं।

जहाँ 'तुम्हारे लिए' होना चाहिए, वहाँ 'तुम्हारे ख़िलाफ़' हो जाता है।

जहाँ मलहम होना चाहिए, वहाँ नासूर बनता जाता है।

रात की हवा सबसे रूखी हवा है। वह नाज़ुक जिल्दों को खोल देती है।

'द मैजिक लैन्टर्न' गहरी साँस भरती है।

हवा के बहने और काग़ज़ों के फड़फड़ाने की लय से लोरी जैसा संगीत बजता है, जो मुझे राहत देता है, उस माँ की तरह, जो सिर पर अपनी ग़रीबी, पुराने कपड़ों और बर्तनों का बोझ उठाए, अपनी कोख में पलते मुझको लोरी सुनाती, सही ट्रेन की तलाश में नौ प्लेटफ़ॉर्म्स के बीच धक्के खा रही है, अनजान शहर में अनजान भाषा से हैरान, अपने बारीक, साहसी मौन के ज़रिए गालियों के शोर से जिरह करती।

जो जगह मेरे पाऊ छोड़कर गए, वह मेरे भीतर ख़ाली होती है।

16.

बूढ़े की कहानी

जब हम यहाँ रहने आए, तो हमें चींटियों के बारे में नहीं पता था। उस दिन हमें लगा, हम यहाँ ठीक से रहेंगे। आसमान भी चमक रहा था और हरियाली भी, हमारी यानी मेरी पत्नी और मेरी चिंताओं से कहीं ज़्यादा चमक थी उनमें– ऐसे में हम चींटियों के वहाँ होने का अंदाज़ा कैसे लगा सकते थे?

–इतालो कल्वीनो
(द अर्जेण्टाइन आण्ट)

लकड़ी की एक पुरानी आलमारी के दो खुले पल्लों के बीच बसरमल खो गया है। जब भी वह इस आलमारी को खोलता है, लगता है, कोई दुनिया खुल गई है। और वह इस दुनिया को कहीं से नहीं जानता। एक बड़ा-सा ग्लोब है, मुलायम-सा, जिसे वह कहीं से भी छुए, उँगली उसमें

धँस जाती है। उसे निकालने के लिए वह हाथ से ग्लोब को दबाता है, उसका हाथ फँस जाता है। इस हाथ को निकालने की कोशिश में दूसरा हाथ फँस जाता है। यह फँसान लगातार चलती रहती है।

प्लास्टिक का एक कैरी बैग निकालकर वह तेज़ी से दरवाज़ा बंद कर देता है। अंदर पता नहीं, क्या-क्या था। लटके हुए कपड़े, कपड़े कहाँ थे, वे तो मनुष्य थे। लॉकर में पड़ी हुई फ़ाइलें, फ़ाइलें कहाँ थीं, वे तो पूरा इतिहास थीं। पूरी उम्र ही इतिहास है। जहाँ से झाँककर देखो, पकड़े जाते हो। लगता है, स्मृतिहीनता भी साधना से आती होगी। इस उम्र में तो हर चीज़ स्मृति का एक अध्याय-मात्र जान पड़ती है।

वह एक बार फिर पल्ला खोलता है। उसे लग रहा था कि कुछ तो है, जो छूट गया है। थोड़ा-थोड़ा सबसे बतिया लिया, पर इस आलमारी के भीतर कोई तो चीज़ ऐसी है, जिससे वह अभी बात नहीं कर पाया।

सामने उसकी स्मोकिंग पाइप पड़ी थी।

फ़्लोरा फ़ाउंटेन में अकबरअलीज़ के सामने कोई दुकान हुआ करती थी। मंगण माँ यानी जालो वहाँ से लाई थी। कैलाबाश पाइप, जिसमें मीरशाम बॉउल लगा था। जिसे पहली नज़र देखकर उसे लगा था, सैक्सोफ़ोन का मिनिएचर है ये। साथ में वैन गॉग टोबैको। अपने प्रिय चित्रकार के नाम पर तंबाकू के उस ब्रांड को देखकर वह पहले तो हैरान हुआ था। उसके बाद कई दिनों तक बसरमल, सुबह उठते ही पाइप मुँह से लगा लेता और रात सोने जाने से पहले ही उसे हटाता था। बीच में एकाध बार उसमें तंबाकू डालकर धुआँ भी फूँक लेता था।

पाइप के पास ही वैन गॉग टोबैको का एक पुराना पैकेट पड़ा था। उसे अब तक ख़राब हो चुका होना था। उसने खोलकर सूँघा, बिल्कुल वैसी ही ख़ुशबू, जैसी कभी जालो की कँखौरियों से उठती थी, नहाने के ठीक बाद। देह, पसीना, साबुन, पाउडर की मिली-जुली ख़ुशबू। उसने पलटकर देखा, पलंग पर जालो सो रही थी। उसके पास लकड़ी का एक माउथऑर्गन

पड़ा था, जिसे बरसों पहले वह किसी मेले से मंगण के लिए ले आई थी।

बसरमल मुस्कराता है कि उसे हर चीज़ याद है। वह एक बार फिर वैन गॉग को सूँघता है।

"मैं सुगंधों का ज्ञानी हूँ," वह चहकते हुए कहता है। पाउच हाथ में लेकर जालो के पास जाता है। उसके होंठ चिपक गए हैं, जैसे कभी थे ही नहीं। ठुड्डी के पास से झुर्रियाँ उसके होंठों की तरफ़ दौड़ती दिखती हैं। गाल अब नहीं रहे। वहाँ गाल की ख़ाली जगह है। धँसी हुई। जैसे समय की कोई उल्का यहीं गिरी थी।

गाल की ख़ाली जगह पर वह अपने होंठ रख देता है। लगता है, होंठ कहीं धँस गए हों। होंठ से कोशिश करता है, क्या गालों की झुर्रियाँ महसूस होती हैं? उसे सिर्फ़ ठंडी और गुलगुली त्वचा का स्पर्श महसूस होता है। उसकी नाक से निकलती साँस जालो के गाल को छूकर लौटती है और उसके नाक व होंठ के बीच की जगह पर आकर टकराती है। वह आँख बंद कर होंठों को बहुत धीरे-धीरे उसके गाल पर फिराता है। लगता है, नदी की लहरों से चिकने हो चुके छोटे-छोटे सफ़ेद पत्थरों पर फिर रहे हैं उसके होंठ। एक गर्म साँस और।

जालो में कोई हरकत नहीं होती। इस तरह झुककर खड़े होने में उसकी पिंडलियों के ऊपर की पेशियों में खिंचाव-सा महसूस होता है। वह हटकर कुर्सी खींचता है। लकड़ी की कुर्सी, जिसे जालो ने ही बनवाया था। वैन गॉग की 'बेडरूम इन आर्ल्स' देखकर। एक ऐसी ही कुर्सी उसमें पड़ी थी। यह तंबाकू देखने के बाद उसने जालो को वे पेंटिंग्स दिखाई थीं। उसे यह बहुत पसंद आई थी, क्योंकि इसमें वैसा एक कमरा था, जिसे वह दर्द का कमरा कहती थी। कहती, "इस कमरे से अभी-अभी कोई निकलकर गया है, बस, ठीक अभी कोई आने वाला है इस कमरे में। यह एक दरवाज़े से एक के जाने और दूसरे दरवाज़े से किसी दूसरे के आने के बीच की स्थिति है। और यही स्थिति हमारे पूरे जीवन की होती है। इंतज़ार का कमरा।"

वह कैलाबाश पाइप में बरसों पुराना वैन गॉग टोबैको भरता है और किचन से माचिस ले आता है। अब उसे सुलगाने का अभ्यास नहीं रहा। एक लंबा कश लेकर धुआँ ऊपर की तरफ़ फेंक देता है। तंबाकू ठीक से जला नहीं है। धुआँ बहुत कम है। प्लास्टिक के कैरी बैग को टेबल पर रखता है और वैन गॉग की कुर्सी को वापस उसकी जगह पर।

जालो गहरी नींद में है। उसके पुराने गालों पर एक खिड़की नज़र आती है।

मदरसे में बनी खिड़की से झाँकती जाम नाम की वह ख़ूबसूरत लड़की पचास तरह की माँगें रखती थी। एक बार उसने बसरमल के साथ साइकिल की सवारी की ज़िद पकड़ ली।

"मुझे तुम्हारे साथ साइकिल पर बैठना है," साठ साल पहले उसने कहा था।

हिचकते हुए बसरमल ने पूछा, "पर तुम्हारे घर में तो मोटरकार है। तुम्हें साइकिल पर क्यों बैठना?"

जाम ने नटखट मुस्कान के साथ कहा, "ऐसा लगेगा, जैसे मैं तुम्हारी गोद में बैठी हूँ।"

"कोई देख लेगा तो?"

"वह तुम जानो! मुझे तुम्हारे साथ साइकिल पर बैठना है, मतलब बैठना है।"

साइकिल बसरमल के पिता की थी। घर से दुकान, बैंक और दूसरे क्लाइंट्स के पास जाने के लिए वह साइकिल का प्रयोग करते थे। बिना दस सवाल पूछे, वह बसरमल को साइकिल छूने भी नहीं देते थे। दोपहर के समय तो बिल्कुल नहीं।

जबकि जाम से मुलाक़ात दोपहर को ही होनी थी।

जैसे काग़ज़ पर से धूल हटाई जाए, तो लिखा हुआ सब कुछ साफ़ पढ़ने में आ जाता है, उसी तरह बसरमल को वह दिन साफ़ याद आने

लगा।

उस दोपहर, वह अपनी दुकान के सामने एक पेड़ के पीछे छिपकर मौक़ा ताड़ने लगा। गद्दी पर बैठे पिता जैसे ही किसी काम से भीतरवाले कमरे में गए, बसरमल ने नौकरों की आँख बचाकर सड़क पर खड़ी साइकिल का ताला खोला और लेकर चम्पत!

वह डर के मारे पसीना-पसीना था, लेकिन मदरसे पहुँचने तक उसने साइकिल नहीं रोकी।

वही सुनसान और परित्यक्त मदरसा, जो शायद ईश्वर ने उन्हीं दोनों के लिए ज़माने की नज़रों से बचाए रखा था। साइकिल को कंधे पर उठाकर उसने मदरसे की सीढ़ियाँ चढ़ीं और अहाते में बैठकर जाम का इंतज़ार करने लगा। वह क़रीब आधे घंटे बाद आई। जाम को बिठा बसरमल अहाते के अंदर ही एक गोल घेरे में साइकिल चलाता रहा।

वह बोली, "साइकिल वाले, मुझे लाहौर ले चलो।"

बसरमल ने इतराते हुए कहा, "बीबीजी, यह सिर्फ़ शहदादकोट तक जाएगी। लाहौर के लिए डबल किराया!"

यह सुनकर जाम हँस पड़ी। उसकी हँसी में संसार की सबसे पवित्र आवाज़ खनकती थी। ठीक वही हँसी, जो छह दशकों बाद उसे कभी थर्मस से निकलती सुनाई पड़ती है, तो कभी किताबों की आलमारी से आती जान पड़ती है।

साइकिल पर देर तक गोल-गोल फिरने के कारण दोनों को चक्कर आ गए। साइकिल गिराकर वे अहाते की घास पर लेट गए। बसरमल हाँफता रहा, वह मुस्कराती रही, जबकि वह पीली खिड़की, मदरसे की ऊँची दीवार से, ख़ामोशी के साथ उन्हें नीचे लेटा देखती रही।

उस शाम बसरमल जब दुकान पहुँचा, तो पाया, उसके पिता ने हंगामा मचा रखा था। उन्हें लगा था कि साइकिल चोरी हो गई। साइकिल को बसरमल के पास सही-सलामत देख उन्होंने राहत की साँस ली, लेकिन

ख़ूब फटकार भी लगाई।

पिता तीन दिन तक पूछते रहे, कभी चिल्लाकर, कभी प्यार से : "साइकिल लेकर कहाँ गया था?"

जवाब में बसरमल, बस, मुस्करा देता। एक चौड़ी, मूर्ख मुस्कान! जैसे किसी ने उसे सम्मोहित कर रखा हो।

उसे महसूस होता, उसने दोनों हाथों से साइकिल का हैंडल पकड़ रखा है और उसके बीच परियों जैसी जाम अब भी बैठी हुई है। और समय ठहर गया है।

मदरसे की वह पीली खिड़की, जिस पर पीले पल्ले लगे थे और पीले फूलों वाली जाली बनी थी, वह ठीक वैसी ही नहीं दिखती, जैसी मूलचंदानी लोगों की खिड़की? शायद आधी सदी पहले लड़काना में दंगाइयों की कुदाल से जो खिड़की टूटी थी, भटकते-भटकते यहाँ आकर इस दीवार में आ बसी हो?

"इतने बरसों तक वह खिड़की भटकती रही हो, तो शायद मेरे ही इंतज़ार में, शायद मेरी ही तलाश में।"

कैरीबैग खोलकर वह एक फ़ाइल निकालता है। सारे काग़ज़ बुरी तरह पीले पड़ गए हैं। सब कुछ याद रखने वाले बसरमल को यह याद नहीं पड़ता कि आख़िरी बार कब उसने यह फ़ाइल खोलकर देखी थी।

कब वह लड़की चेहरे से दुपट्टा हटाकर एक बार उसे देखे, बसरमल इसी इंतज़ार में रहता था। उसे उस लड़की की आख़िरी छवि याद है। ख़ालिस हरे रंग का अमरूद हाथ में लेकर दाँतों से काटती लड़की। देर तक मुँह बनाने और होंठ सिकोड़ने के बाद आख़िरकार, जाम राज़ी हो गई थी कि ठीक है, पहले हम लोग शहदादकोट जाएँगे। उन्होंने तय किया कि तीन दिन बाद सूर्योदय से ठीक पहले मदरसे की इसी खिड़की पर वे दोनों मिलेंगे। बसरमल की आँखों में यह सोचकर ही एक मुस्कान नाचे जा रही थी कि वह अंततः अपनी जाम के साथ सबकी नज़रों से दूर चला जाएगा।

ठीक उसी समय, जाम तेज़ी से मुड़ी, उसने अपने चेहरे से दुपट्टा हटाया और कहा, "अगर तुम नहीं आए, तो मैं मानूँगी, तुम्हारा प्यार कच्चा है! और वह ख़त जो तुमने मुझे लिखा था, वह फ़र्ज़ी था।"

इसके जवाब में बसरमल कुछ कहना चाहता था, पर उसने 'हुँह' करते हुए दुपट्टे से अपना चेहरा ढँक लिया और चल पड़ी थी। दुपट्टे के परदे के पीछे से, तेज़ी से लौटकर जाती उसकी आकृति क्या उसे याद है? क्या दुपट्टे से मुँह ढँकने के बाद, दुपट्टे से छनकर आई उसकी खिलखिलाहट उसे याद है?

"कितना कुछ तो तुझे याद ही नहीं है, बसरमल!"

वह एक बार फिर माचिस जलाकर पाइप सुलगाता है।

उसी शाम लड़काना में दंगा हो गया था। पंजाब में दंगे पहले ही शुरू हो चुके थे। बसरमल की तरह सिंध भी एक ग़फ़लत में था कि वहाँ दंगे नहीं होंगे क्योंकि वहाँ क़ौमी अमन दूसरी जगहों से ज़्यादा था। पंजाब का बँटवारा हो चुका था। सिंधियों को उम्मीद थी कि पंजाब की तरह सिंध का एक हिस्सा हिंदुस्तान में चला जाएगा, हम लोग धीरे-से उस हिस्से में चले जाएँगे, लेकिन सिंध का बँटवारा आज तक नहीं हुआ। वह पूरा का पूरा पाकिस्तान में ही रहा। सिंध के हिंदुओं की उम्मीद ने उन्हें एक भ्रामक भरोसे और आलस्यपूर्ण अनिर्णय में उलझाए रखा। बहुत देर हो चुकी थी। धीरे-धीरे, हिंदुस्तान से मुहाजिर सीधे सिंध आ रहे थे, क्योंकि यह जगह पंजाब के मुक़ाबले शांत थी। वे कराची, हैदराबाद, लड़काना, शिकारपुर हर जगह बस रहे थे और यहाँ के मुसलमानों पर दबाव डाल रहे थे कि वे हिंदुओं को यहाँ से भगा दें, भले इसके लिए बल-प्रयोग करना पड़े।

और, उस रात लड़काना सुलग उठा।

अचानक, ख़यालों के मुहाने पर खड़ा बसरमल ठिठक गया, और याद करने की कोशिश करने लगा कि उन दिनों उसने क्या-क्या देखा और सहा था। उस ज़माने की बातों को उसने अपनी डायरियों में भी दर्ज कर रखा

था। वह आलमारी में हाथ डालकर अपनी डायरियों को टटोलता है। पुराने काग़ज़ों का एक पुलिंदा उसके हाथ लगता है। इतने बरसों बाद, आज भी, जब वह काग़ज़ पर बिखरी क़लम और पेंसिल की लिखावटों को देखता है, उसके भीतर कोहराम मच उठता है। काग़ज़ धुँधला हो चुका है। साठ साल पहले, पाकिस्तान से निकलने के बाद जब उसने एक महीना दिल्ली के तुग़लक़ाबाद रिफ़्यूजी कैंप में काटा था, तब यह सब लिखा था। एक अठारह साल के लड़के की यादें, आज पढ़कर लगता है, जैसे उनमें कविता जैसा दर्द हो :

*

हो सकता है कि आप मेरी कहानी को अविश्वसनीय मानें, लेकिन विश्वास कीजिए, अविश्वास, अवसाद के काले कुएँ में उतरने वाली पहली सीढ़ी का नाम है।

मैं आशिक़ था। किसी का माशूक़। सियासत से मेरा कोई लेना-देना न था। चिंगारी कई महीनों पहले ही जल चुकी थी। मेरे माता-पिता धीमी, फुसफुसाती हुई आवाज़ में भविष्य के बारे में फ़िक्र जताते हुए बात करते थे, लेकिन मैं इस सारे मंज़र से ग़ाफ़िल था। एक रात लड़काना सुलग उठा और उसकी क़ौमी आग की लपट मुझ तक भी आई।

आधी रात मुसलमानों का हुजूम आया और उसने हिंदू घरों पर पत्थर बरसाने शुरू कर दिए। यह एक तरह की चेतावनी थी कि हिंदू जल्द-से-जल्द इन मकानों को ख़ाली कर हिंदुस्तान चले जाएँ। हमने खिड़कियों से झाँककर देखा। हमें नहीं पता चला कि वे कौन-से मुसलमान थे। हमारे ही शहर के थे ? हमारे परिचित थे ? इतना अँधेरा था कि उनमें से किसी का चेहरा ठीक

से दिखाई न पड़ा। उस रात हम लोग सो नहीं पाए। आनन-फानन हमारे मुहल्ले में एक बैठक हुई। बुज़ुर्गों ने राय बनाई कि हमें अपना सामान बाँधकर यहाँ से चल पड़ना चाहिए, लेकिन अधिकांश लोगों को यह मंज़ूर नहीं था कि अपने जीवन-भर की कमाई, अपना घर-बार यहीं छोड़कर हिंदुस्तान के अनजान इलाक़ों की ओर जाया जाए। आख़िर सिंध उनकी मातृभूमि थी।

मुहल्ले के कुछ नौजवान, जो बहुत क्रोध में थे, बिना किसी को बताए चुपचाप गोलबंद हुए और जाकर उसी रात मुसलमान घरों पर पत्थर फेंक आए। अगली सुबह सब कुछ शांत था। दिन-भर कोई घटना नहीं घटी, तो हम थोड़ा सुकून में आए, लेकिन शाम होते ही हमारे घरों पर हमला हो गया। वे शायद अँधेरे का इंतज़ार कर रहे थे। गली में अल्लाहो-अकबर के नारे गूँजने लगे। हमने पहली मंज़िल की खिड़की से झाँककर देखा, नीचे एक बड़ी भीड़ मुँह पर नक़ाब बाँधे, हाथ में नंगी तलवारें और मशाल लिये कुछ अनिष्ट कर देने की प्रतीक्षा में खड़ी थी। अगर हमारी तरफ़ से एक भी पत्थर जाता, तो तय था कि वे आगजनी शुरू कर देते। शुक्र है कि हमारी ओर के नौजवान शांत ही रहे।

थोड़ी देर में ही उस भीड़ में से एक नेतानुमा शख़्स आगे बढ़ा और निहायत साफ़ उर्दू में चिल्ला-चिल्लाकर धमकी देने लगा, "अलहमदुलिल्लाह! हम कोई ख़ूनख़राबा नहीं चाहते, महज़ इतना कहने आए हैं कि सारे हिंदू चुपचाप अपना सामान बाँधकर हिंदुस्तान निकल लें। यह आख़िरी ताक़ीद है। फिर कोई तक़ाज़ा न किया जाएगा। कल शाम के बाद, हम ख़ामोश रहेंगे और हमारी मशालें, हमारी तलवारें बोलेंगी।"

चाहे हिंदू हों या मुसलमान, हमारे सिंध के लोग इतनी साफ़

उर्दू नहीं बोलते, क्योंकि वह हमारी भाषा ही नहीं है। वह नेतानुमा शख़्स यक़ीनन दिल्ली या लखनऊ से आया था। ज़बान की नज़ाकत उन्हीं इलाक़ों में पाई जाती है। ऊपर के कमरों में हम जान बचाने के लिए डरे-सहमे छिपे थे, लेकिन हमारे बीच, फुसफुसाते हुए, उस शख़्स की शायराना ज़बान पर बात हो रही थी।

मेरे अब्बू बोले, "पूरब से बड़ी तमीज़दार, सलीक़ेदार दहशत आई है।"

अगली दोपहर तक हमने अपना मकान ख़ाली कर दिया। अब्बू ने बड़े जतन से सारा सामान बाँधा। उनके पास हज़ारों रुपए के सरकारी बॉन्ड्स थे। उन्हें बहुत एहतियात से अपने ब्रीफ़केस में रखा। बाक़ी सामान लोहे के ट्रंक में जमाया। मेरी माँ के पास सोने के कुछ हार और चेन थीं। उसने अपने कुरते और सलवार की तुरपाई में उन चेनों को छिपाकर सिल दिया। ख़राब से दिखने वाले कपड़ों के भीतर छोटी-छोटी बालियाँ छिपाकर सिली गई थीं।

अब्बू बार-बार भीतर के कमरे में आते और कहते, "हमें बिल्कुल नहीं पता कि सफ़र कैसा होगा। सुना है कि महीनों शरणार्थी कैंप में बिताने पड़ सकते हैं। हिंदुस्तान की सरकार हमें किस शहर भेजेगी, कोई अंदाज़ा नहीं। वहाँ जाकर जमने में, काम-धंधा खोजने में बहुत समय लग सकता है। इसलिए हर क़ीमती सामान अपने साथ ले लो और उन्हें अपने कपड़ों व अनाज के भीतर छिपा दो। जाने कब ज़रूरत पड़ जाए। झूलेलाल हमारा बेड़ा पार करेगा।"

हम एक अनिश्चित व ख़तरनाक सफ़र के लिए तैयार हो रहे थे। हम बेहद डरे हुए थे, लेकिन हममें पार हो जाने की उम्मीद

भी भरी हुई थी। उस सारी तैयारी के बीच मेरे जिस्मानी कान अब्बू व अम्मी की ताक़ीदों को सुन रहे थे, लेकिन मेरे मन के भीतर सिर्फ़ जाम की आवाज़ गूँज रही थी। हक़ीक़त से दूर एक ख़्वाब की तरह। कहाँ तो तय था कि मुझे जाम के साथ घर छोड़कर शहदादकोट भागना था, और कहाँ इस समय मैं अपने घरवालों के साथ शहर छोड़कर भाग रहा हूँ। अपनी कायराना हरकत से मैं ख़ुद ही ख़ासा शर्मिंदा हो रहा था।

मैं चिंतित था, अत्यंत चिंतित, मैं किसी तरह जाम के पास सूचना पहुँचाना चाहता था, पर वह मुमकिन नहीं लग रहा था। मैं यह भी सोच रहा था कि क्या ऐसा संभव है, हम दोनों के परिवार साथ-साथ लड़काना छोड़कर हिंदुस्तान के लिए रवाना हो जाएँ, पर यह भी महज़ एक ख़याल ही था।

दोपहर की बस पकड़कर हम सब कराची के लिए रवाना हो गए। हाल यह था कि कहीं दूर से भी अगर 'अल्लाहो-अकबर' सुनाई दे जाए, दहशत का एक हथौड़ा हमारे दिलों पर चलने लगता। यह अपने आप में एक विचित्र स्थिति थी। मुसलमानों के साथ हम इतनी सदियों से, इस क़दर, घुल-मिलकर रहते आए थे कि उस वक़्त भी हमारे मुँह से 'हे राम' नहीं, बल्कि हमेशा की तरह 'या अल्लाह' ही निकल रहा था। चाहकर भी हम ज़बान की इस आदत को बदल नहीं पाए थे, पर सच है, कि उन दिनों अल्लाह शब्द से ही हमें डर लगने लगा था। हमारे तमाम डर हमारी भाषा में छिपे होते हैं।

आधी रात से कुछ पहले, हम कराची में बने रिफ़्यूजी कैंप में पहुँचे। ऐसा लग रहा था, जैसे वहाँ शोर, कोलाहल और धूल से भरा कोई बदहवास दंगल चल रहा हो। क्षमता से अधिक भरे उस कैंप में जैसे बिजली के लट्टू उबासी ले रहे थे। चीख-पुकार,

कराह, पीड़ा और दुख का उत्सव व्याप्त था। लग ही नहीं रहा था कि रात है।

किसी का पैसों से भरा झोला खो गया था, तो वह बदहवास यहाँ से वहाँ दौड़ रहा था, पुलिसवालों से गुहार लगा रहा था। किसी की दुधमुँही बच्ची खो गई थी। रो-रोकर उस माँ का बुरा हाल था। शिकारपुर से आए एक बुज़ुर्ग को दिल का दौरा पड़ा था। बेसुध-सा उसका परिवार मदद के लिए डॉक्टरों को खोज रहा था। सिर्फ़ एक नर्स मिली। उसने बताया कि सारे डॉक्टरों को मैदान के दूसरे छोर पर बने रिफ़्यूजी कैंप में भेज दिया गया है। वह कैंप हिंदुस्तान से आने वाले मुसलमान मुहाजिरों के लिए बनाया गया था। हम सिंध के अपने लोग थे, लेकिन कराची को अब हमारी कोई चिंता नहीं थी। उसकी प्राथमिकता उस पार से आने वाले मुसलमान मुहाजिर थे। एक निहायत धार्मिक प्राथमिकता, जिसने बुनियादी मानवीय प्राथमिकताओं को निगल लिया था। एक झटके में, सब कुछ कितना बदल गया था! महज़ कुछ दिनों पहले तक यह जगह हिंदुस्तान हुआ करती थी। अब पाकिस्तान है। सारे संसाधन अब उन लोगों के लिए हैं, जो पाकिस्तानी बने रहना चाहते थे। जो नहीं बने रहना चाहते, सरकारी मशीनरी उनसे परायों जैसा व्यवहार करने लगी थी। उस समय पहली बार अहसास हुआ कि मुल्क का नाम-भर बदल जाने से आपका भाग्य, दुर्भाग्य में तब्दील हो जाता है।

हमारी आँखों के सामने ही वह शिकारपुरी बुज़ुर्ग दोनों हाथों से अपना बायाँ सीना दबाए, तड़प-तड़पकर मर गए।

अपने परिवार के बीच बैठकर सामान की रखवाली करते हुए मेरे हैरान-परेशान अब्बू ने कहा, "रिफ़्यूजी होना एक बहुत बड़ा शाप है। जैसे ही अपनी ज़मीन छूटती है, मुसीबतों का पहाड़

सर पर टूट पड़ता है। जन्नत से निकाले जाने के बाद आदम भी उतना दर-ब-दर न हुआ होगा, जितना अपनी ज़मीन छूटने के बाद एक रिफ़्यूजी होता है।"

हिंदुस्तान जाने के कई तरीक़े थे, सस्ते तरीक़े इफ़रात जोखिम से भरे थे जबकि महँगे तरीक़े महफ़ूज़ थे। मुझे एक बात समझ में आ गई थी कि सही-सलामत सरहद पार करने के लिए ख़ुशक़िस्मत होना ज़रूरी था। संकट के दिनों में क़िस्मत पर भरोसा करना, चयन नहीं, मजबूरी होती है। हम मजबूर तो थे, लेकिन विकल्पहीन नहीं।

अब्बू ने पानी के जहाज़ वाला महँगा रास्ता चुना था। वह अपने परिवार से बहुत प्यार करते थे। यह तय पाया गया कि जैसे ही पौ फटेगी, हम बॉम्बे रवाना होने वाले जहाज़ पर सवार हो जाएँगे।

मैं बेतहाशा बेचैन था क्योंकि मैं जाम को लड़काना में छोड़कर नहीं जा सकता था और जिस जगह जा रहा था, वहाँ उसे साथ नहीं ले जा सकता था। वह मेरे लिए अनमोल थी, लेकिन मैं उसे अपने पायजामे की तुरपाई में लपेटकर सिल नहीं सकता था; मैं उसे अनाज के डिब्बों में नहीं छिपा सकता था; मैं उसे गठरी बनाकर अपने सिर पर नहीं लाद सकता था।

"लेकिन तुम उसका हाथ तो थाम ही सकते हो," मैंने अपने आपको समझाया।

मुझे ख़ुद को, और जाम को भी, यह बताना था कि मैं कायर नहीं कि जाम को पीछे छोड़ अपनी जान बचाते हुए हिंदुस्तान भाग जाऊँ।

मेरा परिवार वहाँ ज़मीन पर अख़बार बिछाकर सोया हुआ था। मैंने किसी के चेहरे की तरफ़ नहीं देखा। मैंने किसी के

बारे में नहीं सोचा। चुपचाप अपना झोला उठाया और रिफ़्यूजी कैंप के मुख्य द्वार की तरफ़ बढ़ गया। मेरी पीठ को बार-बार अहसास होता कि अम्मी या अब्बू या उनमें से कोई भी, अभी जाग जाएगा और ज़ोर-से आवाज़ लगाएगा, "कहाँ जा रहे हो, बसरमल?"

पर मैं इतनी ख़ामोशी और तेज़ी से आगे बढ़ा कि सीधे गेट से बाहर निकल गया। पीछे की कोई आवाज़ मुझे सुनाई नहीं पड़ी।

अपने पूरे परिवार को कराची के रिफ़्यूजी कैंप में सोता हुआ छोड़ मैं लड़काना लौट आया।

*

बसरमल इससे आगे नहीं पढ़ पाया। उसका पूरा शरीर जैसे ठंडा पड़ गया। उसकी छाती के भीतर एक झुर्रीदार कँपकँपी उठने लगी। पानी में पड़ी भँवर की तरह वह गोल-गोल घूमती रही, फिर शांत होने लगी। वह उठा और आलमारी से एक हैदराबादी शॉल निकालकर उसने जालो को ओढ़ा दिया।

टेबल पर फ़ाइल अनछुई पड़ी है। उसमें बहुत पुराने काग़ज़ हैं। सनद के काग़ज़। बैरक नंबर 918 बटे 9,1700 स्क्वैयर फ़ीट जगह, भारत सरकार और म्युनिसिपैलिटी के आदेश से मिल्कियत बसरमल जेठाराम पुरस्वाणी, जहाँ नक़्शे में सिंधु लाइब्रेरी बनी है। एक बरसाती क़िस्म के काग़ज़ पर कार्बन कॉपी में बना हुआ नक़्शा, जिसमें दीवारें हैं, तीरों के निशान, फ़ीट और मार्किंग। बग़ल में एक सड़क। और कुछ बक्से, जिन्हें तिरछी लकीरों से रंग दिया गया है। नक़्शे में उसकी किताबों की आलमारी की कोई जगह नहीं। छत पर लगी लकड़ियों, खपरैल और वहाँ से टपकते पानी का भी कोई ज़िक्र नहीं। उसमें किताबें नहीं हैं। किताबों की ख़ुशबू

भी नहीं।

दुनिया के किसी नक़्शे में इंसान नहीं दिखाई देता। इंसानियत का कभी कोई नक़्शा नहीं बनता। उसे याद आता है, बरसों पहले बेरहमी से हिंदुस्तान के नक़्शे को दो फाँक कर दिया गया था। तब भी उस नक़्शे को बसरमल ने बहुत ध्यान से देखा था, उसमें ज़मीन से उखड़े अनगिनत इंसानों का झुंड कहीं नज़र नहीं आया था, लेकिन उसमें से जलती हुई चिताओं की बू ज़रूर आ रही थी।

बसरमल का मन होता है कि वह ज़मीन के काग़ज़ात को सामने फैलाए और गहरे काले मार्कर से उस पर एक टूमस्टोन बना दे- क़ब्र का पत्थर। उस पर यह क़तबा लिखे :

सिंधु लाइब्रेरी : सिंध (पाकिस्तान) के लड़काना से एक रिफ़्यूजी की तरह आकर, मुंबई में बसा, बसरमल जेठाराम पुरस्वाणी, अपनी हज़ारों किताबों, जिन्हें वह अपनी बेटियाँ कहता था, उन्हें अपने आग़ोश में लेकर, ख़ामोश रूहों और टूटे सितारों के साथ, इस ज़मीन के नीचे सोया हुआ है। नहीं-नहीं, सोया नहीं है, बल्कि जाग रहा है, ज़मीन के नीचे बिछे काग़ज़ के बुरादे पर जागते हुए अनंतकाल तक के लिए भटक रहा है और किसी मंत्र की तरह बुदबुदा रहा है- 'मुझे अपनी ज़मीन नहीं देनी, मुझे अपनी ज़मीन नहीं देनी।' हमेशा की तरह निडर, निर्भीक, निश्चय का दृढ़!

यह सोचकर उसके चेहरे पर मुस्कान आ जाती है। फ़ोन कॉल्स अब ज़्यादा तेज़ी से आने लगे हैं। धमकियाँ पहले से तीखी होती जा रही हैं। ज़्यादा ख़तरनाक। वह ज़मीन के काग़ज़ को ध्यान से देखता है। उसे लगता है, वहाँ पहले से ही एक टूमस्टोन बना हुआ है, और पुरानी अँग्रेज़ी की डिज़ाइन में उस पर अक्षर भी खुदे हुए हैं। उस टूमस्टोन को वह अपनी अस्थियों में अनुभव कर सकता है। बस, इससे पहले तक वह दिख नहीं

रहा था। जो दिखाई नहीं पड़ता, जीवन में उसका भी वजूद होता है, वह भी अर्थ से भरा होता है।

एक बार फिर पाइप सुलगाता है। कुर्सी की पीठ पर सिर टिका लेता है। जालो नींद में ऊँ-ऊँ की आवाज़ कर रही है। करवट बदल रही है। वह प्यार से उसकी ओर देखता है : *रात के तीसरे पहर मैं तुम्हारी ग़ाफ़िल नींद में एक ग़ाफ़िल मुस्कान की तरह आऊँगा।*

वह अपने आस-पास किताबों की ख़ुशबू महसूस करता है। ख़ुद से ही कहता है, "ख़ुशबुएँ न होतीं, तो ये उम्र कैसे गुज़रती? ख़ुशबुओं के सहारे ही अपने पैरों पर चल सका मैं। अमरूद की ख़ुशबू, कँखौरियों से निकलती वैन गॉग की ख़ुशबू, जिल्द के भीतर से निकलती किताबों की ख़ुशबू।"

सनद की फ़ाइल को बंद करते हुए वह मेज़ से टिकी छड़ी उठा लेता है और धुआँ उड़ाते हुए मेज़ और पलंग के बीच की जगह में तफ़रीह करने लगता है।

17.

मेरा नाम 'मैं' है

मैं सच नहीं जानता था। एक तरह से देखें, तो वहाँ मेरी उपस्थिति भी एक झूठ ही थी।

–कार्लोस फुएंतेस
(द यर्स विद लॉरा डियास)

मुझे लगता है कि जब मैं उसके सामने नहीं होता, तो वह मुझे याद करता है और जब उसके सामने आता हूँ, तो जैसे उसका पूरा इंतज़ार किसी नि:शब्दता में बदल जाता है। वह मेरी किसी बात का जवाब नहीं देता। हुम्म, ऊँ, आँ से ही काम चला लेता है। और कई बार यह भी लगता है कि मुझे देखते ही इसे पचास क़िस्म के काम याद आते हैं। इसे पता होना चाहिए कि मैं लाइब्रेरी साइंस नहीं जानता, फिर भी मुझसे लाइब्रेरी को व्यवस्थित कराने में लगा रहता है। जैसे पाऊ को पता है कि मुझे होम साइंस नहीं आता, लेकिन फिर भी वह हाउसकीपिंग के हज़ार फंडे रोज़ समझाते रहते हैं। मैं करियर काउंसलर भी नहीं और न ही वह हैं, फिर भी अच्छे करियर के बारे में हज़ार बातें।

लगता है, एक उम्र तक सारे लोग एक जैसे होते हैं। फिर एक उम्र के बाद सारे लोग एक जैसे हो जाते हैं। ये बूढ़ा और पाऊ। एक जैसे। बस उम्र का हिसाबी फ़र्क़ होगा दोनों में। पाऊ के सामने मैं कभी सिगरेट नहीं पी सकता और न ही सपने में कभी सोच सकता हूँ कि पाऊ मुझसे सिगरेट का एक कश माँगेंगे। मैं पाऊ के सामने बिंदास रोज़ एक ही समय खिड़की के सामने खड़े होकर सामने वाली खिड़की को नहीं ताड़ सकता। पाऊ के साथ और पाऊ के सामने मैं बहुत सारी चीज़ें नहीं कर सकता।

*

कल रात पाऊ के साथ जो पंगा हुआ, वह अभी भी कानों में झनझन बज रहा। उस दिन जिस समय मैं लाइब्रेरी में पहुँचा, बूढ़ा खिड़की पर खड़ा था। दोनों हाथों से छड़ी पकड़कर। मुझे उसका खिड़की पर खड़ा होना अच्छा नहीं लगता। उसके वहाँ खड़े होने पर मुझे अंदाज़ा हो गया कि उस तरफ़ परदे के पार कोई हलचल हो रही होगी, या वह पीला चेहरा खिड़की से झाँक रहा होगा। मैं भी उसके पीछे खड़ा हो गया।

पहली बार खिड़की का एक पल्ला बंद था। एक खुले पल्ले से जितना परदा दिख सकता था, उतना हिल रहा था। खिड़की के नीचे की दीवार भीगी हुई है। उस पर काई उग आई है। कुछ जगहों से पलस्तर उखड़ा हुआ है। वहाँ से ईंटें झाँक रही हैं।

मुझे पीछे पाकर बूढ़ा वहाँ से हट जाता है। शायद उसे मेरा पीछे आकर खड़ा होना अच्छा नहीं लगा। किताबों की तरफ़ चला जाता है। वहाँ कुछ किताबें अभी भी ज़मीन पर पड़ी हैं। दो-तीन रोज़ से हम किताबों पर पुराने अख़बारों का कवर चढ़ा रहे हैं। एक मोटे मार्कर पेन से कवर के साइड में किताब का नाम और उसका नंबर लिखते हैं। यह मेरा ही आइडिया था। इससे किताबें सुरक्षित रह सकती थीं। पता नहीं क्यों, बूढ़ा बहुत मुश्किल

से माना था। पर जब से माना है, लगातार लगा रहता है। मैं कवर पहनाता हूँ, नाम और नंबर लिखता हूँ। वह पास में एक पुराने स्टूल पर बैठकर कोई किताब उलटता रहता है। मेरे बोलने पर एक नए रजिस्टर में किताब व लेखक का नाम, नंबर और रैक नंबर लिखता है। मेरे अगली बार बोलने तक वह फिर किसी और समय के पन्ने खोलने लगता है।

लेकिन जिन किताबों को हमने ताज़ा कवर पहनाया है, उनमें से कुछ में चींटियाँ चलने लगी थीं। बूढ़ा भी ग़ज़ब भुलक्कड़ है। अपने झोले में वह किताब रखता था, उसी झोले में कई बार गुड़ की खुली भेलियाँ रख देता है। थोड़ा-सा गुड़ किताब में चिपक जाता है। जब वह किताब टेबल या रैक पर आती है, चींटियाँ गुड़ की सुगंध से खिंची चली आती हैं। एक चींटी गुड़ के एक टुकड़े को कुतरती है। और उसके बाद, वहाँ चींटियों की पूरी एक क़तार आ जाती है।

चींटियों को देखकर बूढ़ा कहता है, "किताब में चींटियाँ लगी हैं। और यह उनका अध्ययन-काल है।"

एक बार मैंने उसकी इस घोषणा का विरोध करते हुए कहा, "लेकिन चींटियाँ किताब नहीं पढ़तीं। वे किताब में चिपके गुड़ को खाती हैं।"

तिस पर एक चौड़ी मुस्कान के साथ उसने कहा, "लेकिन गुड़ सारी किताबों पर नहीं चिपकता।"

मैं कुर्सी को खिड़की के पास खींचकर बैठ जाता हूँ और जेब से सिगरेट निकाल लेता हूँ। टेबल से सिगरेट की एक पुरानी डिब्बी, जिसे ऐश-ट्रे की तरह इस्तेमाल करता हूँ, उसको उठा गोद में रख लेता हूँ। धुआँ खिड़की से बाहर उछालते हुए फिर उसी इंतज़ार में चला जाता हूँ कि अभी यह खिड़की खुलेगी और वह आकर खड़ी होगी और जैसे मैं उसे देख रहा हूँ, वह भी मुझे देखने लगेगी।

तभी बूढ़ा मुझसे पूछता है, "तुम्हें हँसने की कोई आवाज़ सुनाई दी?"

मैं ध्यान से सुनता हूँ और कहता हूँ, "नहीं तो।"

ऐसा वह रोज़ कम-से-कम एक बार पूछ लेता है और मैं भी कम-से-कम एक बार तो नहीं कह ही देता हूँ।

यही नहीं, वह रोज़ लगभग ऐसा भी कुछ पूछता है, "इधर आओ, इधर आओ। देखो, इस किताब से (या इस कमरे से या उस खिड़की से या अपनी आस्तीन से या थर्मस के भीतर से या ज़मीन पर पड़े पतले गद्दे या उसके गावतकिए से) कैसी ख़ुशबू आ रही है? यह शायद अमरूद की ख़ुशबू है।"

मैं उसके पास जाता हूँ। किताब को उलट-पुलटकर सूँघता हूँ। कई-कई बार। फिर मुँह बिचका देता हूँ, "नहीं तो अंकल! बस फंगस की बास है।"

"तुम ख़ुशबू और बास में फ़र्क़ नहीं कर पाते?"

"बास है... नक्कीच बास है अंकल," मैं बहुत संजीदगी से कहता हूँ।

"एक दिन तुम्हें यह ख़ुशबू परेशान करेगी।"

उसने पहली बार ऐसा कोई सॉलिड डायलॉग मारा है। एकदम पिक्चर जैसा। मैं मुँह दबाते हुए फिस्स-फिस्स हँसने लगता हूँ–

"अंकल, मेर्को तो अब्बीच ये ख़ुशबू परेशान कर रेली है। आप डेलीच ढूँढ़ने का ये ख़ुशबू। नहीं क्या?" मैं उन्हें गले लगाते, दुलराते हुए कह रहा था।

वह मुस्कराने लगा। सोडावाटर चश्मे के भीतर से उसकी आँखें हँस रही थीं। छोटी और पतली आँखें, जिनके बीच में कभी एकदम काली पुतली होती होगी, अब पुतली का रंग फीका पड़ गया है। वह मटमैले रंग की है। उसके बाहरी किनारों पर एक सफ़ेद गोल घेरा बनता है। उसमें झाँककर देखने से ही मन में धुँधलापन छा जाता है। गोल पतले होंठ। और सलीके से लगे दाँत। नीचे लटकता हुआ गाल। कुछ झुर्रियाँ। होंठों के आस-पास शेविंग से छूट गए कुछ छोटे-छोटे सफ़ेद बाल।

वह वापस अपनी कुर्सी पर बैठ जाता है। पूछता है, 'तुम्हारी डीवीडी से कोई ख़ुशबू आती है?'

मैं बिना किसी भाव के उसे देखता हूँ। एक दिन मैंने किताबों और डीवीडी की तुलना कर दी थी, इसीलिए शायद उसने यह सवाल पूछा है। कुछ देर ख़ामोश रहने के बाद मैं मुस्कराता हुआ पूछता हूँ, "अंकल, आज कॉफ़ी नहीं पिलाओगे क्या?"

वह बिना मेरी तरफ़ देखे दराज़ खोलता है। दस का नोट और पाँच का सिक्का निकालकर कहता है, "जा, ले के आ। दूध नहीं है आज।"

मैं दूध लेकर लौटता हूँ, तो पाता हूँ कि वह भीतर स्टोव से जूझ रहा है।

"ये चल ही नहीं रहा। तुम कोशिश करो।"

"मैंने अक्खी लाइफ़ में कभी स्टोव नहीं जलाया, अंकल। मेकों ये भी नहीं पता, ये चलता कैसे है?"

वह बग़ल में रखे कपड़े से अपने हाथ की कालिख पोंछता है। फिर दूध की पन्नी मुझसे ले लेता है। वह बहुत ठंडी है। उसके बाहर से पानी की बूँदें गिर रही हैं।

हम वापस मेज़ पर आ जाते हैं। मैं 'छोड़ो, जान्दो' वाली अदा के साथ वापस खिड़की पर चला जाता हूँ। वहाँ खिड़की का खुला हुआ पल्ला हल्के-हल्के हिल रहा है।

वह एक रजिस्टर खोलकर मुझे बुलाता है और मोबाइल से एक नंबर मिलाने को कहता है। उसे मोबाइल देकर मैं वापस खिड़की पर चला जाता हूँ। वह किसी से सिंधी में बात कर रहा है।

फिर वह मेरे पीछे खड़ा हो जाता है। दूध की थैली मुझे पकड़ाता है और कहता है, "सामने खिड़की के बग़ल से जाओ, लेफ्ट में दरवाज़ा है। नेमप्लेट लगी है मूलचंदानी। उनको बोल दिया है। वहाँ से गर्म करवा लाओ दूध।"

जिस लड़की की कल्पनाओं में मैं इस क़दर खोया रहता था, जिसने

राह चलते समय या सीधे देखते समय या अलसाए बैठे समय, मेरी इमबेलो की जगह ले ली थी, उससे मुलाक़ात की संभावना नज़र आते ही मैं नर्वस होने लगता हूँ। असली नर्वस। मैं उनको मना कर देता हूँ, "अरे अंकल छोड़ो, नहीं पीनी कॉफ़ी।"

मैं देर तक टालता हूँ। फिर उठकर चल देता हूँ। दूध की पन्नी हाथ में लिए। कितना अजीब लगेगा, यह सोचते हुए।

मुझे लगा, दरवाज़ा खुला हुआ होगा, हल्के-से ठेलने पर ही खुल जाएगा, भीतर रहस्यमयी अँधेरा और कोई भीनी ख़ुशबू होगी और उन सबके बीच वह होगी। इसके आगे कुछ सोचने से पहले ही दरवाज़ा आ गया।

दो-तीन कॉलबेल के बाद दरवाज़ा उसी ने खोला। मेरे मुँह से कोई शब्द नहीं निकल पाया। वह दरवाज़े पर खड़ी थी, पर मुझे लगा, खिड़की पर खड़ी है। होंठ वैसे ही झुके हुए। शायद सदियों से इन होंठों पर मुस्कान नहीं आई। वैसी ही अधखुली आँख, जैसे सदियों से एक गहरी नींद का इंतज़ार करती अलसाई हुई एक जाग।

हाथ में दूध की पन्नी देखते ही उसने ले ली। और मुड़कर भीतर चली गई। मैं खुले हुए दरवाज़े के ठीक बीच में खड़ा था। सामने एक कमरा था, जिसमें पलंग पर एक बूढ़ी औरत लेटी थी। और इस तरफ़ सोफ़े पर एक बूढ़ा हाथ में रिमोट लेकर बैठा था। मैं दो क़दम और अंदर हो गया। टीवी चल रही थी, लेकिन उसमें से कोई आवाज़ नहीं आ रही थी। उसमें एक पुराना कॉमेडियन हाफ पैंट पहनकर उछलकूद कर रहा था। पूरी ब्लैक एंड व्हाइट स्क्रीन पर महज़ चैनल का नाम और म्यूट का निशान ही रंग पैदा कर रहे थे। स्क्रीन का दृश्य बूढ़े को नहीं हँसा पा रहा था। वह मूर्ति की तरह सीधा और तना हुआ बैठा था। दोनों जाँघों के बीच रिमोट को दोनों हाथों से थामे हुए।

अचानक मेरे सामने वह लड़की फिर आ गई।

"दस मिनट तो लगेंगे ही। आप चाहें, तो दस मिनट बाद आ जाइए या फिर अंदर बैठ जाइए।"

यह कहकर वह फिर अंदर चली गई।

मैं अंदर घुसा। दाहिनी तरफ़ दोनों बूढ़े थे और बाईं तरफ़ एक दरवाज़ा, जिसमें से वह खिड़की दिख रही थी। मैं उसी कमरे में घुस गया, बिना यह सोचे कि उसे यह बुरा भी लग सकता है।

वह किसी का बेडरूम था। शायद उसी लड़की का। बग़ल में एक कंप्यूटर ऑन था। उसके सामने की कुर्सी को कंप्यूटर से थोड़ा दूर खींचकर मैं बैठ गया, ऐसे कि दूसरे कमरे की टीवी भी दिखे, वह बूढ़ा भी, यह कंप्यूटर भी और घूमने वाली उस कुर्सी को दाहिनी तरफ़ मोड़ लूँ, तो उसका पूरा कमरा भी।

पीले पल्लों और पीली जाली वाली उस खिड़की पर अंदर से पीले रंग का परदा खिंचा हुआ था। परदे के पार से बहुत कम रोशनी आ रही थी। उसके ऊपर की दीवार में बुरी तरह सीलन लगी हुई थी। पपड़ियाँ उधड़ गई थीं। इधर गिफ्ट गैलरीज़ में मिलने वाली तस्वीरों जैसी सीपिया टोन में एक ब्लैक एंड व्हाइट तस्वीर फ्रेम में टँगी थी, जिसमें एक सूने प्लेटफ़ॉर्म पर ट्रेन से लटकता शायद अँग्रेज़ युवक है, जो हाथ बढ़ाकर स्टेशन पर शायद छूट गई एक अँग्रेज़ लड़की को पकड़े हुए है। शायद ट्रेन चल चुकी है और शायद वह युवक पहले चढ़ गया है और शायद वह उसे खींचकर अपने साथ चढ़ा लेना चाहता है। लड़की के दूसरे हाथ में गुलाब के फूलों का एक गुच्छा है, जो शायद वह लड़के के लिए लाई है या शायद चढ़ने से पहले लड़के ने उसे दिया है। शायद-जैसे एक अनिश्चित अँधेरे में डूबी उस तस्वीर में सिर्फ़ फूल रंगीन हैं।

कमरे के भीतर एक छोटा-सा प्लास्टिक का कूलर रखा हुआ था, जिसके ऊपर मार तमाम सामान गँजे हुए थे, जिनमें चेहरे पर लगाने वाली कुछ क्रीम भी थीं।

सामने कंप्यूटर पर ईमेल का ड्राफ़्ट वाला फ़ोल्डर खुला हुआ है। कोई मेल लिखी जा रही है, लेकिन एड्रेस लिखने की जगह ख़ाली है। शायद उसे सबसे बाद में लिख जाएगा। उसके ऊपर चैट की विंडो खुली हुई है और रह-रहकर चमक रही है। उस तरफ़ से किसी 'मेरा नाम जोकर' का संदेश आया है- WRU ?

वह आख़िरी संदेश है।

उसके ऊपर 'मी', जो शायद यही लड़की है, की तरफ़ से भेजा गया संदेश है- m nt cnfm. jst waitin. waitin. n waitin.

:-(

मेरी हिम्मत नहीं होती कि मैं कंप्यूटर की तरफ़ देखूँ। लगता है, कोई और है कमरे में, जो ऐसा करते देख रहा है मुझे। तमाम घबराहट के बाद भी चैट बॉक्स में माउस से मैसेज स्क्रॉल अप कर देता हूँ।

mera naam joker : bakwas... rubbish!

me : but...main aana nahin chahti.

mera naam joker : nopes! u'll have to.

:-*

me : GTH

:-\

mera naam joker : u bludy GTH.

:-{} :-*

'किस' की स्माइली के बाद यहाँ से वेटिंग के अलावा कोई मैसेज टाइप नहीं हुआ, तो जोकर ने परेशान होकर 'कहाँ हो तुम' यानी WRU ? पूछा होगा। जोकर कहीं बुला रहा है, पर यह जाना नहीं चाहती, उसे जीटीएच यानी गो टू हेल कहती है।

पढ़ते समय मेरा दिल बहुत बुरी तरह धड़क रहा था। चैट बॉक्स और

ऊपर करने की हिम्मत नहीं हो रही। मैं डर जाता हूँ, उसे समझ में आ जाएगा कि उसका कंप्यूटर छेड़ा गया है। मैं कुर्सी को कंप्यूटर से और दूर कर लेता हूँ।

वह एक छोटे-से थर्मस में दूध लाकर देती है। मैं खड़ा होकर उसके हाथ से ले लेता हूँ।

"कॉफ़ी और कप हैं वहाँ पर?"

"जी... हैं।"

वह चुप हो जाती है। मैं खड़े-खड़े उसे देख रहा हूँ। उसके होंठ पतले हैं। कत्थई रंग के। चीकबोन्स थोड़ा-सा बाहर को हैं। रंग गेहुँआ। त्रिभुजाकार माथा और कमर से नीचे जाते बाल, जिन्हें चोटी बनाकर उसने आगे की तरफ़ कर रखा है। नाक के नीचे पसीने की बहुत छोटी-छोटी बूँदें उभरी हैं और ऐसी ही बूँदें माथे पर भी। कान के छोटे-से फूल लटक रहे हैं।

वह कहती है, "...और?"

मैं पूछता हूँ, "और?"

वह चेहरा झुका लेती है और उस कमरे के दरवाज़े से हट जाती है।

उसने कॉटन का एक सफ़ेद लंबा कुर्ता पहना है, जिसकी आस्तीनें कलाई तक आई हैं। उस पर सफ़ेद रंग में ही एंब्रॉयडरी है। उसकी भवें थोड़ी घनी हैं और माथे पर बिंदी की ख़ाली जगह बनी हुई है।

वह कहती है, "...और?"

मैं झटके से सिर हिलाता हूँ और कहता हूँ, "और?... और तो कुछ नहीं।"

वह आगे बढ़कर दरवाज़ा खोल देती है।

मैं कहता हूँ, "और... हाँ और... थैंक्स!"

वह मुस्करा देती है।

मैं पलटकर नहीं देखता, पर मुझे दरवाज़ा बंद होने की आवाज़ नहीं

सुनाई दी। सड़क पार कर लाइब्रेरी के दरवाज़े तक आ जाने के बाद भी मुझे अहसास होता रहा कि उसने दरवाज़ा बंद नहीं किया है। लाइब्रेरी के दरवाज़े पर ठिठककर मैं पलटता हूँ। वहाँ से खिड़की दिखती है। खिड़की पर कोई हलचल नहीं है। परदा उसी तरह हिल रहा है।

बस, उसका दूसरा पल्ला अब खुल गया है।

18.

बुढ़िया चुप है

मैंने दुनिया-भर के वाचालों से चुप्पी सीखी, असहिष्णु लोगों से सहनशीलता और क्रूर लोगों से उदारता। लेकिन फिर भी, इन गुरुओं के प्रति मुझमें कोई कृतज्ञता नहीं।

–ख़लील जिब्रान
(सैंड एंड फ़्रोम)

मंगण माँ गा रही है, इसका मतलब यह है कि वह हमेशा चुप नहीं रहती।

थोड़ी देर पहले वह सिंधी में एक गीत गा रही थी, जिसका मतलब है- 'किसमें यह हिम्मत कि वह साहिब से जाकर पूछे, इस दुनिया को बनाने में तूने कितनी गड़बड़ियाँ कर दीं।'

और इस समय वह अपने एक गुड्डे को मग में धो रही है। उसके बालों में बेबी सोप लगा रही है। साबुन के पानी से उसका बदन मल रही

है। और साथ-साथ गा रही है-

मुहिंजो सोण जो रुपयो, अल्ला री अल्ला।
मुहिंजो चाँदी जो रुपयो, अल्ला री अल्ला।
अरे गोट माँ, अरे गोट माँ।

(तू मेरा सोने का रुपया, मेरा चाँदी का रुपया, अल्ला रे अल्ला। अरे दूल्हे की माँ, अरे दूल्हे की माँ।)

मुँह चुभलाती हुई काँपती हुई आवाज़ का यह गीत चम्मच से ढोल बजाते हुए उसने हर शादी में गाया था और इसकी एक धुन अपने लिए बचा रखी थी। उसे लगता था कि बाक़ी शादियों में गा-गाकर वह दरअसल रियाज़ कर रही है, एक दिन उसे फ़ाइनल परफ़ॉर्मेंस मंगण की शादी में देनी है। मंगण, जो कभी इस दुनिया में आया ही नहीं और जिसके इंतज़ार में जालो, मंगण माँ बन गई।

हँसती-खेलती जालो कब चुप्पी के अतल में जा धँसी, किसी को महसूस नहीं हुआ। उसके भीतर एक-एक करके शब्द सूखे होंगे। भीतर कोई बहुत घना आलस पैठ गया होगा, जो शब्दों को बाहर तक जाने में महटिया या बरगला देता होगा। पता नहीं क्यों, पर एक दिन उसे अहसास हुआ होगा कि दुनिया की चाँव-चाँव के बीच उसके कहे गए शब्द की कोई बख़त नहीं। चीज़ों के साथ उसका रिश्ता महज़ दृश्य और दृष्टि का रह गया।

गुड्डे को धोते हुए वह उसकी आँखों को देखती। लिटा दो, तो मुँद जाएँ। उठा दो, तो खुल जाएँ।

सुबह एक तय समय पर वह उसे बाथरूम में रख देती थी, ताकि वह निपट सके। फिर उसे नहलाती-धुलाती। नाश्ते में 'कोकी' बनाती, अचार या दही के साथ जब बसरमल को देती, तो उसकी बग़ल में गुड्डे को भी बिठा देती और उम्मीद करती कि बसरमल अपनी थाली से एक-दो कौर

उसे भी खिलाए। किसी दिन उसे लगता कि उसके गुड्डे को कोकी से ज़्यादा पसंद सेलमाणी है, तो वह रात की बची रोटियों को टुकड़े करके, उन पर पानी के कुछ छींटे मार, छौंक-बघारकर सब्ज़ी की तरह कड़ाही में तल देती। और फिर कई दिनों तक नाश्ते में सेलमाणी ही बनती। इन दिनों उसके गुड्डे को मीठा लोला पसंद आता है।

वह कभी गुड्डे से बात नहीं करती। कभी कोई शिकायत, उलाहना नहीं। पर कुछेक बार उसने उसके चमाट ज़रूर मारे हैं। उस समय मंगण माँ को ग़ुस्सा आया होता है। दिन में वह गुड्डे को घर से बाहर रख देती है, सड़क के एक किनारे। यह उसके खेलने का समय होता है। एक दिन गुड्डा रखी गई जगह से दस मीटर आगे मिला, वह भी मिट्टी में लिसड़ा हुआ। औंधा पड़ा हुआ, तो वह गुड्डे को उठाकर घर ले आई और नहलाने से पहले उसने उसे चार चमाट मारे। एक बार उसे ऐसा लगा कि गुड्डे की भाषा बदल गई है और वह बहुत ज़्यादा ज़िद करने लगा है, तब भी उसने उसकी पिटाई की।

पीटने के बाद वह देर तक ख़ुद ही उससे रूठकर बैठी रहती। सोचती कि गुड्डा उसे मनाने आएगा, पर अंत में थककर उसे ख़ुद ही उसके पास जाना होता। और यह सब बिना किसी शब्द के होता था।

एक बार उसने बसरमल को अपने इस अहसास के बारे में बताया था। उसने पलटकर जिस निगाह से देखा था कि वह डर गई। तब से उसने बसरमल से इस बारे में बोलना भी बंद कर दिया। ख़ुद मंगण माँ को भी कभी यह पता नहीं चल पाया कि उसने बसरमल से हर क़िस्म की बातचीत कब बंद कर दी थी।

लेकिन बसरमल उससे बात करता है, अक्सर लाइब्रेरी की ज़मीन के बारे में, कि वे लोग धमकाकर माँग रहे हैं। बेचने को कहते हैं। जब भी उसे कोई फ़ोन आता है, तो वह उसके पास आकर बैठ जाता है। बताता है कि उसने इस बार और कड़क होकर मना किया है और शायद अगली

बार वे उसे फ़ोन नहीं करेंगे, पर हर चौथे-पाँचवें दिन कभी दोपहर, तो कभी शाम को बसरमल उसके सामने आकर बैठ जाता है। उसके बैठने से मंगण माँ को समझ में आ जाता है। उसे लगता है कि बसरमल अब उसे कोई बुत समझता है। उसके सामने बैठकर बोलता है और जवाब की उम्मीद नहीं रखता। वह उसे जवाब देना चाहती है, लेकिन फिर यह बहुत बेमायने लगता है। क्या कहा जाए, किस शब्द में कहा जाए? कह दिया जाए कि लाइब्रेरी बेच दो? या कि मत बेचो। या कि...

वह उसे कैसे देखती है? उस दृष्टि से, जिसने अपना सारा अतीत भुला दिया है? या उस दृष्टि से, जिसने अपने अतीत को बोतल में बंद कर समंदर में फेंक दिया है या कहीं गीली भूमि को खोदकर ख़ज़ाने की तरह छिपा दिया है?

मंगण माँ गुड्डे को पलंग पर लिटा देती है। लिटाते ही उसकी पलकें मुँद जाती हैं। वह अपना दुपट्टा उतारकर उसे ओढ़ा देती है। फिर वह टीवी का रिमोट, बसरमल और अपने चश्मे का कवर, कुछ बेहद पुरानी पेन और प्लास्टिक का बना एक पुराना गुलाब लेकर बसरमल के सामने बैठ जाती है। मग में गीला कपड़ा डालकर वह बारी-बारी से एक-एक चीज़ को पोंछती है।

बसरमल के सामने कुछ पुराने काग़ज़ बिखरे पड़े हैं। वह एक काग़ज़ पर अपने सोडा बॉटल चश्मे के साथ-साथ मैग्नीफ़ाइंग ग्लास लगाकर पढ़ता है। बग़ल में एक ड्रॉइंग बुक पड़ी है और उसके ऊपर एक घिसी हुई पेंसिल और एक रबर इरेज़र हैं। काग़ज़ पर रबर रगड़ने से पैदा हुई चुटकी-भर मैल को गोलिया कर पलंग के सिरहाने रखा गया है।

फिर पढ़ना छोड़कर अपनी ड्रॉइंग बुक में लग जाता है। उसमें एक अधूरा स्केच है, जिसमें चलते हुए कई सारे पैर हैं और हर पैर के साथ एक छड़ी है। उनके ऊपर गंजे सिर हैं। उनका कोई धड़ नहीं। उनके आस-पास कई चश्मे बिखरे पड़े हैं, जिनका काँच टूटा हुआ है। पन्ने के किनारे पेंसिल

से ही लिखा हुआ है-

हम उस ग़ज़ल के शेर हैं,
जिसका क़ाफ़िया टूटकर
कहीं छूट गया...

उस काग़ज़ में कुछ और पैर व छड़ी जोड़ते हुए बसरमल सिर उठाता है और वापस झुका लेता है। फिर थोड़ी देर बाद जैसे अपने आप से ही कहता है, "फिर आया था उसका फ़ोन। कह रहा था कि उसमें बहुत सब्र है। वह मेरे मरने तक का इंतज़ार कर लेगा।"

मंगण माँ देखना चाहती थी कि यह कहने के बाद उसकी आँखों में कितना पानी आया है, पर वह वहाँ मौजूद पानी में फ़र्क़ नहीं कर पाई कि कौन-सा पानी उस वाक्य के पहले का है, और कौन-सा बाद का।

"मेरी आँख पृथ्वी के उन इलाक़ों की तरह है, जहाँ पानी दुविधा में रहता है, बर्फ़ बन जाऊँ या आँसू ही बना रहूँ?" बसरमल अपने आप में डूबा सोचता है।

बसरमल का सिर झुका ही हुआ था। वह बोल रहा था, "उसने कहा, उसे पता है, मैं ज़्यादा दिन थोड़े बचूँगा कि मुझे इतना बूढ़ा होना ही नहीं चाहिए था कि मुझे पहले ही मर जाना चाहिए था कि किसी दिन वह मुझे एक ट्रक के नीचे कुचल डालेगा कि वह किसी दिन मेरी लाइब्रेरी में पेट्रोल छिड़ककर किताबों को फूँक डालेगा कि उसका सब्र ख़त्म हो रहा है कि मैंने उसे ज़मीन नहीं बेची, तो किसी दिन वह मुझे किताबों के साथ ही ज़मीन में गाड़ देगा।"

मंगण माँ चश्मे के कवर को पोंछते-पोंछते अपना चश्मा उतार लेती है और उसे मग के पानी में डुबो देती है। उसके बाद कपड़े से उसे पोंछने लगती है।

बसरमल उठता है और आलमारी से वैन गॉग का पैकेट ले आता है।

उसे गहरे तक सूँघने के बाद वह पूछता है, "जालो, याद है ये?"

मंगण माँ ने चश्मा उतार रखा है। उसे साफ़-साफ़ दिखता नहीं। वह एक बार ऊपर देखकर फिर चश्मे को पोंछने में लग जाती है। बसरमल उसे सुँघाता है। वह अपनी नाक फिरा लेती है। वह कुर्सी खींचकर बैठ जाता है।

फिर कहता है, "दस साल हो गए उसे मना करते-करते। मैंने भी सोच लिया है, अबकी उसे बहुत कसके मना करूँगा।"

मंगण माँ को लगता है कि कहीं से रोने की आवाज़ आ रही है। हड़बड़ाकर वह गीला चश्मा ही आँख पर लगा लेती है और दीवार पकड़कर काँपते-काँपते भीतर के कमरे की ओर जाती है। उसे लगता है, पलंग पर सोया उसका गुड्डा रो रहा है। धीरे-धीरे वहाँ पहुँचती है। शायद गुड्डे ने नींद में दुपट्टा हटा दिया है। शायद उसे किसी मच्छर ने काट लिया है, जिससे उसकी नींद उचट गई है और वह रोने लगा है।

अकेले बैठा बसरमल ख़ुद से कहता है–

एक लाइब्रेरी जहाँ 11 साल से किसी ने किताब नहीं ली, क्या उसे नष्ट कर देना चाहिए?

– नहीं, बिल्कुल नहीं।

एक औरत जिसने बरसों से किसी से बात नहीं की, क्या उसे मार देना चाहिए?

– नहीं, बिल्कुल नहीं।

एक आदमी जो इतना बूढ़ा हो गया है कि अब किसी के काम का नहीं, क्या उसे छत से नीचे फेंक देना चाहिए?

– नहीं, बिल्कुल नहीं।

अपने उपयोगितावादी तर्कों के नाम पर दूसरों की ज़मीन पर क़ब्ज़ा करने और दूसरों की जान लेने का अधिकार किसी को नहीं।

– हाँ, किसी को नहीं।

19.

दिलख़ुश

उसकी छोटी, लाल गेंद बेंच पर बैठे आदमी ने उठा ली, यह देखकर वह बच्चा डर गया था। शायद सोच रहा था- इस दुनिया में लोग दूसरों की चीज़ें इसी तरह उठा लेते हैं क्या?

–भाऊ पाध्ये

(फ़ाइव गार्डन)

दिलख़ुश सम्बोसेवाले की दुकान पर आज फिर एक सीन क्रिएट हुआ है।

इस तरह की नाटकीय चीज़ें अब वहाँ बार-बार होने लगी हैं। इससे पहले भी उसकी दुकान के सामने बीस-पचास लोगों की भीड़ दिख जाती थी, लेकिन कभी ऐसा नहीं लगा कि कोई पंगा हो रहा होगा। अब वहाँ पाँच लोग भी एक साथ दिखते हैं, तो मन में डर की लहर उठती है, पता नहीं क्या हो रहा होगा?

शायद दिलख़ुश को भी ऐसा लगता हो।

पाँच-छह लोग खड़े हैं। ग़ुस्सा हो रहे हैं। चिल्ला-चूट मची हुई है। एक पहलवाननुमा शख़्स ने दिलख़ुश का कॉलर पकड़ रखा है। ऐसे दृश्यों के अनुकूल आस-पास भीड़ भी जुटी है। दिलख़ुश पता नहीं, किस गुनाह के लिए लगातार माफ़ी माँग रहा है। रिरिया रहा है। उनको ठंडा करने की कोशिश कर रहा है। पर वे उतना ही बमक रहे हैं।

शायद इससे पहले उन्होंने दिलख़ुश पर हाथ भी उठाया है।

दिलख़ुश की दाढ़ी सफ़ेद हो चुकी है। उसे कभी गालियाँ देते नहीं सुना। दुकान में उसने इतनी तस्वीरें लगा रखी हैं कि वह हर पार्टी का लगता है। ग्राहकों के साथ वह सेठ, राजा, जनाब, साहेब, बड़े भैया, सरकार, अफ़सर, मेरे मालिक, मेरे मौला जैसे संबोधनों से बात करता है और इतना मीठा बोलता है कि बेगार मज़दूर को भी वहाँ चाय पीते हुए अपने कलेक्टर होने जैसा अहसास होने लगे।

किसी ने ऐसे दिलख़ुश का गला दबोच रखा हो, अजीब लगेगा ही। मैं वहाँ पहुँचता हूँ। बीच-बचाव करता हूँ। मुझे देख और भी कई लोग बीच में आ जाते हैं और उन लोगों को ठंडा करते हैं। उसके बाद वहाँ जो बात होती है, उससे पता चलता है कि ये पाँच लोग वहाँ चाय-नाश्ते के लिए आए थे और एक की चाय से तो साबुत छिपकली निकली है और दूसरे के वड़े से तिलचट्टा। तिलचट्टे वाला ग्राहक तो कुछ नहीं बोल रहा, पर छिपकली वाले ग्राहक ने तमाशा कर दिया।

वह चीख-चीखकर कह रहा था कि दिलख़ुश की चाय पीने के कारण पहले कई लोग बीमार पड़ चुके हैं, पर आज तो इसका प्रूफ मिल गया कि ये चाय में छिपकली तक डाल देता है। दिलख़ुश को कुछ बोलने ही नहीं आ रहा था। वह कभी उस आदमी को, कभी बेंच पर चाय में लिसड़ी पड़ी छिपकली को देखता।

उस आदमी का चीखना बंद नहीं हो रहा था। वह बार-बार धमका रहा

था कि अभी फ़ूड सप्लाई वालों के यहाँ कंप्लेन करेगा कि वह दिलख़ुश की दुकान को ही बंद करा देगा कि लोगों के साथ ऐसा खिलवाड़ जाने कब से चल रहा है कि जाने कब तक चलता रहेगा कि गिरगिट की नाक कि छछूँदर की छाती... कि ये... कि वो...

और दिलख़ुश हाथ जोड़कर रिरिया रहा था कि नहीं साब, मेरे सेठ, मेरे सरकार, ग़लती से हो गया होगा कि उसके यहाँ कभी ऐसी लापरवाही नहीं होती और बार-बार छिपकली को देखे जावे।

बेंच पर पड़ी छिपकली को देखकर चाय पीते हुए एक अन्य व्यक्ति ने वहीं पर उलटी कर दी और ग़ुस्से में कांच का गिलास फेंकता हुआ चला गया।

काफ़ी देर तक चले इस ड्रामे के बाद थोड़ी देर तक उसके यहाँ कोई ग्राहक नहीं था। दिलख़ुश की दुकान में ऐसा समय मुश्किल से आता है। वह गल्ले पर जाकर बैठ गया और ज़ोर-ज़ोर से केटली पर चम्मच मारकर टन-टन आवाज़ करने लगा। उसकी आँख पता नहीं कहाँ, पत्थर की तरह गड़ी हुई थी और हाथ लगातार चल रहा था।

फिर मुझसे बोला, “एक बात बता, यह छह फ़ीट की केटली में चाय कितनी गर्म होगी? नीचे ट्वंटी फ़ोर आवर गैस जलती रहती है। छिपकली अंदर ही गल नहीं जाएगी?”

मैं उसका चेहरा देखने लगा। वह मुझसे बोल रहा था, लेकिन आँख कहीं और गड़ी थी। वह फिर बोला, “और ये केटली के नलके का छेद इतना तो बड़ा नहीं कि इसमें से छिपकली निकलकर आ जाए?”

“प्वॉइंट है। पन उनके सामने बोलना मंगता था ये?” मैंने कहा।

वह चुप हो गया। उसका हाथ भी शायद थक गया था। वह भीतर दीवारों पर लगी तमाम तस्वीरों को देखने लगा। प्रार्थना की दृष्टि से या उलाहना की दृष्टि से, नहीं पता।

मैंने फिर कहा, “उनके सामने कायको नहीं बोला तू?”

"देख रे। धंदे में बोलते नहीं। सुन के लेते हैं। बस। हाथ जोड़कर जितना काम निकल जाए, उतनाच राइट।"

कहने के बाद उसके होंठ काँपे होंगे, उसकी दाढ़ी ज़रूर काँप रही थी।

"लगता है, ये लोग पीछे पड़ गए मेरे।" उसने ख़ुद से कहा या मुझसे, नहीं पता, पर मेरे बार-बार पूछने के बावजूद उसके बाद उसने किसी बात का जवाब नहीं दिया।

थोड़ी देर बाद उसकी दुकान में फिर ग्राहक जमा होने लगे। उन्हें देख वह थोड़ा सहज होने लगा। मैं उठकर आगे की तरफ़ टहलने चला गया।

बाद में पता चला कि उसी शाम फ़ूड सप्लाई वाले आए थे। उन्होंने दुकान से हर सामान का सैंपल लिया और दूसरे दिन दुकान को सील कर दिया। एफ़एसआई की रिपोर्ट कहती थी कि उसकी दुकान में पड़ा हर माल सेहत के लिए ख़तरा है, सफ़ाई की कमी है, कीटाणु भरे पड़े हैं और वह बासी सामान बेचता है।

*

दिलख़ुश रोज़ सुबह अपनी सील्ड दुकान के सामने खड़ा रहता है। खड़े-खड़े थककर बैठ जाता है। कभी मुंसीपैलिटी दौड़ कर जाता, कभी कॉर्पोरेटर के पास। कई दिनों तक उसकी दुकान खुल नहीं पाई।

दुनिया के कारोबार पर कोई फ़र्क़ नहीं पड़ता। पेड़ों से चिड़ियों के पंख पत्तियों की तरह सड़क पर गिरते हैं। अपशगुन रातों को गश्त करता है। बुरे समाचार नेहरू चौक पर पानी के फ़व्वारों की तरह उठते हैं।

कई दिन बीत गए, लेकिन उसकी दुकान बंद की बंद रही। उसका छोटा-सा किचन ख़ामोशी में डूबा रहा। केतली ठंडी रही। कोलाहल बीते दिनों की बात हो गया।

*

आख़िरी बार मैंने दिलख़ुश को लाइब्रेरी में बूढ़े के सामने बैठे देखा था। बूढ़ा कुर्सी की पीठ पर टिका सिर ऊपर किए बैठा था। दिलख़ुश सामने की कुर्सी पर बैठा सिसक रहा था। मुझे अपने पीछे खड़ा पा दिलख़ुश तेज़ी से उठा और बिना मेरी तरफ़ देखे बाहर निकल गया।

उसके बाद मैंने उसे कभी नहीं देखा।

बूढ़ा अभी भी उसी तरह बैठा था। काया निश्चेष्ट, सिर पीछे, आँखें ऊपर छत को घूरती हुईं। खपरैल की छत में वह जाने क्या देख रहा था, जाने क्या खोज रहा था।

20.

मेरा नाम 'मैं' है

फिर मैं वापस घर के भीतर गया और लिखा– यह आधी रात है, बारिश खिड़की पर तड़ातड़ गिर रही है। वह आधी रात नहीं थी। बारिश नहीं हो रही थी।

–सैमुअल बैकेट
(मॉलॉय)

:- ।

मेरी चुप्पी सुन वह खिलखिलाई। मैं सिर झुकाकर बैठा था।

उससे पहले वह धीरे-धीरे मेरे बालों के बीच उँगलियों से सैर कर रही थी।

उससे पहले वह सामने बैठी थी और मैं उसके काँपते हुए होंठों को देख रहा था।

उससे पहले वह नहाकर निकली थी और उसके माथे पर पानी की

एक बूँद ढुलकने को थी।

उससे पहले वह अँगड़ाई ले रही थी और उसका शरीर मध्ययुग के किसी खंडहर की तरह टूट रहा था, भसक रहा था। एक-एक ईंट धप्प से गिरती, और धूल बनकर बिखर जाती।

उससे पहले उसने पूछा था, "तुम्हें प्यार करना आता है?"

उसके पूछने से पहले ही मैंने बता दिया था, "नहीं, मैं एक पुरुष हूँ।"

मेरे ऐसा बताने से पहले ही उसने अपनी पलकों से मेरे गाल पर गुदगुदी की थी।

उसके ऐसा करने से पहले ही मैंने हल्की फूँक से उसके कान के बूँदे हिला दिए थे।

उसके कान की काँपती हुई लौ, देहरी पर रखे दिए की काँपती हुई लौ की तरह थी।

:-*

उसने कहा, "और..."

मैंने कहा, "और... और मैं तुम्हारे माथे पर बूँद की तरह चिपका रहना चाहता हूँ, मैं सूरज का अवतार हूँ, जो इस माथे पर रहने के लिए ही आया है, मैं चाँद का अर्क़ हूँ, तुम्हारी आँखों में रहता हूँ, तुम्हें पता है, तुम्हारी आँखों की रोशनी मुझसे है..."

:-)

उसने कहा, "और..."

मैंने कहा, "और... और मैं उँगली की पोर पर बैठा तिल हूँ, अकेला... जैसे पूरे अँधेरे में आसमान पर अकेला बैठा तारा, किसी दूसरे तारे के इंतज़ार में बार-बार अपने गिरने को स्थगित करता... तुम्हारे कानों की लौ में मैं बूँदा बनकर रहता हूँ और तुम्हारे लंबे केश में लट बनकर, जिसे सुलझाना तुम जानकर टाल देती है, मैं झूठ-मूठ का रेगिस्तान हूँ और तुम सचमुच का नख़लिस्तान, मैं तुममें इस तरह मिल जाऊँ कि मेरी रेत का

हर कण नन्हे हरे पत्ते में बदल जाए, मुट्ठी-भर बालू अँजुरी-भर पानी बन जाए... एक बहुत पुरानी छुअन हूँ, जो अपने अहसास में गीली होती रहती है..."

:-0

उसने कहा, "और..."

मैंने कहा, "और... और तुम एक जंगल हो, जिससे मैं हरी पत्ती बनकर मिलता हूँ। तुम एक नदी हो, जिसमें मैं एक धारा की तरह बहता हूँ। कोई झुरमुट हो, जिसमें मख़मली खरगोश की तरह छुप जाता हूँ। तुम एक दूरी हो, जो लगातार तुम्हारे पीछे हटने से बनती है। तुम एक नज़दीकी हो, जो लगातार मेरे आगे बढ़ने से बनती है..."

उसने कहा, "और..."

मैंने कहा, "और... और तुम्हारा हर केश एक लंबी सड़क है, जिस पर मैं चलता हूँ, चलता हूँ और ताउम्र चलने की उम्मीद सँजोता हूँ।"

उसने कहा, "और..."

मैंने कहा, "और?"

उसने कहा, "हाँ, और..."

मैं ख़ामोश हो गया। वह ठीक सामने खड़ी थी। हाथ में थर्मस लेकर। खुले हुए थर्मस से भाप का परदा हम दोनों के बीच तन गया था। उसके नहाए हुए बालों से बेहोश कर देने वाली कॉफ़ी की ख़ुशबू आ रही थी। उसके चेहरे के पीले रंग के बीच कॉफ़ी जैसे रंग वाले उसके होंठ चमक रहे थे। वह टहलते हुए किताबों की आलमारी की तरफ़ गई और एक किताब निकालकर, पलटकर मुस्कराते हुए मुझे देखने लगी।

उसने कहा, 'और...'

:-|

मैं फिर ख़ामोश ही रहा।

मेरी चुप्पी सुन वह खिलखिलाई। मैं सिर झुकाकर बैठा था। वह

अँगड़ाई ले रही थी और उसका शरीर मध्ययुग के किसी खंडहर की तरह टूट रहा था, भसक रहा था। एक-एक ईंट धप से गिरती, और धूल बनकर बिखर जाती।

खंडहर की दीवारें भसकने से पहले थोड़ी देर तक हवा में ही अटकी रही थीं। वे मेरे इंतज़ार में अटकी थीं। पेड़ से टूटे किसी पत्ते की तरह, ज़मीन पर गिरने से पहले वे देर तक हवा में लहराती रही थीं। वे मेरी ही प्रतीक्षा में लहरा रही थीं।

जबकि मैं सिर झुकाए बैठा था।

वह फिर खिलखिलाई। मैंने सिर उठाकर देखा। एक पल के भीतर वह पीली खिड़की वाली लड़की से मेरी इमबेलो में तब्दील हो गई। फिर हँसती, खिलखिलाती हुई, वह एक चिड़िया बन गई। खिलखिल करती चिड़िया।

खिलखिल फड़फड़ाते पंखों से मेरे सिर के पास आई। उसके डैनों की हवा मैं अपने गाल पर महसूस कर सकता था।

मैं उसे इस समय अपने चारों ओर महसूस कर सकता था। इस खिड़की पर भी, जहाँ मैं खड़ा हूँ और सामने वाली खिड़की देख रहा हूँ। उसके पीले पल्ले खुले हुए हैं, परदा वैसे ही झूल रहा है। जालियाँ उसी तरह ख़ामोश हैं और उनके पीछे से कोई चेहरा नहीं झाँक रहा। थोड़ी देर पहले उसकी झलक थी, अब नहीं है। उसने मुझे यहाँ खड़े देखा था और मेरे मुस्कराने पर वह भी मुस्कराई थी। थोड़ी देर पहले वह लाइब्रेरी के इसी कमरे के भीतर किताबों के बीच घूम रही थी, एक-एक किताब को क़रीने से उठाती, पलटकर मेरी ओर देखती, फिर रख देती। उसने वही सफ़ेद रंग का कुर्ता पहन रखा था, जिसकी आस्तीनें लंबी थीं और जिस पर सफ़ेद रंग में ही एंब्रॉयडरी बनी हुई थी।

फिर वह खिलखिल नाम की चिड़िया बनकर उड़ गई और उस पीली खिड़की के ऊपर बने बार्जे पर जाकर बैठ गई। बारिश मेरी खिड़की पर तड़ातड़ गिर रही थी।

मैं पीठ टिकाकर कुर्सी पर बैठ गया। बारिश नहीं हो रही थी।

*

बूढ़ा अभी तक नहीं आया था। उसने कल ही बता दिया था कि वह देर से आएगा। अचानक, लाइब्रेरी के दरवाज़े पर हलचल होती है। मैं पलटकर देखता हूँ। वहाँ दो लोग खड़े हैं। उनके पीछे कुछ मज़दूर हैं। वे एक छोटे ट्रक से सीमेंट की बोरियाँ उतार रहे हैं। दोनों भीतर आ जाते हैं और बूढ़े के बारे में पूछते हैं। मैं बताता हूँ कि वह अभी नहीं आया है। फिर उनमें से एक, बाहर खड़े मज़दूरों से कहता है कि सीमेंट की बोरियाँ भीतर रख दें।

मज़दूर लाइन से आते हैं और किताबों के बग़ल दीवार से सटाकर बोरियाँ रखते जाते हैं। क़रीब तीस-चालीस होंगी।

मैं उनसे पूछता हूँ, "अंकल से पूछ लिया था न?"

"हाँ, अंकल ने ही बोला है।"

मज़दूर जिस तरह बोरियाँ पटक रहे थे, उससे सीमेंट की धूल पूरे कमरे में छा गई। उसकी गंध जब मुझसे बर्दाश्त नहीं हुई, तो मैं उठकर बाहर आ गया और एक किनारे खड़ा होकर सिगरेट जलाने लगा। अभी शाम नहीं हुई थी और आस-पास बिखरी रेती-गिट्टी साफ़ दिख रही थीं। मैं सोचने लगा कि आख़िर ये मूलचंदानीज़ क्या करने वाले हैं, जो इतना सामान यहाँ रखवा रहे हैं।

मेरे पीछे-पीछे वे दोनों भी बाहर आकर खड़े हो गए। वे मज़दूरों को बार-बार कुछ ताक़ीद कर रहे थे। मैंने झाँककर देखा, भीतर पूरा कमरा धूल से भर गया था। मुझे बूढ़े पर कोफ़्त हो रही थी कि उसने सीमेंट भीतर रखने को क्यों बोला होगा। बड़ी मेहनत से तो किताबें और आलमारी साफ़ की थीं। अब फिर से गंदी हो गईं।

21.

बूढ़े की कहानी

मुझे इतना याद है कि एक तस्वीर है, जो मेरे ज़हन के बाहर चारों ओर तैर रही है। मतलब मैं अगर उसके बारे में न भी सोचूँ, या मैं मर भी जाऊँ, तो भी जो मैंने किया है, या जाना है, या देखा है, उसकी तस्वीर मौजूद रहेगी। ठीक उस जगह, जहाँ वह घटना घटी थी।

–टोनी मॉरीसन
(बीलवेड)

बाथरूम में पेशाब करते वक़्त बसरमल जेठाराम पुरस्वाणी को पहली बार लगा कि अब वह मर जाएगा। पेशाब करते समय इतनी बेबसी, उसे अचरज भी हो रहा था और घबराहट भी। बहुत ज़ोर लगाने के बाद ही उसे राहत जैसी महसूस हुई। लेकिन तब तक उसका दिल बुरी तरह धड़कने लगा था, टाँगें काँपने लग गई थीं, माथे पर पसीना आ गया था और बार-बार लग रहा था कि वह गिर जाएगा। नल पकड़कर वहीं बैठ

गया। उसके बदन का हर जोड़ काँप रहा था। उस घबराहट का कोई ओर-छोर नहीं था।

क़रीब आधे घंटे तक वैसे ही बैठे रहने के बाद वह उठा, तो मालूम पड़ा कि इतनी देर तक बैठे रहने के कारण घुटनों में दर्द होने लगा है। बाहर निकलकर उसने दरवाज़े के पास रखी छड़ी उठाई और आहिस्ता-आहिस्ता अपनी जगह पर लौट आया। दीवार से सिर टिका कर उसने आँखें बंद कर लीं।

शाम गहरा चुकी थी। मंगण माँ बाहर बैठी अभी भी पाइप से सड़क धो रही थी।

बसरमल ने खिड़की से देखा, बाहर अच्छा-ख़ासा चाँद निकला हुआ था। बरसों पहले जिस लड़की को उसने अमरूद के पेड़ के नीचे चूमा था, जो अब कभी उसकी किताबों के बीच से उचककर निकल आती है, कभी थर्मस के भीतर से जिसकी हँसी सुनाई पड़ती है, आलमारी खोलने पर लगता है कि जो धड़ाम से अभी उस पर आ गिरेगी और 'हुँह' कहते हुए एक तरफ़ को दौड़ जाएगी, उसने बरसों पहले किसी रात चाँद के इतनी जल्दी उग आने पर एतराज़ जताया था।

स्मृति इस बेतुके तरीक़े से परेशान करेगी, कभी सोचा भी न था।

इस ताज़ा दर्द के बावजूद, स्मृति और विस्मृति के इन यातनादायी क्षणों के बावजूद, वह यह सोचने से ख़ुद को रोक नहीं पा रहा कि जिस दिन वह लड़काना लौटा था, उस दिन भी चाँद थोड़ा जल्दी नहीं उग गया था? एक उजड्ड-सी हड़बड़ी के साथ वह उन काग़ज़ात को खँगालने लगा, जिन्हें उस दिन उसने पढ़ते-पढ़ते बीच में छोड़ दिया था। वे काग़ज़ जिन जगहों से फट गए थे, वहाँ उसने टेप चिपका दिया था। ख़ासकर उस पन्ने पर, जिस पर उसके चुपचाप कराची के रिफ़्यूजी कैंप से लड़काना लौट आने का उल्लेख था। उपद्रव और दंगों से भरी हुई, अठारह साल के एक लड़के की यादें, टुकड़ों में, उन काग़ज़ों पर, सलीक़े से बिखरी हुई थीं :

*

दुनिया बनाने में ईश्वर को भले कितना भी समय लगा हो, लेकिन दुनिया उजड़ने में कोई समय नहीं लगता।

लड़काना छोड़ने से पहले, दरवाज़ों पर हमने बड़े ताले लगाए थे और उन्हें बार-बार खींचकर तसल्ली की थी। एहतियातन हमने अपने मकानों की सारी खिड़कियाँ बंद की थीं, ताकि बारिश का पानी या जानवर या चोर अंदर न घुस जाएँ। हमने उन मकानों को पलट-पलटकर देखा था, जबकि हमें पता था कि वे हमें आवाज़ नहीं लगा रहे। हमने सोचा था, अगर हम मन के भीतर उम्मीदें रखेंगे, तो एक दिन हमें यहाँ लौटने का मौक़ा ज़रूर मिलेगा।

लेकिन महज़ कुछ ही घंटों में हमारा मकान उजड़ गया था। खिड़कियों और दरवाज़ों को उखाड़ लिया गया था। जो फ़र्नीचर हम छोड़ गए थे, सब कुछ ग़ायब था। दीवार पर टँगी सस्ती तस्वीरें भी नहीं बख़्शी गई थीं। सूटकेस में जगह न होने के कारण हमारे ज़्यादातर कपड़े माँ ने वहीं छोड़ दिए थे। न कपड़े बचे थे, न उन्हें समेटे रखने वाली आलमारियाँ। घर की बैठक में एक बड़ा-सा फ़ानूस हुआ करता था। मुझे याद है, अब्बू ने बड़े मन से उसे तेहरान से मँगवाया था। अब सिर्फ़ उसका लोहे का डंडा लटक रहा था।

अँधेरा होने तक मैं उसके नीचे नंगी फ़र्श पर लेटा रहा और उसके बाद शहर के पूर्वी किनारे की ओर चल पड़ा, जहाँ वह मदरसा था। भोरे-भोर वहाँ जाम को आना था और हमें शहदादकोट जाना था। यही तो वादा था। चाँद उस रोज़ जल्दी उग गया था, लेकिन मैं तो सूरज के उगने का इंतज़ार

कर रहा था।

दुनिया की सारी कलाओं में उगते हुए सूरज को उम्मीद का प्रतीक बताया जाता है, लेकिन प्रकृति की कला से अधिक बेरहम व उदासीन कुछ नहीं होता। दुख व निराशा से मेरा सर्वनाश हो रहा था, लेकिन मदरसे की मिट्टी से बनी दीवार के पार पौ फटने के उस दृश्य को अगर आप किसी तस्वीर में देखेंगे, तो सृजन की कलात्मक सराहना के क्लीशे से ख़ुद को बचा नहीं पाएँगे। एक बेहद ख़ुशनुमा सूर्योदय किसी की निजी निराशा का पर्यायवाची हो सकता है, लोग अमूमन ऐसी कल्पना भी नहीं करते, लेकिन तब से आज तक मैं सूरज के उगने से नफ़रत करता हूँ।

उस रोज़, जाम नहीं आई। मैं इंतज़ार ही करता रह गया। सुबह के सूरज के साथ जैसे हर सुख विसर्जित हो गया था। और मेरे जीवन की कहानी सिर के बल खड़ी हो गई।

उस परित्यक्त मदरसे में हम दोनों के सिवाय कोई नहीं जाता था। मैंने झोले से अपना सफ़ेद रंग का रूमाल निकाला, जिसके तीन ओर कढ़ाई बनी थी और जिसे जाम बख़ूबी पहचानती थी और उसे खिड़की की एक सलाख़ में बाँध दिया, ताकि वह दूर से भी देखे, तो उसे समझ आ जाए कि हमेशा सुनसान रहने वाली खिड़की, जिसे उसके व मेरे प्यार ने बारहा आबाद किया था, उस पर कोई निशानी लहरा रही है, जो कि उसी के लिए है, क्योंकि उसे भी पता है, इस खिड़की को उसके या मेरे अलावा कोई तीसरा व्यक्ति निशानी बाँधने लायक़ न समझेगा।

ख़ासा उजाला हो गया था। वह मदरसा कितना भी परित्यक्त हो, दिन की रोशनी में वहाँ रुकना मुझे सुरक्षित नहीं

लगा। खिड़की के ठीक सामने लगभग आधा किलोमीटर दूर जंगल शुरू हो जाता था। मैं वहाँ झुरमुट के बीच जाकर छिप गया। वहाँ से मुझे पीली खिड़की एकदम साफ़ दिख रही थी। मैं दूर बैठकर भी जाम के आने की प्रतीक्षा कर रहा था। उस प्रतीक्षा की पृष्ठभूमि में दरअसल मैं दोपहर होने की प्रतीक्षा कर रहा था, क्योंकि पागलपन के उन संक्षिप्त क्षणों में मन ही मन मैंने यह तय कर लिया था कि मैं रेशम गली में जाम के घर जाकर उससे पूछूँगा कि वह क्यों नहीं आई, भले इसके लिए मुझे उसके बाप-भाई से क्यों न टकराना पड़ जाए।

लड़काना की दोपहरें गर्म, उदास और वीरान होती हैं। सड़कें सुनसान। लोग अपने घरों में ऊँघने लगते हैं। दुकानदार अपनी दुकानों में। जिनके घर या दुकान नहीं होते, वे चौराहों या गलियों में पेड़ों के नीचे लगभग सो जाते हैं। ऐसे लोगों को पार करता हुआ मैं दिन में काम करने वाले चोरों की तरह एक से दूसरे मुहल्ले की तरफ़ बढ़ा।

मैं कितना बड़ा मूर्ख था, जो जाम को सौ तरीक़ों से कोसने के बावजूद एक बार भी यह नहीं सोच पाया कि मेरी तरह उसका परिवार भी शहर छोड़कर जा चुका होगा। या शायद उसके साथ कोई अनहोनी ही न घटित हो गई हो। मेरे लिए सबसे कमज़ोर क्षणों में भी उस लड़काना की कल्पना करना मुश्किल था, जिसमें जाम नहीं रहती।

जाम के मकान में घुसने के बाद ये सारी बातें मुझ पर किसी रूहानी आफ़त की तरह नाज़िल हुईं। वह हमारे मकान से भी ज़्यादा उजड़ा हुआ था। वहाँ ज़्यादा लूटपाट हुई थी। आँगन में बाक़ायदा ख़ून के निशान थे, जो अभी पूरी तरह सूखे नहीं थे। वहाँ आग लगाई गई थी। कुछ दीवारों पर

कालिख के विकराल धब्बे थे। कपड़ों की चिंदियाँ बिखरी हुई थीं। बर्तन, कनस्तर, डिब्बे, संदूक़ इतनी बेरहमी से यहाँ-वहाँ फेंके हुए थे कि लगता था, यहाँ नफ़रत और ग़ुस्से का नंगा नाच हुआ होगा।

मैं अपने जीवन के सबसे डरावने क्षण में था। मकान के और अंदर घुसते हुए मेरे हाथ-पैर काँप रहे थे, लेकिन जाम का कोई निशान खोज लेने की चाह उस डर पर हावी थी। मैंने धीरे-धीरे पूरा घर छान लिया। आलमारियाँ तक खोलकर देख लीं कि कोई यहाँ छिपा बैठा हो– क्या पता, वह जाम ही हो! घर के भीतर हर वह जगह, जहाँ कोई अपनी जान बचाने के लिए छिप सकता हो, मैंने हर उस जगह तलाशा। इस उम्मीद में कि कोई तो मिल जाए, लेकिन बर्बादी के मंज़र के सिवाय वहाँ कुछ नहीं था। जाम का नाम-ओ-निशान न था, आग के निशान अलबत्ता हर जगह थे।

मैं सिर पकड़कर बैठ गया और पागलों की तरह रोने लगा। दीवार से टिककर जाने कितनी देर रोता रहा। रोते-रोते जाने कब सो गया।

गहराई हुई रात झींगुरों की भाषा में डरा रही थी। रो-रोकर मेरी पलकें सूज गई थीं। जाम होती, तो कहती, आँसुओं में गोंद होती है, इसीलिए हमारी पलकें सख़्त हो जाती हैं। नए आँसू गिराते हुए मैं तेज़ी से उस मकान से नीचे उतरा। मुझे किसी भी हालत में आधा शहर पार कर अपने झुरमुट तक पहुँचना था। दंगाई कहीं से भी आ सकते थे। मेरी पहचान जानने के लिए वे मुझे बीच सड़क नंगा कर देंगे। जब देखेंगे कि मेरा ख़तना नहीं हुआ, तो वे मुझे वहीं मार डालेंगे या मेरा बलात्कार करेंगे और उसके बाद मार डालेंगे। इस समय

मुझे सिर्फ़ दो ही चीज़ें बचा सकती हैं। एक, मैं अपने शिश्न के आगे लटकने वाली अतिरिक्त चमड़ी काट डालूँ, लेकिन इसके लिए पर्याप्त समय व औज़ार मेरे पास नहीं। दो, मैं अपने पैरों को इतना चपल बनाऊँ कि बिजली की तेज़ी से झुरमुट तक पहुँच जाऊँ।

मेरे पास, दरअसल, एक ही विकल्प था।

मैंने देखा, जाम के आँगन में कई लाठियाँ फेंकी हुई थीं। उनके मालिकों ने शायद उनके सहारे लड़ाई की थी और मारे गए थे। या वे हार गए थे और उन्हें वहीं फेंककर भाग गए थे, क्योंकि विजेता अपनी लाठियाँ कभी नहीं फेंकते। मैंने तौलकर एक मज़बूत लाठी उठाई और गलियों में सरपट चल पड़ा।

पेड़ों के झुरमुट घने जंगल में फैले हुए थे। उसके किनारे-किनारे उगे पेड़ ऊँचे थे, उनके नीचे झाड़ियाँ और लताएँ इस तरह गझिन होकर उगी थीं कि छिपने की एक अच्छी जगह बन जाती थी। मैंने तय किया कि मैं उसी झुरमुट में रहूँगा, यहाँ से जाम की तलाश के लिए जाऊँगा, जब तक ज़रूरत हो, तब तक जाऊँगा, चाहे कुछ भी हो, उसके बारे में कोई न कोई जानकारी ज़रूर जुटाऊँगा।

अगले रोज़, रेशम गली से सटी दूसरी गली में रोती हुई औरतों को दुखी निगाहों से देखते हुए, जगह-जगह सूख रहे ख़ून के निशान को अपनी लाठी से खुरचते हुए, छोड़े गए हिंदू घरों की ताज़ा-ताज़ा उखड़ी या तोड़ी दीवारों में झाँकते हुए मैं इस क़दर ग़मज़दा और बेख़याल हो गया कि पता ही नहीं चला, कब अँधेरा हो गया। मैं तेज़ी से अपने झुरमुट की ओर बढ़ा, लेकिन एक आदमी से टकराया। मेरे भीतर के सारे परिंदे सुन्न पड़ चुके थे और लाठी पर मेरे हाथों की

पकड़ बेहद मज़बूत हो गई थी। लेकिन उसने बेहद दोस्ताना लहजे में मुझसे बात की, मुझसे मेरा हालचाल पूछा, मुझे गले से लगाया। दरअसल, वह मुझे महमूद लाठीबाज़ समझ रहा था, जिसे उस शाम लड़काना आना था। मुझे सख़्त ज़रूरत थी कि कोई मुझे गले से लगाए, मेरा माथा सहलाए, लेकिन उन कारणों से नहीं, जिनसे अब्बास नाम के उस अजनबी ने लगाया, फिर भी उसने मेरे दिल में एक हूक उठा दी। मुझ पर उसकी आवाज़ का ऐसा असर हुआ कि मैं किसी रोबोट की तरह उसके साथ चल पड़ा। उसकी बातों से पता चल गया कि उसने महमूद को पहले कभी नहीं देखा। उसने मुझे अपने दोस्तों से मिलाया। वे सब दंगाई थे। शायद इन्हीं लोगों ने आस-पास के मकानों को जलाया होगा। शायद जाम के मकान को भी।

महमूद लाठीबाज़ के रूप में उनमें शामिल होकर मैंने एक बहुत बड़ा ख़तरा उठा लिया था। मैंने अपने जीवन में एक कुत्ते तक को लाठी न मारी होगी, और यहाँ मैं हवा में लाठी भाँजते हुए इस तरह चल रहा था, जैसे कोई ख़ूँखार लाठीबाज़। मुझे जाम के बारे में पता करना था, इसके लिए मुझे चांस लेना था। माहौल इतना अस्त-व्यस्त और उलझा हुआ था कि मुझे लगा, मैं उस नए रूप में उनके बीच रह सकता था। मेरे जीवन का एक ही मक़सद था- जाम की तलाश, और इसके लिए मैं अब्बास के साथ हर उस जगह गया, जहाँ उसके गुर्गे जमा होते थे। उनकी कमर में तलवारें बँधी होती थीं। जेब में गोलियों से भरे तमंचे होते थे। हाथ में भर-भरकर तेल पिलाई लाठियाँ होती थीं। जब मुझे पता चला कि उन लोगों ने कई हिंदू लड़कियों को अग़वा कर

रखा है, मेरे मन में उम्मीद का एक अंकुर फूटा– क्या जाम वहाँ होगी? उसके घर में इतना ख़ून बिखरा था, क्या वहाँ जो अनिष्ट हुआ था, उसके बारे में ये लोग कुछ जानते हैं? क्या इन्हीं लोगों ने वहाँ रक्तपात किया था?

जाम, रेशम गली के एक भव्य तिमंज़िला मकान में रहती थी। लड़काना के अधिकांश धनवान सिंधी हिंदू वहीं रहा करते थे। उनकी कई पीढ़ियों ने व्यापार और आर्थिक चतुराइयों से इफ़रात पैसा कमाया और सँजोया। उन्होंने व्यापार के गुर अपने परिजनों को सिखाए, ताकि यह सिलसिला बढ़ता ही रहे। दादा पर्सराम ऐसे ही एक संपन्न सिंधी हिंदू थे। उनकी शोहरत सिर्फ़ धनवान होने के कारण नहीं, बल्कि एक दरियादिल इंसान होने के कारण भी थी। वह इतने मशहूर थे कि सिंध के किसी भी कोने में खड़े होकर उनके घर का पता पूछा जाए, तो कोई न कोई आपको सीधा नानक मोहल्ले में बने उनके घर 'सुख निवास' तक पहुँचा जाएगा।

विभाजन के समय जो मुसलमान हिंदुस्तान से पाकिस्तान आए थे, उन्हें मुहाजिर कहा जाता है। सिंधी हिंदुओं की तरह, हिंदुस्तान में वे प्रताड़ना का शिकार हुए थे, जहाँ हिंदुओं ने उनके प्रति घृणा निकाली थी। उनमें से कइयों ने हिंदुस्तान के दंगों में अपना सब कुछ खो दिया था और किसी तरह भाग-छिपकर यहाँ पहुँचे थे।

हमें स्थानीय मुसलमानों से डर नहीं लगता था, मुहाजिरों से हम ख़ौफ़ खाते थे, क्योंकि वे बेइंतहा अजनबी थे, हिंदुस्तान में सताए हुए थे और यहाँ आकर अपनी क्रूरता, क्रोध व हिंसा निकाल रहे थे। यहाँ के सिंधियों की संपन्नता उनसे सहन नहीं होती थी। उन्हें डर लगता था कि दादा पर्सराम और उनके

जैसे शक्तिशाली लोग सिंध में उनके सियासी मंसूबों को कामयाब नहीं होने देंगे।

ऐसा ही एक मुहाजिर था सैयद। वह लखनऊ से आया था। हिंदुस्तान में वह मुस्लिम लीग का नेता था। पाकिस्तान बनने की संभावना मज़बूत होते ही कराची आ गया और फिर लड़काना।

लड़काना से हिंदुओं को भगाना और उनकी संपत्तियों पर क़ब्ज़ा करना सैयद का मुख्य मिशन था। पाकिस्तान बनने के बाद जिसके पास जितनी ज़्यादा ज़मीन होगी, वह उतना ज़्यादा ताक़तवर होगा। इसके लिए सैयद जैसे लोग ज़्यादा से ज़्यादा ज़मीनें अपने क़ब्ज़े में करना चाहते थे। इससे पहले कि रिफ़्यूजी बोर्ड नामक कोई संस्था सक्रिय हो, संपत्तियों का क़ानूनी निपटारा शुरू हो, ये लोग हिंदुओं की ज़मीनों व मकानों को हड़पकर क़ानूनन उसे अपने नाम कर लेना चाहते थे, ताकि बाद में बोर्ड भी कुछ न कर सके। ये लोग क़ानूनी काग़ज़ात में इस तरह फेरबदल करते थे कि लगता, हिंदू परिवारों ने भारत जाने से पहले अपनी संपत्ति वैध तरीक़े से इन्हें बेच दी थी।

पाकिस्तान बन चुका था। इनका काम तेज़ी से शुरू हो चुका था। ज़ाहिर है, विरोधी गैंग और कुछ अन्य लोग इसमें बाधा बनते होंगे। सो, सैयद ने अपने साथ कई गुर्गों, चापलूसों और बदमाशों को शामिल कर रखा था, साथ ही इलाक़े के ग़रीब मुसलमानों को भी लोभ-लालच देकर अपनी ओर कर लिया था।

सैयद से ज़्यादा नीली आँखें किसी पुरुष की न रही होंगी।

हमारे सिंध में कहावत थी, "केवल ख़ुशक़िस्मत लोगों

को ही नीली आँखों वाले पुरुष दिखते हैं।" एक ज़माने में अगर महमूद ग़ज़नवी ने इन्हें देख लिया होता, तो यक़ीनन अयाज़ को छोड़ इन्हें अपना लेता। अगर यह बाबर के दरबार में होते, तो 'तुज़्क-ए-बाबरी' में काबुल के उस लौंडे की जगह सैयद साहब का ज़िक्र होता। अगर यह फ़रग़ना की गलियों में खड़े हो जाते, तो बच्चाबाज़ी के शौक़ीन इन्हें नोंच डालते। अगर यह सूफ़ी होते, तो इनका मुर्शिद इन्हें जन्नत तक अपने साथ ले जाता। मुहम्मद ग़ोरी से लेकर अकबर से लेकर औरंगज़ेब से लेकर बहादुरशाह ज़फ़र तक– क्या बादशाह क्या फ़क़ीर, नीली आँखों वाले लड़कों के लिए इस भौगोलिक क्षेत्र में दीवानगी का एक लंबा इतिहास रहा है।

सुनने में आया था कि अपने सुख के लिए उसने अपने गैंग में कई लौंडे रखे हुए थे।

वह इतनी साफ़ और नफ़ीस उर्दू बोलता था, मानो शक्कर की बोरी हो। ख़ुद को अल्लामा इक़बाल और उनकी शायरी का मुरीद बताता था, लेकिन अंदर से बेहद कमीना था। उसका बरसों पुराना सपना था, पाकिस्तान में मुस्लिम लीग का बड़ा लीडर बनना।

बीते दिनों लड़काना में जाने कितने क़त्ल हुए हैं। क्या सैयद साहब ने अपने हाथों से कोई क़त्ल किया होगा? शायरों जैसी ज़बान वाला कोई शख़्स क़त्ल कर सकता है? क्या कोई हत्या उतनी ही कोमलता से की जा सकती है, जिस कोमलता से कविता लिखी जाती है? ये सब सवाल मेरे चिंतन की सीमा से बाहर थे, लेकिन इतना तय था कि यह वही शख़्स था, जो उस रात हमारी गली में तलवार लेकर तमाम हिंदुओं को ललकार रहा था और जिसकी धमकियों

के शायराना अंदाज़ को सुन मेरे अब्बू ने जिसे 'पूरब से आई तमीज़दार, सलीक़ेदार दहशत' कहा था।

असली महमूद की कहीं कोई ख़बर नहीं थी, और लाठीबाज़ की मेरी भूमिका भी ठीक-ठाक चल रही थी। इससे भी तो मेरे उस अहं को तुष्टि मिली होगी, कि आईने में देखने पर मैं ख़ुद भी ख़ुद को नहीं पहचान पा रहा था, हालाँकि मेरी यह ख़ुशफ़हमी जल्द ही टूटने वाली थी।

मुस्तफ़ा, सैयद का प्रतिस्पर्धी था। उसका दुश्मन। उसे भी ज़मीनों पर क़ब्ज़ा करना था और आगे चलकर पाकिस्तान में लीडर बनना था। इसके लिए उसने एक बड़ी-सी गैंग बना रखी थी, और उसे तो बलोचों से भी मदद मिली हुई थी। इलाक़ों के बँटवारे को लेकर सैयद और मुस्तफ़ा में हमेशा तनातनी रहती थी। मुस्तफ़ा ने रेशम गली और पाँच दूसरे इलाक़ों पर अपना दावा ठोंक रखा था। हिंदुओं का आधे से ज़्यादा पैसा तो रेशम गली में था। मुझे पता चला था कि रेशम गली को मुस्तफ़ा के हवाले करने के लिए सैयद राज़ी हो गया था, लेकिन चोरी-छिपे उसने एक लाठीबाज़ को भी काम पर लगा दिया था कि मौक़ा मिलते ही वह मुस्तफ़ा का सिर फोड़ दे। उसकी साज़िश थी कि मुस्तफ़ा को मरवाकर इल्ज़ाम सोभो ज्ञानचंदानी पर लगवा दिया जाए। सोभो कम्युनिस्ट था और एक टोली बना कर सिंध में क़ौमी अमन के लिए काम कर रहा था। वह हिंदुओं के घरों में जाकर उनसे गुज़ारिश करता, "आप पाकिस्तान न छोड़ें, सिंध की मिट्टी के साथ जुड़े रहें, अगर हिम्मत दिखाई जाए, तो इसी मुल्क में आपकी बरकत होगी।"

अब भला यह बात सैयद को कैसे बर्दाश्त होती? मुझे

यक़ीन है कि पूरे लड़काना में सैयद अगर किसी से डरता था, तो वह था सोभो ज्ञानचंदानी। सोभो यानी महज़ छब्बीस-सत्ताइस साल का दुबला-पतला छोकरा, एक फूँक मारो तो उड़ जाए, लेकिन ईमानदार इतना कि आप ख़रीद नहीं सकते और इल्म इतना कि जिरह में हरा नहीं सकते। ऐसे आदमी से तो हर सियासतदान डरेगा। मैंने सुना है कि उसके पास सैयद से ज़्यादा किताबें हैं। और यह क्यों भूलना कि वह रवींद्रनाथ टैगोर की शांतिनिकेतन से पढ़कर आया था। ख़ुद टैगोर ने उसे एडमिशन दिया था और 'मुएन-जो-दड़ो (यानी मुर्दों के टीले) से आया ज़िंदा आदमी' के ख़िताब से नवाज़ा था। सैयद, सोभो के लिए भारी बैर रखता था– उसके ख़िलाफ कुछ न कुछ तीन-तिकड़म करता रहता, उसकी मशहूरियत को एक पाई भी क़बूल न कर पाता।

यह सारा ज्ञान मैंने गलियों में पाया था, अब्बास और उसके छर्रों के साथ घूमते-टहलते। और सच कहूँ, इतना ज्ञान तो मैंने तब तक जीवन में नहीं पाया था। हर तरफ़ नफ़रत, लालच, असहिष्णुता के दृश्य, मैं ताज़ा हवा में साँस लेने के लिए तड़पने लगा था। अचानक, मैंने एक ऐसी दुनिया के दर्शन कर लिए थे, जहाँ हर सुंदरता के पीछे बास मारता बनावटीपन, गंद, डाह और उपेक्षाएँ थीं।

मेरी छिपी हुई बेयक़ीनियों में से एक यह थी कि मैं बसरमल जेठाराम पुरस्वाणी, जो कि इसी लड़काना में पैदा हुआ, अपने जीवन के अठारह बरस जिसने यहाँ की गलियों में आवारगी करते हुए बिताए, जो मन ही मन सोचता था कि उसे इस शहर का चप्पा-चप्पा और अमरूद का हर बूटा पता है, दरअसल, कितना ग़ाफ़िल था। सचाई तो यह थी कि मुझे

अपने ही शहर, उसमें चल रही साज़िशों, कारगुज़ारियों, जिस्म में ज़हर की तरह फैलते मंसूबों के बारे में कुछ नहीं पता था। मैं बस एक आशिक़ था। आशिक़ों से अधिक ग़ाफ़िल कोई नहीं होता। उनसे अधिक एकाग्र भी कोई नहीं होता।

एक बार सोचिए, कि मेरी जगह आप हैं, और मैंने आपको आपके ही शहर में घुमाते हुए उसके अँधेरे पहलुओं की तीन-चार अविश्वसनीय कहानियाँ सुना दीं, जिनके बारे में आपको इल्म तक नहीं, तब आप पर क्या गुज़रेगी ? आप उन कहानियों पर यक़ीन नहीं करेंगे, और यक़ीन मानिए, बेयक़ीनी, अवसाद के काले कुएँ में उतरने वाली पहली सीढ़ी का नाम है।

कुछ और कहने के बजाय मैं आपको गलियों में सुनी यह कहानी सुना देता हूँ। इसे मैंने अब्बास की ज़ुबानी सुनी थी। अब्बास, जिसे सैयद सिर्फ़ उसके उभरे हुए नितंबों के कारण ही नहीं, बल्कि सूँघ-सूँघकर पराई कहानियाँ जान लेने की क्षमता के कारण भी पसंद करता है। इस कहानी में जाम का नाम नहीं है, लेकिन, मैं जानता हूँ कि, वह लड़की जाम ही है–

*

मियाँ, तुम तीन बार पूछ चुके हो और मैंने तीनों बार क़सम खा ली है। ये आख़िरी बार है और इस बार मैं मुक़द्दस क़ुर'आन शरीफ़ की क़सम खाकर कहता हूँ कि इस मकान में हुए ख़ून-ख़राबे में न सैयद साहब का कोई हाथ था, न ही मेरा। महमूद मियाँ, यह रेशम गली हमारा इलाक़ा है ही नहीं।

यह मुस्तफ़ा का इलाक़ा है। उसे जानते हो? उसके बारे में क्या कहूँ? समझ लो, कि वह ऐसा है, जो अपनी ही गाँड़ में उँगली डालता है, फिर उस उँगली को किसी फूल की तरह अपनी नाक के पास लाता है, और ज़ोर-से सूँघता है, और ऐसा करते समय ख़ुद को तख़्त-ए-ताउस पर बैठा मुग़ल बादशाह समझता है। उसने कई दिनों से योजना बना रखी थी। मुझे उसकी भनक लग गई थी। मैंने बताया न, पराई कहानियों को सूँघ लेने की लियाक़त मुझमें भरी हुई है। सैयद साहब ने ही कहा था, उस बंदे पर नज़र रखना।

पता चला, सेठ दयालदास की बेटी पर बरसों से उसका दिल आया हुआ है। आते-जाते बारहा अपने प्यार का इज़हार करता, लेकिन उस लड़की ने मुस्तफ़ा को कभी भाव नहीं दिया। उल्टे, उसके दिए फूलों को वह उसी के सामने नाली में फेंक दिया करती थी। इस अपमान के कारण मुस्तफ़ा कहीं न कहीं उससे बदला भी लेना चाहता था। उसे अंदाज़ा था कि यह लड़की किसी सिंधी हिंदू लड़के से फँसी हुई है, लेकिन वह हराम का जना कौन है, यह कभी पता नहीं चल पाया, वरना उसका गला पहले रेता जाता। दयालदास के घर पर हमला पैसों के लिए नहीं, बल्कि उसी लड़की के लिए किया गया था। मुस्तफ़ा ने सोच रखा था कि जब रेशम गली के हिंदुओं पर आख़िरी वार किया जाएगा, तब वह दयालदास की बेटी को अग़वा कर लेगा और उसके पूरे परिवार को हिंदुस्तान भगा देगा। अफ़रा-तफ़री और दहशत में वह परिवार कुछ कर भी नहीं पाएगा। लड़की के साथ-साथ सारी संपत्ति पर भी मुस्तफ़ा का क़ब्ज़ा हो जाएगा। सोचो, कितनी कमीनगी है उसके भीतर। तीन महीने से उसने सारी

तैयारी कर रखी थी और किसी को कानोंकान ख़बर तक नहीं।

अपने आठ-दस लड़के लेकर मुस्तफ़ा ने इस मकान पर धावा बोल दिया। दयालदास भी कोई कम खिलाड़ी नहीं था। शहर का माहौल देखकर उसे किसी अनहोनी की आशंका थी, इसलिए उसने घर के भीतर दस बंदूक़-धारी पहलवान बिठा रखे थे। जैसे ही मुस्तफ़ा गैंग उनका फाटक तोड़कर अहाते में घुसा, भीतर से गोलियाँ चलने लगीं। चार लोग वहीं ढेर हो गए। मुस्तफ़ा बाक़ी लोगों के साथ जान बचाकर वहाँ से भागा, लेकिन तीन घंटे बाद फिर आ गया। इस बार अपने साथ पचास बलोच लेता आया। बलोच ठहरे ख़ानदानी डकैत। बंदूक़ों से तो वे दातुन करते हैं। सामने से हमला नहीं किया। ख़ामोशी से पीछे की दीवार में सेंध लगाई और एक-एक कर सारे बलोच अंदर घुस गए। उस समय दयालदास, उसके बेटे व नौकर, सब मिलकर बोरियों में रुपए भर रहे थे। समझो, कितनी नग़दी, कितना ज़ेवर होगा कि जिन दस पहलवानों को उसने पहरेदारी पर लगाया था, वे मुसीबत टली जानकर, आनन-फानन बोरियाँ भरवाने में उनकी मदद कर रहे थे। शायद उनकी योजना रही हो कि सुबह होने से पहले ही हिंदुस्तान के लिए रवाना हो जाया जाए। लोग कहते हैं कि कराची के लिए उन्होंने मोटरें मँगा रखी थीं। महमूद मियाँ, मुझे लगता है कि मुस्तफ़ा को यह सब पहले से पता था, इसीलिए उसने दूसरा वार करने में देर न की। जब सेंध के रास्ते बलोच अंदर पहुँचे, तो सारे हिंदू निहत्थे थे। बलोचों ने तो कोहराम मचा दिया। उन दसों पहलवानों को घसीटकर अहाते में लाया गया और वहाँ लाठियों से उन्हें पीटा गया। फिर उनका जिस्म चीर दिया गया। बलोच कहाँ किसी को छोड़ते हैं? सेठ

दयालदास और उसके बेटों को गोली मार दी गई। नौकर वहाँ से भाग निकले, तो बलोचों ने उन्हें दौड़ाकर पीछे वाली गली में मारा और कुत्तों की तरह उनकी लाशें घसीटते हुए इस अहाते में ले आए। उस एक रात रेशम गली में जितने क़ाफ़िर मारे गए, उतना तो पूरे लड़काना में कभी एक रात में न मारे गए होंगे। नहीं, नहीं, यहाँ मैंने ग़लत कह दिया। एक बार तो मारे गए थे, बारह सौ साल पहले, जब अज़ीम अरब सिपहसालार और हमारे महान पुरखे मुहम्मद बिन क़ासिम ने सिंध की धरती पर पैर रखे थे। यहाँ आकर उन्होंने हँसते-हँसते हज़ारों क़ाफ़िरों को गाजर-मूली की तरह काट दिया था। मुझे रोमांच हो आता है, अपने उस महान पुरखे की बहादुरियों के बारे में सोचकर। मुझे इस इतिहास के बारे में पता ही नहीं था। कैसे पता होगा, मैं ठहरा जाहिल भुच्च, कभी किताबें थोड़े पढ़ी हैं। वह तो सैयद साहब हैं, जिनके कारण हमारे हिस्से भी कुछ इल्म आ गया। आह! कितना आनंद लेकर वह हमारे उस सबसे पुराने पुरखे की कहानियाँ सुनाते हैं, जिसके कारण दुनिया के इस खित्ते में हमारे महान मज़हब की आमद हुई और हमारी नस्लें आबाद हुईं। एक और मज़े की बात बताता हूँ– मुझे लगता था कि पाकिस्तान तो अब बना है, पहले तो यह सब कुछ हिंदुस्तान ही था, लेकिन सैयद साहब कहते हैं कि पाकिस्तान बनने की शुरुआत बारह सदियों पहले उसी दिन हो गई थी, जब हमारे सबसे महान पुरखे, अल्लाह उनकी रूह को चैन अता करे, मुहम्मद बिन क़ासिम ने यहाँ क़दम रखे थे। कितना फ़ख़्र होता है यह सुनकर कि हमारे मुल्क, सारे जहाँ से अच्छा पाकिस्तान, का इतिहास सदियों पुराना है, भले हक़ीक़त में वह अभी कुछ दिन पहले ही वजूद में आया

हो। सैयद साहब बताते हैं कि पाकिस्तान को आज़ादी दिलाने के लिए अँग्रेज़ों व हिंदुओं के दाँत खट्टे करने वाले जिन्नाह साहब भी यही कहते हैं, कि मुहम्मद बिन क़ासिम दुनिया का पहला पाकिस्तानी है। ज़रूर कहते होंगे जिन्नाह साहब! अब सैयद साहब झूठ थोड़े बताएँगे।

ओह, तुम अभी भी उस सेठ की कहानी में अटके हुए हो? नहीं, वह ख़त्म नहीं हुई। दरअसल, उसके बाद तो कहानी नए सिरे से शुरू हुई।

बलोचों का सरदार था सलीम बलोच। उसने मुस्तफ़ा की एक चालाकी पकड़ ली। जिस समय बलोच उन दस पहलवानों को अहाते में जिबह कर रहे थे, सबकी नज़रें बचाकर मुस्तफ़ा अपने दो लड़कों के साथ कोठी के उस हिस्से में पहुँच गया, जहाँ दयालदास के घर की औरतें डरी हुई गौरैयाओं की मानिंद छिपी हुई थीं। मुस्तफ़ा ने दयालदास की बेटी के मुँह में कपड़ा ठूँसा, उसके हाथ-पैर बाँध दिए, उसे लगभग एक गठरी में तब्दील करते हुए घर के पीछे वाली कोठरी में बंद कर दिया और बाहर से ताला लगा दिया, ताकि वह बलोचों की नज़र से महफ़ूज़ रहे। मुझे लगता है कि मुस्तफ़ा की योजना यह रही होगी कि जब बलोच अपना हिसाब करके यहाँ से जा चुके होंगे, लूटपाट पूरी हो चुकी होगी, क़त्लेआम शांत हो चुका होगा, वह ख़ामोशी से आएगा और दयालदास की बेटी को यहाँ से उठा ले जाएगा, लेकिन उसके इस मंसूबे की भनक बलोचों को लग गई, जब दयालदास की बीवी ने रोते-रोते सलीम बलोच से कहा कि भले मुझे मार दो, लेकिन मेरी बेटी को छोड़ दो। सलीम ने पूछा, कौन-सी बेटी? यहाँ तो कोई इतनी कमउम्र नहीं कि

तुम्हारी बेटी हो सके। तब सलीम का माथा ठनका कि हो सकता है, यहाँ किसी को छिपाकर रखा गया हो। उसकी तलाश में सलीम ने पूरी कोठी छान मारी और मुस्तफ़ा की पोल खुल गई। दयालदास की परियों जैसी दिव्य, चेरुबिक, बेटी पर नज़र पड़ते ही सलीम बलोच की नीयत में खोट आ गई। मुस्तफ़ा को शायद इसी बात का डर रहा होगा। सलीम अपने वादे से मुकर गया और लूट के आधे माल के साथ उस लड़की को ले जाने के लिए अड़ गया। विरोध करने पर उसने मक्कार मुस्तफ़ा की इतनी पिटाई की कि बमुश्किल वह जान बचाकर वहाँ से भाग पाया। जब बलोच वहाँ से बाहर निकले, तो उनकी पीठ पर नग़दी व ज़ेवर से भरी जाने कितनी बोरियाँ थीं, दो ठेलों पर कुत्ते-बिल्लियों की तरह लादी गईं पंद्रह क़ाफ़िर लाशें और छह फ़ीट ऊँचे सलीम बलोच के कंधे पर टँगी दयालदास की बेटी, जो पानी से बाहर निकली मछलियों की तरह छटपटा रही थी।

नोंचने-खसोटने के अलावा और क्या किया होगा उन्होंने उसके साथ? कभी-कभी सोचकर रूह काँप जाती है और मन से अल्लाह के लिए सजदा ही निकलता है कि शुक्र है, उसने हमें औरत नहीं बनाया। लेकिन हम क्या कर सकते हैं? वह लड़की ग़लत जगह, ग़लत समय, ग़लत मज़हब में पैदा हो गई थी। लेकिन, नहीं, मैं उसके बारे में क्यों सोचूँ? मज़हब की हिफ़ाज़त करनी हो, तो रहम को दूर रखना होता है- सही है न! अल्लाह निगहबान!

*

नरसंहार, लूट, वासना और विध्वंस की वह कहानी सुनकर मैं गहरे अविश्वास में था। निराशा की गहरी कालिख से पुता हुआ मैं जाकर राइस कनाल के किनारे गीली मिट्टी में बैठ गया। मुझे समझ नहीं आया कि लड़काना को दो हिस्सों में बाँटने वाली उस नहर के ऊपर से बहने वाली हवा ज़्यादा ठंडी थी या लाश की तरह महसूस होता मेरा शरीर। मैं सुन्न था। मीलों पैदल चलता हुआ। दिशाओं का मुझे कोई अंदाज़ा तक नहीं था। जैसे टीन के कनस्तर में कंकड़ रखकर ज़ोर से हिलाया जाए, तो वे शोर करते हैं, उसी तरह मेरी देह के भीतर मेरी आत्मा के टूटे हुए टुकड़े मेरे चलने की लय पर शोर कर रहे थे।

क्या अब भी मुझमें उम्मीद की लौ फड़फड़ा रही है कि मुझे जाम की झलक मिल जाएगी और महाकाव्यों के नायक की तरह मैं उसे तमाम मुसीबतों से बचाकर अपने साथ ले जाऊँगा? लाठीबाज़ बनकर वहाँ रहने में अब ख़तरा बढ़ता ही जा रहा था। मैं एक साधारण सिंधी नौजवान था, मैं इतना प्रसिद्ध भी नहीं था कि मेरे ही शहर के अन्य लोग मुझे चेहरे से जानते हों, लेकिन उस शहर में मैंने अपना बचपन बिताया था और हर समय एक अंदेशा लगा रहता कि अभी किसी नुक्कड़ या चौराहे पर कोई पुराना परिचित मुझे देख लेगा और बाक़ायदा पहचान भी लेगा। मैं यह भी जानता था कि अब्बास और उसके साथियों ने अगर मेरी असलियत जान ली, तो वे शहर के ही किसी चौराहे पर मुझे बुरी तरह अपमानित करते हुए, बड़े बेरहम तरीक़े से, मेरी ही लाठी से मेरा सिर खोल देंगे। मैंने उम्मीद नहीं छोड़ी और जीता रहा। शायद मेरे अल्लाह ने मुझे वहाँ रोके रखा था।

कहानियाँ सूँघ लेने की अब्बास की क्षमता ने कुछ ही दिनों बाद मेरी जानकारियों में नया इज़ाफ़ा किया–

*

मैंने तुम्हें बताया था न, सलीम बलोच उस लड़की को उठाकर ले गया है। अब नई ख़बर सुनो, उसी दिन से सलीम बलोच का बुरा समय शुरू हो गया। ऐसा लगता है कि उस रात वह दयालदास की बेटी को नही, कंधे पर अपने दुर्भाग्य को उठाकर ले गया था। उस लड़की पर क़ाबू पाने के फेर में उसने बोरियों में बंद रुपयों के बँटवारे में देर कर दी, जिससे उसकी टोली में बग़ावत हो गई। सच कहूँ, यह सब तो महज़ एक बहाना है, उसकी टोली में उसके ख़िलाफ़ नफ़रत की आग पहले से सुलग रही थी। उसके विरोधियों को बस मौक़ा चाहिए था, जो कि उस लड़की के इश्क़ में डूबे ग़ाफ़िल सलीम ने मुहैया करा दिया। सुनने में आया है कि आधी रात उसकी टोली ने उस पर हमला कर दिया, जवाब में सलीम ने भी गोलियाँ चला दीं और चार लोगों को मार गिराया। फिर उस लड़की के साथ अपने मशहूर घोड़े पर बैठ कुत्ते-जी-कबर की पहाड़ियों में भाग गया। बलोच बहुत दूर तक उसका पीछा करते रहे, फिर उन्होंने सलीम को गोली मार दी। पता नहीं, वह मरा या नहीं, पर यह पक्की बात है कि उसे गोली लगी है। कुत्ते-जी-कबर के पास उसकी चीख सुनी गई थी। हालाँकि वह भागने में कामयाब रहा। अच्छा ही हुआ! अगर पकड़ा जाता, तो उसका गिरोह उसकी लाश लड़काना के किसी चौराहे पर टाँग देता। और वह लड़की?

भाई! उसका कुछ पता नहीं चल पा रहा। कोई कह रहा था कि उसे भी गोली लगी थी। तो कोई कह रहा था कि वह सलीम के साथ भाग गई है। बलोचों के चंगुल से किसी लड़की को छुड़ाना यानी शेर के मुँह में हाथ डालकर गोश्त बाहर निकालना। अगर मुझसे पूछोगे, तो यही कहूँगा कि वह लड़की भेस बदलने में माहिर थी, मिनटों में लड़कों जैसा भेस बना सकती थी, शायद हल्ले-गुल्ले, भीड़-भड़क्के का फ़ायदा उठाकर, भेस बदलकर वह भाग गई हो। जितने लोग, उतनी बातें! मुझे निजी तौर पर यह लगता है कि वह लड़काना में ही कहीं छिपकर रह रही है।

*

हैरत की बात थी कि जाम की तलाश के लिए अब्बास बढ़-चढ़कर मेरी मदद कर रहा था। उसके भीतर मेरे प्रति एक अजीब-ओ-ग़रीब प्यार उमड़ा हुआ था। बेहद मुहब्बत से मेरा हाथ पकड़कर, लगभग मुझे खींचते हुए ले जाते, अब्बास के मंसूबे मेरी समझ में तब आना शुरू हुए, जब मैंने पाया कि वह उन मकानों के दरवाज़ों पर दस्तक दे रहा था, जहाँ सैयद गैंग द्वारा अग़वा की गई हिंदू लड़कियों को छुपाकर रखा गया था। उस दौरान मुझे पता चला कि वे सारी लड़कियाँ किसी एक जगह नहीं, बल्कि शहर-भर में अलग-अलग कोठियों में रखी गई थीं और लगभग हर लड़की पर किसी न किसी धनवान मुसलमान ने दावा कर लिया था। उनमें से कुछ नौकरानियों की तरह रखी गई थीं, तो कुछ आधी बीवियों की तरह। खीची मुहल्ला से लेकर आलियाबाद

मोहल्ला से लेकर गोठ सूबा ख़ान नूहानी तक। सब जगहों पर जाना संभव नहीं था, लेकिन वे दूरियाँ अब्बास व उसके जोश को थकाने के लिए नाकाफ़ी थीं, हालाँकि हर दरवाज़े पर उसे निराशा ही हाथ लगी। मैं समझ गया, वह अब्बास की हवस थी, मैं तो महज़ एक बहाना था।

मैंने अब्बास की दोस्ती और उसका विश्वास जीत लिया था, और इसी नाते वह मुझे सैयद से मिलाने ले गया। जब सैयद ने मुझे पहली बार देखा, उसने मुझे मुड़ जाने के लिए कहा। मुझे नहीं पता था कि वह क्या देखना चाहता था, लेकिन अपने नितंबों पर उसका स्पर्श पाकर मुझे जैसे बिजली का झटका लगा। मैं उछलकर दूर जा खड़ा हुआ। मैं इतना डर गया था कि अपने चेहरे पर डर के भाव दिखा भी न सका।

कई बार आपके भीतर डर इतना गहरे बैठ जाता है कि आप न चाहते हुए भी सामने वाले के इशारों पर नाचने लगते हैं। भीतर का डर भी सम्मोहित करता है।

अब्बास और उसके साथी, हिंदुओं से जबरन ख़ाली कराए गए मकानों में रहते थे, और उसने मुझे भी अपने साथ रहने के लिए राज़ी कर लिया था। मैं ख़ौफ़ में नहीं, बल्कि अब्बास की मुहब्बत में गिरफ़्तार हुआ था। जब वह मेरा हाथ पकड़कर अपनी ओर खींचता, तो लगता, शम्स ने रूमी का, औलिया ने ख़ुसरो का, शाह इनायत ने बुल्ले का हाथ पकड़ा हो। जैसे मेरे पूरे वजूद पर उसकी छुअन का जादू छा जाता हो, जिससे दूर होने की मेरी हर कोशिश बेकार साबित होती। उस प्यार-भरे स्पर्श के साथ मेरा हाथ पकड़कर अगर वह दोज़ख़ की आग में भी कूद जाए, तो शायद मैं उसे इनकार न कर पाता।

मैं हर समय अब्बास की मुहब्बत-भरी आँखों की निगरानी में था। मैं ससुराल की रोटी तोड़ते इंसान जैसा आलसी हो गया था। पूरा लापरवाह। और यही मेरी सबसे बड़ी ग़लती थी। धीरे-धीरे मुझे समझ में आने लगा कि मेरे साथ कुछ खेल चल रहा है। मैं दयालदास की बेटी में इतनी दिलचस्पी क्यों रखता हूँ? इस सवाल ने अब्बास के मन में मेरे प्रति संदेह पैदा किया होगा। आख़िर, कहानियों को सूँघ लेने में उसे महारत हासिल थी। अब्बास को पता ही नहीं था कि दयालदास की बेटी कहाँ गई। बस, मुझे शहर में रोके रखने के लिए उसने मेरे सामने यह कहकर चारा फेंका था कि उस लड़की के लड़काना में होने की संभावना है। क्यों किया होगा अब्बास ने ऐसा?

शायद सैयद को मेरी असलियत का पता चल गया था और उसी के कहने पर अब्बास मुझ पर नज़र रखते हुए मेरी चौकीदारी कर रहा था। हर समय मुझ पर नज़र रखी जा रही, यह अहसास ही असहज कर देने के लिए काफ़ी थी। अब्बास और उसके साथी, किसी न किसी बहाने हमेशा मेरे आस-पास ही मँडराते रहते। अब तक मैं ख़ुद को उस कोठी का मेहमान मानता था, लेकिन हक़ीक़त यह थी कि मैं वहाँ नज़रबंद था, और इतनी सफ़ाई से नज़रबंद था कि ख़ुद मुझे भी इस क़ैद का अहसास न होने पाया। ऐसी कपट-काइयाँ बुद्धि थी सैयद की! कुछ लुक्खे तो चहककर जुमलेबाज़ी भी करने लगे थे कि अब से मैं सैयद की पर्सनल प्रॉपर्टी बन जाऊँगा, और जिस दिन उसका जी मुझसे भर जाएगा, वह मुझे ठिकाने लगवा देगा।

मौत से भी ज़्यादा ख़ौफ़ मुझे सैयद से होने लगा था–

जिस तरह लार टपकाते उसने मुझे देखा था, जिस तरह बहाने से उसने मेरे नितंब पर हाथ फिराया था। या अल्लाह! मौत कहीं बेहतर विकल्प थी। हर दिन एक बुरे सपने की तरह बीत रहा था। मैं घबराया हुआ, इस क़दर दहशतज़दा था कि लग रहा था, भीतर ही भीतर मैं इंतज़ार कर रहा होऊँ, कब सैयद आएगा, मुझे मार डालेगा या मेरा रेप कर देगा!

झुरमुट अब भी एक सुरक्षित जगह थी। दरअसल, जब से मैं अब्बास के साथ रहने लगा था, मैं झुरमुट लौटकर नहीं गया था। अभी तक उस जगह के बारे में किसी को पता भी नहीं चल पाया था। मैं एक मौक़ा ताड़ रहा था कि कब यहाँ से निकलकर अपनी जान-पहचान के पेड़ों के बीच पहुँच जाऊँ। मुझे जल्द ही मौक़ा मिला।

एक रोज़ जब आँगन में खड़े होकर सब लोग नीम के दातुन से दाँत साफ़ कर रहे थे, ख़बर आई कि मीरो ख़ान चौराहे पर ख़ून से तर-ब-तर मुस्तफ़ा की लाश पड़ी हुई है। दातुन वहीं फेंक, हम सब चौराहे की तरफ़ दौड़े। ठीक उसी समय मुझे अहसास हुआ, ऐसा मौक़ा फिर नहीं बनेगा, मैं इसी समय यहाँ से ग़ायब हो सकता हूँ। मुस्तफ़ा की भयानक हत्या के इर्द-गिर्द मचे कोहराम में, जब मुझ पर जमी रहने वाली चौकीदार आँखें हटीं, किसी को अंदेशा होने से पहले ही मैं वहाँ से नौ दो ग्यारह हो गया। हवा की तरह दौड़ा और सीधे झुरमुट में जाकर रुका। मन ही मन मैं मुस्तफ़ा की मौत को शुक्रिया कह रहा था।

मदरसे के पास उस झुरमुट में मैंने पूरे दस दिन गुज़ारे।

उन दस दिनों में पेड़ मेरे सबसे क़रीबी साथी बन गए, मेरे सबसे भरोसेमंद साथी। उन्होंने मुझे अकेले रहने का हुनर

सिखाया। समूह में रहकर भी पेड़ अकेले होने का अहसास बख़ूबी देते हैं। पेड़ों की सामूहिकता, मनुष्यों जैसी ही होती है। भीड़ में अकेले रहने वाली सामूहिकता।

मेरा जीवन विलोम स्थितियों का अद्भुत संगम बन गया था। मैं साहसी था, लेकिन बेहद डरा हुआ भी। मुझमें उम्मीद थी, लेकिन शत-प्रतिशत निराशा भी। मुझमें इंतज़ार था, लेकिन उतनी ही उदासीनता भी। मुझमें भूख थी, लेकिन हर वक़्त मेरा पेट भरा रहता। मुझमें प्यास थी, लेकिन मैं अंदर से एकदम गीला था। मैं संयत था, लेकिन मेरी हरकतें पागलों जैसी दिखती थीं। मैं शांत था, लेकिन दिन-भर पेड़ों की टहनियाँ तोड़-तोड़कर अपना ग़ुस्सा निकाला करता। ये सभी विलोम स्थितियाँ थीं। और उन दिनों मेरा जीवन, विलोम की साधना था।

मेरी जाम लड़काना में नहीं थी। अब वहाँ रुकने का कोई मतलब नहीं था। अगर रुकता, तो यक़ीनन सैयद के हाथों मारा जाता। मैं अपमानित और पराजित महसूस कर रहा था, लेकिन सच यह है कि मैंने कोशिश की थी। लड़काना की गलियाँ इस बात की गवाह हैं कि बसरमल जेठाराम पुरस्वाणी ने कोशिश की थी, अपनी जान जोखिम में डालकर भी कोशिश की थी, लेकिन वह बेबस था। वह बेबस था क्योंकि उसके नसीब की इबारत लिखने से पहले ईश्वर ने अपनी क़लम की नोंक को गू में डुबोया था।

मदरसे की खिड़की पर, सुबह की ठंडी हवा में, मुहब्बत की रोशनी में, वह कढ़ाईदार रूमाल किसी परचम की तरह अब भी पूरे साहस के साथ लहरा रहा था। मैं अपना सामान बाँध रहा था, तब पीछे अफ़सोस जताने और 'तुम इतनी

जल्दी क्यों जा रहे हो, बसरमल?' कहने वाला कोई नहीं था।

मेरा सामान यानी कुछ कपड़े, ठंड से बचने के लिए एक कंबल, कुछ फ़ुटकर काग़ज़, एक पेंसिल, खाने की कुछ चीज़ें और पानी की एक बोतल, कुछ रुदन, कुछ उदासियाँ, कई क़हक़हे, प्यार से लबरेज़ शब्द, ख़ामोशी में डूबा प्यार, सौ पेज का ख़त और उसे ढँकने वाली वह मिट्टी, वह मुहब्बत का मदरसा, उसकी पीली खिड़की, और पृथ्वी जितने आकार वाली प्रतीक्षा, जो मैंने तीन किनारों पर कढ़ाई वाले एक रूमाल में लपेटकर उस खिड़की की सलाख पर बाँध दी थी, वह सड़क जो मेरे घर से मदरसे तक जाती थी, वे तमाम सड़कें जो इस शहर के किसी भी बिंदु से जाम के घर तक जाती थीं, आलसी अजगर की तरह वहाँ की गलियों में पसरी हुई ऊँघ, सुबहें और शामें जो हमेशा दुपहरियों जैसी लगती थीं, अमरूद के पेड़ की छाँव, उसकी पत्तियों का रस, उसके फल की ख़ुशबू।

ये सब मेरा सामान!

ये सारा सामान बहुत हिफ़ाज़त के साथ मैंने अपनी स्मृति और विस्मृति की गठरियों में बाँध लिया। इस सारे सामान को मैं उस तरह ढोऊँगा, जैसे अपनी देह के भीतर हम अपनी आत्मा को ढोते हैं।

और अपने मृतकों को भी।

जाने से पहले, मैंने अपने भीतर, उम्मीद के फूलों वाले, भरोसे के शहर में बहने वाली, आँसुओं की अदृश्य नदी से पानी लिया और अर्घ्य की तरह अपनी अँजुरियों से सिंध की भूमि को अर्पित कर दिया– ओ मातृभूमि, इस मिट्टी को गीला रखना ताकि एक दिन मैं लौटकर आ सकूँ, कि तुम्हीं

ने मुझे बताया है, ओ मेरी सिंध-भूमि, कि धरती का जितना टुकड़ा आँसुओं से सींचा जाता है, उतने हिस्से पर जली हुई त्वचा जैसे निशान पड़ जाते हैं।

*

बस, यही! मीरपुर ख़ास बॉर्डर क्रॉस करते समय पुलिस ने बसरमल की पूरी तलाशी ली थी, पर उसके पास कोई सामान नहीं मिला। दरअसल, उसके अठारह भारी-भरकम बरसों का बोझ उसे, आहिस्ता-आहिस्ता, इस पार ले आया था।

चव झूलेलाल!

अपने काँपते हुए हाथों से वह, भरसक एहतियात बरतता, चादरों को तह करके रखता है। उसके बाद वह कभी उस पार नहीं जा पाया। बस, इतना याद है, किसी ने बताया था, बाद में दंगाइयों ने उस मदरसे पर भी क़ब्ज़ा कर लिया था। और जाम नाम की वह लड़की– वह कभी नहीं मान पाया कि वह दरअसल कहीं चली गई थी!

"ख़ुशबू बनकर वह अमरूद में बस गई?"

"या अमरूद की ख़ुशबू बनकर मेरे जीवन में?"

उसके पास प्यार से बड़ा कोई तर्क नहीं– और इससे ज़्यादा वह कुछ कह भी नहीं पाता।

22.

बूढ़े की कहानी

जैसे काले साँप की निगाह पड़ते ही पक्षी सुन्न हो जाता है, होश नहीं रहता, कुछ वैसा ही निष्क्रिय करने वाला भारी आतंक। उन्होंने घूमकर पीछे की ओर देखा। जो वे सोच रहे थे, सत्य निकला।

–यू. आर. अनंतमूर्ति
(संस्कार)

बसरमल का दिल इतनी तेज़ी से धड़क रहा, जैसे दौड़ कर कहीं पहुँच जाना चाहता हो। अतीत की जो घटनाएँ उसके मन में दौड़ रही थीं, क्या उसका दिल उनसे भी तेज़ दौड़ना चाहता है ? उसे नहीं पता।

पूरे प्रकोप, पीड़ा और उद्विग्नता के साथ उस पर बँटवारे की गाज गिरी थी। उसने उसे एक दूसरी दुनिया में पहुँचा दिया था, वह दुनिया, जहाँ उसने दुबारा जीना शुरू किया, दुबारा प्यार करना शुरू किया, लेकिन अब पुरानी दुनिया की यादें, रोज़ सताने वाली एक अत्याचारी सेना की तरह,

उसके जीवन में आ गई थीं।

विभाजन के बाद बरसों तक, उसे लगता रहा कि उसकी आत्मा बचपन के किसी स्वप्न से निकला एक शहर है, एक दूरस्थ शहर, जो रह-रहकर उसका नाम पुकारता है। भरोसे का शहर भ्रम के शहर में तब्दील हो गया था। बरसों तक, वह बस याद करता रहा, याद किए हुए को फिर-फिर याद करता रहा। फिर धीरे-धीरे उन्हें अपने दिल के भूले-बिसरे कोने में बुहार दिया। फिर अब वह अपने अतीत की धूल क्यों झाड़ रहा है? उस लड़की के बारे में क्यों सोच रहा है, जिसका होना, साठ साल पहले ही, न होने में बदल गया था, और वह भी ख़ासतौर पर उस समय, जब उसे सबसे ज़्यादा दर्द हो रहा है, मार दिए जाने की धमकी मिल रही है, उसकी भूमि को एक बार फिर छीन लिए जाने का ख़तरा मँडरा रहा है? क्या यह स्मृति कोई विलंबित क्षमा-याचना है? उस लड़की से क्षमा? जालो से क्षमा? उन बरसों से क्षमा, जब ये स्मृतियाँ गुमचोट की तरह छिपी रहीं?

उसे यह भी नहीं पता कि उसके माता-पिता बच पाए थे या नहीं। वह याद करने की कोशिश करता है कि उसने अपनी माँ से आख़िरी बात कौन-सी कही थी।

कराची के रिफ़्यूजी कैंप में वह, जाम के छूट जाने के अफ़सोस की आग में झुलस रहा था। इस कारण उसकी भूख मर गई थी। उसका पूरा परिवार फ़र्श पर अख़बार बिछाकर लेटा हुआ था। उस समय उसकी माँ उससे बार-बार मनुहार कर रही थी कि बेटा, कुछ खा लो। वह बार-बार मनाकर रहा था। माँ की दुलार-भरी मनुहार पर नाराज़ होकर अचानक उसने अपना आपा खो दिया और फट पड़ा। उसके डपटने से उसकी माँ घबरा गई, वह पीठ फेरकर लेट गई और उसके बाद उसने एक शब्द भी नहीं कहा।

"खाना खाने के लिए मनुहार करती अपनी माँ पर कभी मत चिल्लाना, वरना वह तुम्हारी तरफ़ पीठ करके हमेशा के लिए सो जाएगी और उम्र-

भर तुम्हें रोटियों का स्वाद रेत जैसा महसूस होगा।"

वह उठकर खिड़की के पास जाता है और बेआवाज़ सुबकता है, "हम स्मृतियों के बम हैं। जब फटते हैं, भीतर ही भटते हैं।"

अँधेरी हवा नम है। सितारे टिमटिमाने लगे हैं। मंगण माँ अब भी बाहर है, पाइप से सड़क को धोती हुई, साथ ही साथ मद्धम आवाज़ में गाती हुई। उसका प्लास्टिक का गुड्डा चुन्नी ओढ़कर पलंग पर सोया हुआ है। जब भी वह अपनी आँखों में काजल लगाती है, गुड्डे की आँखों में भी ज़रूर लगाती है।

वह कमरे में चारों ओर नज़र दौड़ाता है। फ़ोटो फ्रेमों के पीछे से महान कलाकार उसे देख रहे हैं। वह सोचता है, मेरा कमरा मरे हुए लोगों से भरा हुआ है। मरे हुए लेखक, मरे हुए पेंटर, मरे हुए संगीतकार।

हल्ला करते हृदय पर दाहिना हाथ रखकर वह साँस पर क़ाबू पाने और दर्द को कम करने की कोशिश कर रहा है।

कल शाम दिलख़ुश आया था, लंबे समय बाद। उन लोगों ने तीन-तिकड़म करके उसकी दुकान बंद करा दी है। वहाँ वे कोई होटल खोलना चाहते हैं।

वह छड़ी टेकता हुआ उठता है और बाहर की ओर जाने लगता है। मंगण माँ ने सड़क पर ख़ासा कीचड़ कर दिया है। सड़क धोने की उसकी आदत से सब वाक़िफ़ हैं और इस कीचड़ से शायद सभी परेशान भी होते होंगे। एक ऑटो रिक्शा किरकिराता हुआ वहाँ से गुज़रता है। गीली सड़क पर एक डबरे में जमा पानी उछल जाता है। आगे सूखी सड़क पर उसके टायरों के निशान बहुत दूर तक दिखते हैं।

दिलख़ुश की आँख के नीचे एक काला निशान बन गया था। सामने बैठा वह बुरी तरह रो रहा था। पहले लगातार उसकी दुकान के सामने मारपीट करवाई गई, ताकि लोग उस जगह से ही दूर हो जाएँ। फिर उसकी ग्राहकी तोड़ने के लिए चाय में छिपकली डलवा दी गई और बदनाम

करना शुरू कर दिया। फिर उसकी दुकान ही सील करवा दी। वे लोग एक साल से उससे कह रहे थे कि अपनी दुकान हमें बेच दो। अब वह बेचारा, उन्हीं लोगों को दुकान बेचना चाहता है, लेकिन वे सही क़ीमत नहीं दे रहे।

बसरमल को बार-बार लग रहा था कि सामने दिलख़ुश नहीं बैठा, बल्कि वह ख़ुद बैठा है। सामने दिलख़ुश नहीं रो रहा, बल्कि वह ख़ुद रो रहा है। सरेराह दिलख़ुश की दाढ़ी नहीं खींची गई थी, बल्कि बसरमल की खींची गई थी। दिलख़ुश का गिरेबान नहीं पकड़ा गया था, बल्कि उसका गिरेबान पकड़ा गया था। 'केश-कतल' करके एक सरदार की आन-बान-शान को मिट्टी में मिलाने की धमकी दिलख़ुश को नहीं, बल्कि बसरमल को दी गई थी। दिलख़ुश के साथ जो बुरा हो रहा था, वह दरअसल बसरमल के साथ हो रहा था। उसे दिलख़ुश का चेहरा अपने चेहरे जैसा दिखने लगा।

वह उसका चेहरा नहीं देखना चाहता था, इसीलिए उसने पीठ कुर्सी पर टिका दी और ऊपर खपरैल देखने लगा, दुख से उसका गला रुँधा हुआ था।

पराये दुखों की आड़ लेकर बाहर निकलते हैं हमारे निजी दुख।

'हम कभी नहीं जान पाते कि कौन-सा आँसू, किस दुख के लिए निकला था।'**

किस नदी ने किस बादल में भरा था पानी।
किस बादल ने किस नदी को लौटाया पानी।

दिलख़ुश चुप हो गया था। उसे कोई रास्ता नहीं सूझ रहा था। बसरमल के पास कोई शब्द नहीं था। वह दिलख़ुश को बताना चाहता था, पर नहीं बता पाया, कि ख़ुद उसे भी दस साल से धमकी भरे टेलीफ़ोन आ रहे थे, कि पहले तो साल-छिमासे में एक बार आता था, कि अब हर पाँचवें-छठें

दिन आ जाता है, कि वे लोग उसकी हत्या तक कर सकते हैं।

बसरमल जेठाराम पुरस्वाणी को हँसी की आवाज़ सुनाई पड़ती है, इस बार किताबों के पीछे से आती हुई। इस हँसी को अब वह बहुत अच्छी तरह पहचानने लगा है, लेकिन आज वह उसे सुनकर भी अनसुना कर रहा है। वह एक मीठी हँसी भी नहीं सुनना चाहता।

वह स्मृति की शरण में है, गौरवशाली नहीं, बल्कि पराजित की तरह। जो कुछ जिया, वह कोई विजय नहीं थी। जो कुछ नहीं जिया, वह भी मात्र पराजय ही है। स्मृति इन सबको मिलाकर बनती है। और इन सबको छोड़कर। वह एकमात्र ऐसा अभयारण्य है, जिसमें हम अपने इच्छित अर्थों की मरम्मत करते हैं, उन्हें दुबारा बनाते हैं।

उसने अपना सिर झटका। टाँगों की कँपकँपी झुरझुरी में बदल गई थी। होंठों के पास की त्वचा रह-रहकर फड़क उठती थी।

मंगण माँ सड़क के किनारे बैठी थी। बसरमल उसके पास जाकर बैठ गया, वह भीतर ही भीतर तय कर रहा था, इस बार वह चिल्लाएगा, उन्हें गालियाँ देगा और उन सबकी रिपोर्ट लिखा देगा।

दोनों देर तक ख़ामोश बैठे रहते हैं, अपने आप में डूबते हुए। बीच-बीच में बसरमल, झूलेलाल से प्रार्थना करता है, जालो से कुछ गाने की गुज़ारिश करता है, उसके विचारों की गाड़ी झटका खाकर जाग की थकान से शुरू होती है, रुकती है, फिर शुरू होती है, जाने कहाँ के लिए निकल पड़ती है :

जाग, दो निद्राओं के बीच का पुल है,
जिस पर मैं किसी थके हुए बूढ़े की तरह
छड़ी टेकता गुज़र जाता हूँ।
दिन की किसी ऊँघ में जब यह पुल कमज़ोर होता है,
मैं छड़ी की हर थाप पर अपने क़दम रखता हूँ।

दिन कुछ कंकड़ों की तरह आते हैं।
उनका आकार तय नहीं होता।
कई बार इतनी दूर बैठकर मैं अपने दिनों को देखता हूँ
कि विशाल चट्टान जैसे एक दिन को
नन्हा कंकड़ मानने की भूल कर बैठता हूँ।
चट्टान की चोट को कितना भी दूर खड़े होकर देखो,
कंकड़ की चोट जैसी नहीं दिखेगी।

छल जिन लोगों का बल है,
उनकी पेशानी पर ठंडे पानी की पट्टियाँ रखना, हे झूलेलाल!

तुम्हारा चेहरा जब-जब भी मैं हथेली में थामता हूँ,
मुझे लगता है, मैं अपनी सारी स्मृतियों को
अपने प्रेम की अर्घ्य दे रहा।
तुम मेरे आँसुओं से आचमन करती हो।

खिलखिलाती हुई तुम
बल खाते पानी का प्रदेश बन जाती हो।

दूर से दिख रहे दिन धुँधले होते जाते हैं।
इस समय दिन अतीत है।
सूरज अतीत की उपस्थिति था।
गर्मी अतीत की एक घटना।
इस समय इस कमरे में जितनी भी उमस है,
वह अतीत की उमस है।

सारी रात मैं अँधेरे के सिरहाने बैठता हूँ
और सीली माचिसों को कोसता हूँ।

किसी ने पूछा था, तुम गुनहगार हो, जो तुम्हें नींद नहीं आती?
गुनहगारों को जागती हुई रातें मिलें,
यह उनका अव्वल नसीब होगा।
जो मुतमईन सोते हैं, वे भी बेगुनाह नहीं हैं।

आँसू में नमक हो न हो, नहीं पता, उनमें गोंद ज़रूर होती है।
वह अपनी जीभ की गरम नोंक पर रोपती थी मेरा हर आँसू
और आसमान में सितारा बनाकर चिपका देती थी।

सितारे टिमटिमाते हैं, क्योंकि वे मुझसे नज़रें नहीं मिला पाते।
मुझे हर सितारे की कहानी पता है।

चौंधियाना, दृश्य को भंग करना है।

आत्मा इस देह के भीतर उतनी ही अजनबी है
जैसे बड़े शहर के बड़े बाज़ार की बड़ी भीड़ के बीच
अजनबी हूँ मैं

सुनो, मधुर-कंठी, तुम थोड़ा ज़ोर से गाया करो
झींगुर मेरी रातों को धीरे-धीरे कुतर रहे हैं

काजल, आँख का सपना है।
तुम्हारी बाईं आँख से थोड़ा काजल जो फैल गया है,

तुम उसकी फ़िक्र कभी मत करना।
सपनों की काल-कोठरी से
भला कोई बेदाग़ निकला है?

*

बसरमल के विचार एक अनाम रात के भीतर भाप बनकर उड़ जाते हैं।

मंगण माँ पहले की ही तरह सड़क के किनारे उकड़ूँ बैठी है। उसने पाइप के मुँह पर लगा प्लास्टिक का नल बंद कर दिया है। शायद वह सड़क से थक गई है।

23.

मेरा नाम 'मैं' है

हममें से ज़्यादातर लोग सिर्फ़ यही जानते थे कि वहाँ नदी और टूटी हुई सड़क और पास में कुछ चीज़ें थीं। उनके पार की चीज़ें हमें नहीं पता; वे चीज़ें हमें चौंका सकती थीं।

–वी. एस. नायपॉल
(अ बेंड इन द रिवर)

पाऊ से भागकर मैं घर से निकला था। उनके मुँह का नल फिर खुल गया है।

उस दिन लाइब्रेरी का अहाता पूरी तरह साफ़ था। वहाँ से गिट्टी, रोड़े, रेता हट चुके थे। भीतर सीमेंट की बोरियाँ भी नहीं थीं। वे सब सामने जा चुकी थीं।

सामने कोई इमारत नहीं थी। कोई दीवार नहीं। खिड़की भी नहीं। बाँस का ढाँचा था, जिन्हें जोड़-जोड़कर सलाख़ों जैसा बनाया गया था। उसके

पार सब कुछ दिख रहा था। वह बेडरूम, जहाँ उस दिन मैं बैठा था। पर उसमें कुछ नहीं था। न पलंग, न कंप्यूटर, न दीवार पर लगी तस्वीरें। ज़मीन पर रेती-सीमेंट के निशान थे। टूटी हुई ईंटें थीं– बारिश के बाद दिखने वाली मुंबई की सड़कों की तरह, बदरंग, दाग़दार!

एक पल के लिए मैंने उसे देखा, जैसे कि वह खिड़की पर खड़ी थी, पहले जैसे ही अधखुली आँखें, जैसे कि सदियों तक एक बेचैन जाग में झूलते रहने के बाद गहरी नींद का इंतज़ार कर रही हो। मैंने उससे कहा–

जब सदियों तक खड़े रहने के बाद तुम्हारे पैर थक जाएँगे,
मैं बैठ जाने की राहत की तरह आऊँगा

वह अंतर्धान हो गई। दो पल उसे देखते रहने के बाद मैं भीतर घुसा। बूढ़ा अपनी मेज़ पर सिर रखकर सोया हुआ था। दोनों हाथों को तकिया बनाकर, कुर्सी पर बैठा-बैठा ही। जहाँ-जहाँ से बोरियाँ उठाई गई थीं, वहाँ सीमेंट की धूल अब भी पड़ी थी। बोरियों के ही आकार में।

और वह धूल हर जगह थी।

लगा, बूढ़ा मेरी आहट सुनकर उठ जाएगा, पर शायद वह गहरी नींद में सोया था। मैं उसके सामने रखी कुर्सी पर बैठ गया। पेपर पलटने के बाद मैं खिड़की पर जाकर खड़ा हो गया। वहाँ कोई हलचल नहीं थी। अँधेरा होने को था। मिस्त्री-मज़दूर जा चुके थे।

बूढ़ा अब भी नहीं उठा। मर तो नहीं गया। क्या भरोसा?

मैंने उसका कंधा पकड़कर झकझोर दिया। वह अचकचाकर उठा। सीधे बैठ गया।

मैंने पूछा, "क्या हो गया, अंकल? नींद निकाल्ले हो?"

वह अभी भी अचकचाया हुआ था। उसके माथे पर पसीना आ गया। जैसे मुझे देखकर बुरी तरह घबरा गया हो। या एक घबराई हुई नींद से उठा हो। वह रूमाल से पसीना पोंछने लगता है। फिर बोतल से पानी पीता है।

चारों तरफ़ उदासी है। सीमेंट की बोरियाँ हट जाने से भी जैसे एक

ख़ालीपन आ गया है।

"इन लोगों का रिनोवेशन शुरू हो गया?"

वह वहीं बैठे-बैठे खिड़की से बाहर देखता है। मेरी बात का कोई जवाब नहीं देता। खड़ा होकर कपड़े झाड़ता है और छड़ी के सहारे खिड़की पर चला जाता है। थोड़ी देर वहाँ खड़े रहने के बाद वापस लौट आता है। अपनी जगह बैठ मैग्नीफ़ाइंग ग्लास को उलटने पुलटने लगता है।

"तबीयत तो ठीक है आपकी?"

वह मुस्करा देता है।

उसके चेहरे पर उदासी का मटमैला रंग है। सीमेंट की बोरियों से निकली धूल जैसा। मैं उससे पूछता हूँ, "दिलख़ुश का कुछ पता चला, अंकल?"

वह नकार में सिर हिलाता है।

कभी पेपर के साथ, तो कभी पेंसिल और इरेज़र के साथ, कभी थर्मस के ढक्कन के साथ, तो कभी सिर पर बचे दो-चार बालों के साथ खेलने के बाद वह कहता है, "अब वहाँ खिड़की नहीं रहेगी।"

"हम्म। शायद वे बड़ी बालकनी बना रहे हैं।"

"हम्म!"

वह फिर चुप हो जाता है। कुछ देर फिर ऐसी ही चीज़ों के साथ खेलने के बाद वह कहता है, "इस शहर की सबसे ख़बसूरत चीज़ थी वह खिड़की।"

मैं उसका चेहरा देखता हूँ। उस दीवार और खिड़की के टूटने पर जितना भी मलबा बना होगा, वो सब का सब मैं उसके चेहरे पर देख सकता हूँ। वहाँ से उड़ती हुई धूल भी। हथौड़ा दीवार पर नहीं, इसके चेहरे पर गिरा होगा। जब दीवार में से पहली ईंट निकली होगी, तो इसके चेहरे पर ख़ून की कोई बूँद आई होगी।

उसके मुँह से शब्द बड़ी मुश्किल से निकल रहे थे। जैसे उसका साथ

छोड़ चुके हों। जैसे उन्हें याद करने में उसे बहुत मुश्किल हो रही हो।

...पर वह लड़की अब ज़्यादा बड़ी खिड़की से बाहर देखा करेगी, अंकल!

मैं कहना चाहता था, पर उस वक़्त कह नहीं पाया।

24.

दिलख़ुश

वह बहुत साफ़ आवाज़ थी, इतनी सुंदर कि पूरी तरह दुखी जान पड़ती थी। शिमामुरा इंतज़ार करने लगा कि उस आवाज़ की गूँज लौटकर आएगी।

–यासुनारी कवाबाता
(स्नो कंट्री)

दिलख़ुश का पता नहीं चलता। उसे ग़ायब हुए कई दिन बीत चुके हैं। उसकी गुमशुदगी के इश्तहार भी अख़बारों में छप चुके हैं। उसके नाम से अब किसी को सनसनी नहीं महसूस होती, और उसके साथ, कई सारे अंदाज़े जो लगाए जाते थे, वे भी बंद हो चुके हैं। सरकार को इस बात से क्या मतलब कि कोई जिए या मरे। उसके आँकड़ों में, एक आदमी गुमशुदा के रूप में दर्ज हो चुका है। बस! और लोगों ने भी अब उसे पूरी तरह भुला दिया है।

आज मैं बहुत दिनों बाद इस तरफ़ आया, तो देखा, दिलख़ुश की दुकान अब नहीं रही। वहाँ काँच का एक भव्य शो-रूम है, जिसके सामने ख़ासी भीड़ है। लोग बाक़ायदा क़तार लगाकर खड़े हैं। वह एक नया ईटिंग ज्वॉइंट था, जिसका नाम था- वॉव। उसकी सुंदरता देखते ही किसी के भी मुँह से यही निकलता। अंदर अच्छी-ख़ासी भीड़ जमा है। बीस-बाईस की उम्र के कई लोग अंदर काम कर रहे हैं। काउंटर पर एक बीस साल की लड़की बैठी है, रेड ब्लेज़र पहने। उसके सामने एक छोटी-सी विंडो है, जिसके बाहर लोग लाइन लगाकर अपना पैकेट ले रहे हैं। जिन्हें भीतर बैठना है, उनके लिए कुछ कुर्सियाँ लगी हैं। वह पूरी जगह चमक रही थी- साफ़ सफ़ेद मार्बल, सबके लाल सुंदर यूनिफ़ॉर्म! लेकिन उसमें कोई किचन नहीं दिख रहा, छह फ़ीट की कोई केटली नहीं, टन-टन की कोई आवाज़ नहीं।

मैं काउंटर पर जाता हूँ। वहाँ हर तरह का फास्ट फ़ूड मिलता है, लेकिन वॉव को उसके वड़ा-पाव और एस्प्रैसो चाय के लिए जाना जाता है। इस ग्रुप के शॉपिंग मॉल और खाने-पीने के आउटलेट्स उपनगरों में फैल रहे हैं। पिछले दिनों किसी पेपर में पढ़ा था कि इन्होंने वड़ा-पाव जैसे लोकल आइटम को इंटरनेशनल फास्ट फ़ूड में बदलने की घोषणा की है। काउंटर के ऊपर की दीवार अख़बार की लैमिनेटेड कतरनों और रोशनी की लड़ियों से सजी हुई है। एक कटिंग में लिखा है- 'वॉवः अ देसी ऑन्सर टु मैकडी एंड केएफ़सी...'

दूसरी पर– 'रेड रिवॉल्यूशन हिट्स मुंबई सबर्ब्स...' और उसमें 'मेन इन रेड' की टीम का फ़ोटो है, दो उँगलियों से विक्टरी का साइन बनाते हुए। साथ ही 'लोकल वड़ा-पाव गेट्स ग्लोबल' हेडिंग से यह सूचना भी कि यह देश का पहला ईटिंग ज्वॉइंट है, जो वड़ा-पाव एक्सपोर्ट करता है और जल्द ही यूरोप और स्टेट्स में इसकी ब्रांच खुलने वाली है।

इतनी तस्वीरों को देखकर दिलख़ुश की दुकान में टँगी रहने वाली

तस्वीरें याद आ जाती हैं।

यहाँ सफ़ाई का पूरा ध्यान रखा जाता है। दिलख़ुश का वड़ा-पाव कभी प्लेट में, तो कभी काग़ज़ में, तो कभी सीधे हाथ में ही मिल जाता था, यहाँ बाक़ायदा सिस्टम है। टिशू पेपर में लपेटकर टूथपिक खोंसकर वड़ा-पाव दिया जाता है।

डिस्प्ले में उनका मेन्यू भी था। वहाँ एक नया आइटम था- सैमबर्गर। यह समोसे और बर्गर को मिला कर बनाया गया था। फिर पफ्स थे, कई तरह के पीत्ज़ा और बर्गर। कुछ चाइनीज़ आइटम्स और कुछ साउथ इंडियन।

मैं वहाँ से टिशू पेपर में लिपटा हुआ एक वड़ा-पाव लेकर बाहर निकलता हूँ। दिलख़ुश की दुकान के मुक़ाबले सिर्फ़ तीन रुपया महँगा, लेकिन उससे ज़्यादा बिकने वाला। वड़ा-पाव खाते हुए मैं लाइब्रेरी के सामने आता हूँ और देखता हूँ कि बालकनी पूरी बन गई है। वह घर अब पहले से कहीं ख़ूबसूरत दिखने लगा है। मैं काफ़ी देर वहाँ खड़ा रहता हूँ, लेकिन उसके परदों पर कोई हरकत नहीं होती।

मैं अंदर बूढ़े के पास चला जाता हूँ। वह अनंतकाल से ठहरी घड़ी की तरह बैठा है। मैं उसे बताता हूँ कि मैं वॉव देख आया। वह कुछ नहीं कहता। अपनी ड्रॉइंग बुक में खोया है। पेंसिल से कुछ बनाता है, फिर मिटाता है। उचककर देखता हूँ, वह कोशिश कर रहा है, पगड़ी वाला सरदार बनाने की।

मुझे झाँकता देख कहता है, "मैंने आज तक कभी किसी सरदार का स्केच नहीं बनाया।"

बहुत थकी हुई-सी मुस्कान उसके चेहरे से गिर पड़ती है।

"दिलख़ुश को बना रहे हो?"

वह कोई जवाब नहीं देता। उसकी कोई लकीर फिर ख़राब चल गई। वह मिटाने लगता है। मिटा-मिटाकर वह पूरा काग़ज़ ही सफ़ेद कर देता

है। फिर जाकर खिड़की के सामने खड़ा हो जाता है। उसकी कुर्सी और खिड़की में सिर्फ़ छह क़दम का फ़र्क़ है। वह पहले से ज़्यादा बूढ़ा, ज़्यादा झुका हुआ लगता है।

"ये मकान भी देख लिया?"

"हाँ। अच्छा बनाया है।"

बूढ़ा मेरी तरफ़ बहुत आश्चर्य से देखता है। मैंने नए मकान की तारीफ़ कर दी, उसे यह बात अच्छी नहीं लगी। मैं उसके पीछे जाकर खड़ा हो जाता हूँ। वह उसी तरह बाहर देखे जा रहा है– शायद उस दीवार में कभी बसने वाली खिड़की को खोजता हुआ।

मैं उसे छेड़ता हूँ, "पर अंकल, वह लड़की तो इस खिड़की पर भी आती होगी?"

वह अपनी कुर्सी पर चला जाता है और धीरे-धीरे कहता है, "मैं उस लड़की को नहीं देखता था। सिर्फ़ वह खिड़की देखता था। इस बात को तुम कभी नहीं समझ पाओगे। तुम उन लोगों में से नहीं हो, जो दीवार के टुकड़े या खिड़की के पल्ले या काग़ज़ की एक चिंदी से प्रेम कर सकें।"

निश्चित ही, मुझे उसकी बात बुरी लगी थी।

"शायद मुझे ज़रूरत भी नहीं। प्रेम करने के लिए इंसान काफ़ी हैं मेरे लिए।"

मैं जानता था कि मैंने अभी-अभी झूठ बोला है। मैं ज़्यादातर समय अकेला रहता था। अपने अकेलेपन का अधिकांश हिस्सा इमबेलो के साथ बिताता था। इमबेलो मनुष्य नहीं, मेरी कल्पना थी। मैं अपनी कल्पनाओं से प्रेम करता था, लेकिन खिड़की के प्रति बूढ़े के प्रेम को मैं नकार देना चाहता था। क्यों? इसका जवाब जान सकने में मुझे लंबा समय लग जाएगा।

बूढ़े ने बेइंतिहा अविश्वास के साथ मेरी ओर देखा और कहा, "जिन लोगों से हम प्रेम करते हैं, जब वे हमसे दूर चले जाते हैं, तब हम उनसे

जुड़ी चीज़ों में उन्हें खोजते हैं। इसीलिए, हम चीज़ों के साथ भी वैसा ही प्यार करने लगते हैं, जैसा इंसानों के साथ। पर तुम्हें यह बता दूँ कि वह बेडरूम अब इस तरफ़ नहीं, बल्कि उस तरफ़ है। और अब, उस लड़की के बेडरूम में कोई खिड़की नहीं।"

मैं हें-हें करते हुए हँसने लगा, "तो क्या हुआ अंकल ? ...वो नहीं, और सही। कमी है क्या ?"

बूढ़े के चेहरे पर कोई भाव नहीं था। न क्रोध का, न अचंभे का, बल्कि जैसे उसके भीतर से सब कुछ ख़ाली हो चुका था। वह मुझे देखे जा रहा था।

मैंने कह तो दिया कि 'क्या हुआ', पर सच कहूँ, तो मेरे दिल में कोई खाई बन गई थी। जैसे किसी ने विस्फोट कर दिया हो भीतर। यानी वह लड़की उस खिड़की पर नहीं नज़र आएगी ?

मैं सिर्फ़ उसके लिए इस जगह आता था और उसने मेरे सपनों और कल्पनाओं में बेशुमार जगह ले ली थी। किसी को देखने-भर से खड़े होने की ताक़त मिल जाए, ऐसा मैंने सिर्फ़ उसी को देखते हुए महसूस किया था। मैं भले कितना भी ख़ुद को दबा रहा होऊँ, मुझे उस वक़्त रोना आ रहा था।

मैं ऐसा क्यों हूँ ? शायद मैं किसी को नहीं बताना चाहता कि मैं भीतर से नरम हूँ, इसीलिए मैं जान-बूझकर बाहर से सख़्त बना रहता हूँ। लोगों की कोमलताएँ मेरी इस बाहरी सख़्ती से टकराकर घायल हो जाती हैं। जैसे मेरे पाऊ! जैसे यह बूढ़ा बसरमल अंकल! इन्हें लगता है कि मैं क्रूर हूँ। लापरवाह हूँ। स्वार्थी हूँ। मैं दूसरों की भावनाओं की क़द्र नहीं करता। क्या सच में ऐसा है ?

यह स्मृति, कल्पना और यथार्थ का तिहरा संघर्ष है।

देखा जाए, तो बूढ़ा बसरमल प्यार की स्मृति में है।

मैं प्यार की कल्पना में हूँ।

हम दोनों के ही पास प्यार का यथार्थ नहीं है। हम दोनों दरअसल एक जैसे हैं, लेकिन हम दोनों ही यह बात नहीं जानते या शायद नहीं मानते और शायद इसे समझना भी नहीं चाहते।

'हम एक-दूसरे से अलग नहीं'- इस वाक्य को समझना शायद संसार का सबसे मुश्किल काम है।

मैं बात बदलने के लिए बुझी हुई आवाज़ में ही पूछता हूँ, "वॉव का वड़ा-पाव नहीं खाया आपने?"

वह नहीं में सिर हिलाता है और वापस अपनी ड्रॉइंग बुक में लग जाता है। वह फिर एक सरदार बनाने की कोशिश कर रहा है।

"कोई बहुत यंग एंड डायनामिक आंत्राप्रिन्योर है यह वॉव वाला। ग़ज़ब का आइडिया है। वड़ा-पाव को भी ग्लोबल बना डाला। ग्रेट। इसको कहते हैं बिजनेस स्ट्रैटजी। है न?"

वह फिर चुप रहता है। अपने स्केच में उलझा हुआ। मैं उसके पीछे खड़ा हो जाता हूँ, तो उसका हाथ रुक जाता है। वह सिर ऊपर नहीं उठाता, उसी तरह रुका रहता है और आवाज़ के साथ साँस छोड़ता है। मैं हटकर उसके सामने बैठ जाता हूँ। उसका हाथ फिर चलने लगता है। इस बार काफ़ी तेज़ी से। लगता है, जैसे उसे स्केच में प्रवेश कराने वाली लकीर मिल गई हो। अब वह ऊपर देख ही नहीं रहा।

और मैं भी उसे नहीं देख रहा। मेरी नज़रों में वह पीली खिड़की, उसकी फूलदार जाली, पीले परदे और पीला चेहरा बार-बार आ रहे हैं।

लगता है, जैसे कोई बहुत धीरे-धीरे मेरा छिलका उतार रहा हो।

25.

मेरा नाम 'मैं' है

मेरा सारा सामान जा चुका है। अब मैं बोझ से हल्का होकर सफ़र कर सकता हूँ। जंगल में भीतर तक जा सकता हूँ। मेरा पूरा ध्यान सिर्फ़ आगे बढ़ने पर है। किसी पेड़ पर निशान लगाने की कोई ज़रूरत नहीं, पीछे छूटते रास्ते को याद रखने की भी नहीं। यहाँ तक कि मैं आस-पास भी नहीं देखता।

–हारुकि मुराकामी
(काफ़्का ऑन द शोर)

अंततः मैंने पाऊ को हरा ही दिया।

और यह कितनी बड़ी राहत है!

आठ महीने कोलकाता में रहने के बाद मैं कुछ समय के लिए घर लौटा। वहाँ मुझे शानदार नौकरी मिली है। मैं छह लाख रुपए के वेतन से प्रसन्न हूँ– यह गर्व की बात है। मैंने पाऊ से कहा था, जाने कितनी

बार कहा था कि आजकल के ज़माने में, दुनिया को नौजवान लोगों की ताक़त और एक डायनामिक बेचैनी चाहिए, लेकिन उन्होंने कभी मेरी बात पर भरोसा ही नहीं किया। मेरे पाऊ दुनिया को हमेशा अपने पुराने, धुँधले चश्मे से देखते रहे।

मैं दफ़्तर में एक छोटी-सी टीम का नेतृत्व करता हूँ। बारह लोगों की उस टीम में मैं सबसे कम उम्र का हूँ। फिर भी उनका बॉस हूँ। बाक़ी सारे लोग उम्र में मुझसे दोगुने या क़रीब-क़रीब पाऊ की उम्र के हैं। जब वे मेरे सामने मौन और आज्ञाकारी बनकर, अटेंशन की मुद्रा में फ़ाइल दबाकर खड़े होते हैं, तो मेरे चेहरे पर अपने आप मुस्कान आ जाती है। मैं उनसे अतिरिक्त स्नेह के साथ बात करता हूँ। उनका संकोच तोड़ते हुए उन्हें अपने सामने बिठाता हूँ। कई बार अपने हाथ से जैस्मीन फ्लेवर वाली ग्रीन टी बनाकर उन्हें पिलाता हूँ। उस समय वे बेहद कृतज्ञ महसूस करते हैं।

:-)

उनमें से ज़्यादातर लोगों की आँखें हमेशा पानी से भरी होती हैं। वे कंधों को थोड़ा झुकाकर खड़े होते हैं। वे हाथ मिलाने की पहल नहीं करते, बल्कि सिर को हल्का-सा झुकाकर विश करते हैं। वे बिना पूछे कभी केबिन में नहीं घुसते। मैं उनसे कई बार कह चुका हूँ कि वे मुझे मेरे फ़र्स्ट नेम से पुकारा करें, पर वे हमेशा मुझे 'सर' कहते हैं। कंपनी की हायरेर्की में मैं छोटा अफ़सर हूँ, लेकिन उन सबसे तो बड़ा ही हूँ, इसीलिए मेरी पीठ पीछे आपसी बातचीत में वे मुझे 'बड़े साब' कहते हैं। मीटिंगों में वे हमेशा सबसे ज़्यादा नोट्स लेते हैं और मेरे हँसने के बाद ही हँसते हैं। वे बहुत संकोच करते हुए अपनी सलाहें देते हैं, जबकि मेरा काम है, उनके अनुभव का लाभ उठाते हुए उन्हीं से सलाह लेना, फिर उसी को आदेश बनाकर उन्हीं के सिर पर डाल देना। सलाह देने के बाद वे भूल भी जाते हैं कि ये सलाह उनकी ही थी, तब वे इस तरह अभिनय करते हैं, जैसे उन्होंने कभी कोई सलाह नहीं दी थी, बल्कि वह नया विचार तो मेरे तीक्ष्ण

दिमाग़ की ही उपज था। इस तरह वे अपनी ही तरकीबों और विचारों पर कभी क्लेम तक नहीं करते।

वे जब मुझे देखते हैं, तो उनके देखने में इतनी उम्मीद होती है कि लगता है, वे अपने बेटे को देख रहे हैं।

जब मैं उन्हें देखता हूँ, तो लगता है, पाऊ को देख रहा होऊँ।

पाऊ को मैं अपने उत्थान की कथाएँ सुनाता हूँ। वह बेहद ध्यान से सुनते हैं। सुनते समय उनकी आँखें तारीफ़ और चमक से भरी होती हैं, जैसे ऑफ़िस में लोग चमकती हुई आँखों से मेरा प्रेजेंटेशन देख रहे हों। पाऊ मेरे मातहत कर्मचारी जैसे लगते हैं। बिलकुल वैसे ही बैठे हैं। पीठ सीधी करके। जैसे वे अपने घर में न बैठे हों, बल्कि मेरे केबिन में बैठे हों।

जब भावुक होकर पाऊ मुझे गले लगाते हैं, तो मैं वे सारे पल याद करता हूँ, जब-जब उन्होंने मुझे रिजेक्ट किया था। उनसे कहता हूँ, "पाऊ, सच्ची बताऊँ, ये गले मिलने का फंडा भी आजकल बहुत नया है। एक मशहूर आंत्राप्रिन्योर ने, उसका नाम भूल रहा हूँ मैं, अपने कर्मचारियों के साथ गले मिलने का रिवाज शुरू किया था। तब से नये ज़माने के मेहरा से लेकर चोपड़ा से लेकर फ़िल्मों वाले मुन्नाभाई तक, सारे मैनेजमेंट गुरु मानते हैं कि इंटर-पर्सनल रिलेशनशिप बढ़ाने के लिए हाथ मिलाने से बेहतर तरीक़ा है गले मिलना। और अब तो टॉप बिजनेस पत्रिकाओं ने भी इस पर मुहर लगा दी है।"

:-)

ख़ुद से ख़ुश होता हुआ, यह कहकर मैं एक बार फिर पाऊ से गले मिलता हूँ, लेकिन मुझे महसूस होता है, मेरी पीठ पर उनकी पकड़ इस बार थोड़ी ढीली है। उनके हाथ मेरी पीठ से खिसक जाते हैं, जैसे बिना ज़ोर लगाए वह मुझसे अलग हो रहे हों। धीरे-से कहते हैं, "यह बाप का प्यार है, किसी दफ़्तर की इंटर-पर्सनल रिलेशनशिप नहीं।"

फिर वह बैठ जाते हैं। मैं और बहुत-सी बातें बताता हूँ और वह

हल्का-हल्का मुस्कराते हुए सुनते हैं। चश्मे के पीछे उनकी आँखों में वही चमक है।

मेरा आत्मविश्वास बढ़ता जाता है, जब मैं पाऊ से कहता हूँ कि मातहत कर्मचारियों को महज़ उनके नाम से पुकार लेने या सिर्फ़ एक बार चाय के लिए पूछ लेने या घर में बच्चों की पढ़ाई के बारे में पूछ लेने से वे लोग कृतज्ञता से भर कर इतना ख़ुश हो जाते हैं कि मुझे फ़ादर फ़िगर बना लेते हैं, तिस पर पाऊ पहले कुछ देर सोचते हैं, फिर कहते हैं कि हाँ, मैंने तो कभी इस पहलू पर ध्यान ही नहीं दिया, और अपना काम निकालने का यह कितना सहज तरीक़ा है।

क्या उनकी प्रतिक्रिया में मैं उपहास का कोई अंश पकड़ पा रहा हूँ या वह अपनी पराजय स्वीकार करने के निकट पहुँच चुके हैं? मुझे लगा, मैं उनसे खुलकर पूछ ही लेता हूँ। आख़िरकार, मैं कमाने लगा हूँ, और मार्के की बात यह कि उनसे ज़्यादा ही कमा रहा हूँ। हिंदुस्तानी बाप ख़ुद से ज़्यादा कमाने वाले बेटों की बड़ी क़द्र करते हैं। पर क्या मेरे पिता भी वैसे हैं?

मैं पट्ट-से पूछता हूँ, "पाऊ, सच बताइए, आपने अपनी हार क़बूल कर ली?"

"कैसी हार, मेरे बच्चे?" वह सच में मेरे सवाल से दंग रह गए थे।

"मेरे साथ आपकी लड़ाई चल रही थी न? मैं अगर फेल हो जाता, तो आप जीत जाते। मैं अपने मक़सद में कामयाब हो गया, यानी आपकी हार हुई।" मैंने अप्रत्याशित तरह से खुलकर कहा।

"हमारे बीच कैसी हार-जीत? ऐसा क्यों कह रहे हो, मेरे बच्चे?" पाऊ ने मासूमियत से पूछा।

मुझे बुरा लगा। वह अपने भाषणों और तानों से हमेशा मुझे टॉर्चर करते रहे और इस घड़ी भोले बन रहे हैं, जैसे उन्हें हार-जीत का अर्थ ही नहीं पता। ख़ैर, आग़ाज़ मैंने किया है, अंजाम तक भी मैं ही पहुँचाऊँगा।

मैंने कहना शुरू किया, "पाऊ, बचपन में मैंने एक सपना देखा था– मैं और आप एक जंगल से गुज़र रहे थे। तभी एक शेर दहाड़ता हुआ सामने आ गया और उसने आप पर हमला कर दिया। आपको बचाने के लिए मैं बीच में कूद पड़ा। बड़ी दिलेरी के साथ लड़कर मैंने शेर को मार डाला। पलटकर देखा, तो ज़मीन पर आप घायल पड़े थे। आपको पीठ पर लादकर मैं अस्पताल ले गया। इस तरह मैंने आपकी जान बचाई। आपने मुझे गले लगा लिया। तब मैंने आपसे कहा, "आप मेरे राजा हैं। मेरे होते आप पर कोई आँच नहीं आ सकती।" तब, गर्व से भरकर आपने कहा, "शाबाश, मेरे राजकुमार!"

वह ध्यान से सुनते रहे। बिना उनसे नज़रें मिलाए मैं बोलता रहा, "सपना बस इतना ही था, पाऊ, लेकिन वह मेरा प्रिय सपना था। मैं चाहता था कि यह सपना बार-बार आए, लेकिन हम अपनी मर्ज़ी से सपने कहाँ देख पाते हैं? तब मेरे नौजवान दिमाग़ ने एक तरकीब निकाली, मैं उस सपने की कल्पना करने लगा। अब मेरे पास नई-नई कहानियाँ होती थीं। कभी आप पर शेर की जगह हाथी हमला करता, तो मैं हाथी को मार भगाता। कभी आप पर गली के गुंडे हमला कर देते, तो मैं उन सब गुंडों को मार भगाता। चरित्र बदल जाते थे, लेकिन मेरी कहानी का मुख्य नैरेटिव वही रहता था- मुसीबत में पड़े अपने पिता की रक्षा करना, जिसके लिए पिता दिल से मेरी तारीफ़ करते हैं।"

भले मैं उनके मज़बूत कंधों के साम्राज्य से बरसों पहले ही नीचे उतर आया था, लेकिन उसके बावजूद लंबे समय से वह मेरे राजा थे और मैं उनका राजकुमार।

"मैंने इन कहानियों की कल्पना इतनी बार की थी कि इतने बरसों में, मुझे इस कहानी की आदत पड़ गई है।"

इतना कहने के बाद मैंने एक झलक उनका चेहरा देखा। उनके होंठों का बायाँ किनारा हल्के-से काँप रहा था। एकबारगी मेरे मन में आया कि

अब मैं चुप हो जाऊँ, मुझे अपने पिता को इस तरह हर्ट करने का कोई अधिकार नहीं है। लेकिन मैंने उनके काँपते होंठ को नज़रअंदाज़ कर दिया– "मुझे आप हमेशा निरीह लगे, इस समय भी वही लग रहे, जबकि मैं ख़ुद को उस ताक़तवर राजकुमार वाली भूमिका से कभी अलग नहीं देख पाया।"

"इन सारी कहानियों में मैंने इतनी बार आपकी जान बचाई है कि आपको मेरा एहसानमंद होना चाहिए," इसे एक चुटकुले की तरह कहकर मैं हँसने की कोशिश करने लगा, लेकिन तब तक माहौल बेहद संजीदा हो चुका था। एक सादी-सी मुस्कान भी मेरे होंठों तक नहीं आ पाई। इतनी देर में वह भी अपने होंठों की कँपकँपी को बख़ूबी छिपा ले गए थे। पाऊ के चेहरे पर कोई भाव नहीं था। वह कहानी पूरी होने की प्रतीक्षा कर रहे थे।

कुछ पल रुकने के बाद मैं उसी लहजे में बोला, "मुझे नहीं पता, आख़िर वह घड़ी कब और क्यों आई, जब आपकी तरफ़ से लड़ना छोड़, मैं आपके ख़िलाफ़ लड़ने लगा? मुझे नहीं पता, वह कौन-सा दिन था, जब अगल-बग़ल साथ बैठना छोड़कर हमने एक-दूसरे के ख़िलाफ़ आमने-सामने बैठना शुरू कर दिया? मैं आज तक यह बात समझ नहीं पाया हूँ, पाऊ, कि आप मुझे क्यों हराना चाहते थे? क्यों हर समय मुझे नाकारा और नाकाम बताना चाहते थे? मेरी सही बातों को भी आप हमेशा ग़लत ठहराते थे। देखिए, मुझे हराने की कोशिश में आप ख़ुद हार गए। देख लीजिए!"

सिर झुकाकर, धीरे-धीरे ये सारी बातें मैं उसी तरह बोल रहा था, जैसे दफ़्तर में उम्र में बड़े लेकिन ओहदे में छोटे अपने सहकर्मियों से कहता था। मैंने मन ही मन उम्मीद की थी कि यह सब सुनकर शायद पाऊ मुझे एक लंबा लेक्चर देंगे, मेरी कमअक़्ली और ख़ामख़याली पर नए तरीक़े से ताने देंगे। पर ऐसा कुछ नहीं हुआ। हम उसी तरह आमने-सामने बैठे रहे। अचरज की बात कि हमारे दरमियान कुछ नहीं था। न कोई दीवार, न कोई खिड़की, न कोई दरवाज़ा, जिसे खोलने के लिए हमें कोई मंत्र बोलना

पड़े। सच में, कुछ नहीं था।

पाऊ ज़र्द नज़र आ रहे थे। क्लांत, जैसे कि उन्हें गहरा आघात लगा हो, या वह बेहद थक गए हों। वह उठकर खड़े हुए। उन्होंने मेरे कंधे पर हल्की थपकी मारी और कमरे से बाहर जाने लगे। अचानक वह पलटे और बोले, "या तो छोड़ दो या अच्छी क्वॉलिटी की पियो।"

क्या कभी ऐसा होगा कि वे मुझे उलाहना देना बंद कर दें?

"ये बेंसन एंड हेजेस है, पाऊ। द बेस्ट!" मैं मुस्कराते हुए कहता हूँ।

वह बिल्कुल नहीं मुस्कराते, सिर झुका लेते हैं और पलटकर कमरे से बाहर जाने लगते हैं। दरवाज़े तक पहुँचने के बाद वह फिर ठिठक जाते हैं, और मेरी तरफ़ देखते रहने के बाद, कहते हैं, "जब तुम छोटे थे, तब मैंने भी एक सपना देखा था। शायद हम दोनों ने, एक ही रात, एक ही समय, एक साथ वह सपना देखा था। अंतर बस इतना है कि मेरे सपने में शेर ने तुम पर हमला किया था और मैंने तुम्हारी जान बचाई थी।"

उनका जवाब सुनकर मुझे गहरा धक्का लगा। विश्वास नहीं कर सकते, इतना अचंभित! मैं लगभग सुन्न पड़ गया। अनजाने ही, मैंने जेब से सिगरेट निकाल मुँह पर लगा ली, लेकिन उन पर निगाह जाते ही झेंपकर वापस जेब में रख लिया। उन्होंने इस पर एक शब्द नहीं कहा। जैसे उन्होंने देखा ही नहीं। सिर झुकाकर वह कमरे से बाहर चले गए।

जाते हुए वह मुझे ज़्यादा असहाय, ज़्यादा बूढ़े नज़र आते हैं। लाइब्रेरी वाले उस बूढ़े की तरह।

उनके चेहरे की वह झलक मुझे पीली दिखाई देती है, पीली खिड़की वाली उस लड़की की तरह।

मैं देर तक उस कुर्सी पर बैठा रहा, जैसे कुछ समझ में न आ रहा हो, जैसे बैठे-बिठाए ही मुझे ख़र्च हो जाना हो। वह शायद मैं था, जिसका चेहरा लाइब्रेरी वाले बूढ़े जैसा निरीह लग रहा था? मैं था, जिसके चेहरे पर पीलापन छाया हुआ था, जैसे मैंने खिड़की वाली लड़की से वह रंग

उधार ले लिया हो?

क्या हम सच में कभी किसी को हरा पाते हैं?

क्या मैं मूर्ख हूँ? या बहुत ज़्यादा चालाक हूँ? या बास्टर्ड हूँ? या ये सब हूँ?

मैं यह फ़ैसला देनेवाला कौन होता हूँ कि कौन सही है और कौन ग़लत?

जबकि एक दिन मैं जान लूँगा, और मुझे यक़ीन है कि मैं जान लूँगा (क्योंकि हर किसी को समय रहते जान लेना चाहिए) कि हमारे जीवन का संघर्ष, अक्सर, सही और सही के बीच का संघर्ष होता है। कि वह अच्छे और बुरे का नहीं, बल्कि कई बार अच्छे और अच्छे के दरमियान का संघर्ष होता है।

मैंने सिगरेट सुलगाई और घर से बाहर निकल गया।

घूमते-भटकते, एक झटके में मैंने फ़्लोरा फ़ाउंटेन से नरीमन प्वॉइंट के लिए टैक्सी पकड़ ली। पहले यह दूरी मैं पैदल तय करता था। ऐसा लगता है, बरसों पहले की बात हो। शायद मेरी पैदल चलने की आदत ख़त्म हो गई है। या मैंने आदत बदल ली है।

पहले अगल-बग़ल के फ़ुटपाथ पर बहुत सारी किताबें लगी होती थीं, अब नहीं लगतीं। पहले से ज़्यादा बड़ा दिखने वाला फ़ुटपाथ बदल गया है। और क्या-क्या बदल गया है? मैं सोच में पड़ जाता हूँ। मैं उस पन्ने को तलाश करने लगता हूँ, जिस पर पहुँचकर मेरी ज़िंदगी बदल गई– वह बदलाव जिसे मैं अभी पूरी तरह जान भी नहीं पाया हूँ।

शाम की हवा में सुकून है।

नरीमन प्वॉइंट पर अरब सागर की लहरें उठती हैं और सिर पटककर मर जाती हैं। मैं समंदर की ओर बढ़ा। मेरी पीठ पर थकान लदी हुई थी। कुहनियों, पिंडलियों और कमर से थकान की पोटलियाँ लटकी हुई थीं। समंदर एक सुकूनदेह दोस्त है। हमारे भीतर जो रुदन चलता है, उसे समंदर

के सिवा कोई नहीं सुन पाता। समंदर का शोर हमारे अनाथ रुदन का एक गुच्छा ही तो है। मैं समंदर के सामने खड़ा था– उसके विशाल शोर के बीच अपनी महीन-सी एक प्राचीन सुबक को रेशा-रेशा पहचानता हुआ खड़ा था। मैंने किसी को छोड़ दिया था, या मैं किसी न किसी के द्वारा छोड़ा गया था– मैं उनके बारे में सोच रहा था। मैं सोच रहा था भीतर हो रहे बदलावों के बारे में। मैं जिन्हें शिद्दत से चाहता था, पता नहीं, उन तक मेरी बात कभी पहुँच भी पाएगी या नहीं!

मैं आस-पास के माहौल को ऐसे देखता हूँ, जैसे कोई गीली झिल्ली अब भी दृश्य और दृष्टि के बीच काँपते हुए झूल रही हो। दूर, ऊपर, नियॉन बत्तियाँ चमक रहीं, वे सब साथ मिलकर रानी के नौलखा हार का आकार बना रहीं। चाय की दुकानों में क़ंदीलें जलने लगी थीं।

आस-पास इतनी अधिक रोशनी थी कि मेरा मन हुआ, रोशनी का रेशा-रेशा उधेड़कर देखूँ, वह आख़िर किस जगह से काली है!*

26.

किताब की जिल्द

सत्ता के विरुद्ध मनुष्य का संघर्ष, दरअसल, विस्मृति के विरुद्ध स्मृति का संघर्ष है।

–मिलान कुंदेरा
(द बुक ऑफ़ लाफ़्टर एंड फ़ॉरगेटिंग)

कल कुछ ऐसा घटित हुआ, जिसके कारण एक बहुत पुरानी कहानी मुझे याद आ गई। मैं आपको सुनाती हूँ :

एक बेहद सुंदर लड़की थी। उसका नाम था- नीलसर। संस्कृत में नीलसर का अर्थ होता है- नीली झील। दिलकश, अनूठी और चाँद जैसी चमकती। उसकी सुंदरता की चर्चा दूर-दूर तक थी, लेकिन उसे किसी ने देखा नहीं था। लोगों को लगता कि वह महज़ एक कहानी है। वह एक बड़े-से महल में रहती थी। उसके बारे में सिर्फ़ उसका नौकर जानता था। अत्यंत विश्वस्त और निष्ठावान नौकर। हर समय उसकी सेवा में लगा

रहता। उसके रहस्य की रक्षा करता।

नीलसर को एक शौक़ था। वह अक्सर सज-धजकर अपने महल में नृत्य करती थी। एक बार उसके नौकर ने ख़ूब ज़िद की कि वह उसके नृत्य को देखना चाहता है। नीलसर ने कमरे में बने एक गुप्त छिद्र से उसे देखने की अनुमति दे दी। पवित्र। अद्भुत। अभूतपूर्व। वह नौकर के जीवन का सबसे अलौकिक अनुभव था। वह दिन-रात उसी नृत्य की स्मृति में रहने लगा।

नौकर ने एक दिन, अनचाहे ही, बातों-बातों में राजा के सामने बक दिया कि उसकी मालकिन कोई कहानी नहीं, बल्कि एक जीती-जागती स्त्री है, अनिन्द्य सुंदरी और अद्वितीय नर्तकी है। राजा ने ज़िद पकड़ ली कि वह नीलसर को नाचते हुए देखना चाहता है। लाख इनकार के बावजूद, जब जान पर बन आई, तब नौकर को राजा की बात माननी पड़ गई।

राजा ने उसी गुप्त छिद्र से नीलसर का दिव्य नृत्य देखा। नीलसर को तुरंत पता चल गया कि छेद से उसे कोई देख रहा है। उसने नृत्य बीच में रोक दिया। लेकिन तब तक राजा उस पर आसक्त हो चुका था। वह उससे शादी की ज़िद करने लगा। उसका अद्भुत महल माँगने लगा, जो बाहर से साधारण घर लगता था, लेकिन अंदर इतनी जगह थी कि इंद्र का साम्राज्य छोटा लगने लगे। नीलसर उसे हर तरह से मना करती रही। नाराज़ होकर राजा जबर्दस्ती करने लगा। नौकर बीच में आया, तो उसकी हत्या कर दी। नीलसर जब उसकी जबर्दस्ती का तीखा प्रतिकार करने लगी, तो राजा ने क्रोध में आकर उसे आग लगा दी।

चाही हुई चीज़ अगर हासिल न हो सके, तो राजा उस चीज़ को नष्ट कर देता है। कई लोग शक्ति के मद में इतने चूर होते हैं कि ख़ुद को राजा समझते हैं। कई माताएँ अपने बच्चों को पालते हुए बचपन से ही उन्हें 'मेरा राजा बेटा, मेरा राजकुमार' कहती हैं। ऐसा करके वे अनजाने ही उन बच्चों में राजाओं के अत्याचारी अवगुण भी भर रही होती हैं। इसीलिए, ज़्यादातर

बच्चे जब बड़े होते हैं, तो वे उन चीज़ों को नष्ट कर देना चाहते हैं, जिन्हें वे नहीं पा सकते। आपने कभी ग़ौर किया है- बच्चे तितलियाँ पकड़ते हैं, उनसे खेलते हैं, फिर उन्हें उड़ा देते हैं। बड़े होने के बाद वे इंसानों को पकड़ते हैं, और उनके पंख नोंच लेते हैं।

आप पूछेंगे, ऊपर की इस कहानी का, मेरी कहानी से क्या लेना-देना ? सारी कहानियाँ आपस में जुड़ी होती हैं। दो कहानियों के बीच एक अदृश्य धागा होता है। उस धागे को देखने वाली आँख मिल जाए, तो कहानियों का जुड़ाव आसानी से समझ में आ जाता है, जो कई बार, अत्यंत अर्थपूर्ण होता है, जैसा कि मेरी कहानी में है।

नीलसर जब मारी गई, तो इतिहास के कालक्रम में उसका पुनर्जन्म हुआ। वह एक किताब के रूप में जन्मी। इस सृष्टि की पहली किताब। या दूसरी किताब। या तीसरी। या चौथी। जाने कौन-सी किताब। लेकिन वह एक किताब बन गई। राजा का पुनर्जन्म, हमेशा, राजा के ही रूप में ही होता है। कम-से-कम मैं तो ऐसा ही देखती आई हूँ।

अपने जीवन की उस विदारक घटना से नीलसर इतनी आहत हुई थी कि उसने क़सम खा ली थी, दुबारा मनुष्य-रूप में जन्म नहीं लेगी। तब वह एक किताब के रूप में जन्मी और असीरिया की राजधानी निनेवेह में असुरबनिपाल की लाइब्रेरी में रहने लगी। वहाँ भोजपत्र, ताम्रपत्र और शिलालेखों के रूप में उसके जैसी कई किताबें रहती थीं। पास-पड़ोस के राजाओं ने एक दिन हमला कर दिया और उन सारी किताबों को जला दिया गया। नीलसर ने फिर से किताब के रूप में जन्म लिया और अलेक्सांद्रिया की लाइब्रेरी में रहने चली गई। वहाँ उसे बार-बार जलाकर मारा गया। उसे नालंदा में जलाया गया। जब एक राजा ने वहाँ की लाइब्रेरी में आग लगाई थी, तो उसकी लपटें एक साल तक नहीं बुझी थीं। मालदीव्स के बौद्ध मठों में एक उत्पाती राजा पहुँचा, वह बुद्ध की एक मूर्ति तोड़ता, उसके साथ पाँच भिक्षुओं का सर काटता, उसके साथ पाँच सौ किताबों को जला

देता। सैकड़ों मूर्तियाँ थीं, हज़ारों भिक्षु थे, करोड़ों किताबें थीं। मेरा यक़ीन कीजिए, वे सब नीलसर थीं।

जब मंगोल बग़दाद पहुँचे, तो उन्होंने वहाँ की लाइब्रेरी जला दी। कई किताबें पानी में बहा दीं। पन्नों से निकलकर स्याही पानी में घुलती रही। टिगरिस का पानी छह महीनों तक काला रहा। हाँ, वे सब नीलसर के कटे हुए केश थे। विश्व युद्ध हुए, एक देश ने दूसरे देशों की लाइब्रेरियों पर बम गिराए। जाफना में आंदोलनकारियों का एक समूह पुलिस की वर्दी में गया और पूरी लाइब्रेरी में आग लगा दी। अभी कुछ बरस पहले इजिप्त में सैन्य-सरकार का विरोध करने वाले, कथित लोकतंत्र-समर्थकों ने काहिरा के बीचोबीच, वहाँ की सबसे बड़ी लाइब्रेरी में आग लगा दी, इंसानियत का नारा बुलंद करने वाले वे लोग, जलती हुई किताबों के चारों ओर घेरा बनाकर नाच रहे थे। पूरी दुनिया टीवी पर उन्हें नाचता हुआ लाइव देख रही थी। फिर आतंकवादियों का एक समूह बना और उसने मोसुल में किताबों को आग लगा दी।

दुनिया का ऐसा कोई कोना नहीं है, जहाँ इंसान का ख़ून न बहा हो। दुनिया का ऐसा कोई कोना नहीं है, जहाँ किताबें न जलाई गई हों। कभी किसी मस्जिद का मुल्ला किताबों को जला देता। कभी किसी चर्च का पादरी, तो कभी किसी मंदिर का महंत। सैनिकों ने जलाया। नेताओं ने जलाया। सेठों ने जलाया। ग़ुलामों ने जलाया। कार्यकर्ताओं ने जलाया। नात्सियों ने जलाया। उनका विरोध करने वाले कम्युनिस्टों ने जलाया। उनका विरोध करने वाले लोकतंत्र-समर्थकों ने जलाया। आतंकवादियों ने जलाया। आतंकवाद का विरोध करने वालों ने जलाया। जली हुई हर किताब के भीतर एक नीलसर रहती है। जलाने वाले हर शख़्स के भीतर वह राजा रहता है।

जन्म-जन्म का खेल है। हर जन्म में चलता है। आखिर नीलसर की कितनी कहानियाँ सुनाऊँ? किसी को कोई फ़रक़ पड़ता है? मैं वही

नीलसर हूँ। हर जन्म से देखती आ रही हूँ– अपना जलना, मिटना और दुबारा एक नई किताब बनकर प्रतिरोध की ज़िद में खड़े हो जाना।

लेकिन मैं आपको यह सब क्यों बता रही हूँ ? क्योंकि कल, मैंने आग की परछाई देखी।

बसरमल अपनी मेज़ पर सर झुकाए बैठा था। अपना चश्मा उतारकर उसने एक किताब पर रख दिया था, जिसे थोड़ी देर पहले तक वह पढ़ रहा था। हम किताबें निर्जीव प्रतिमाओं की तरह अपनी-अपनी जगह पड़ी हुई थीं। वह लड़का आजकल लाइब्रेरी नहीं आता। हमारा अकेलापन भी परछाइयों से अविचलित रहता है। लाइब्रेरी की उस निस्तब्ध स्थिरता के बीच अचानक एक मोटा आदमी आया और बसरमल के ठीक सामने विराजमान हो गया। उसमें राजाओं जैसा रुआब था। इस अप्रत्याशित आगंतुक को ऐन सामने देख, बसरमल की आँखों में भय की एक परछाई डोल गई, वही भय, जो पिछले कई दिनों से गुप्त रूप से उसका पीछा कर रहा था। उस मोटे आदमी ने एक शब्द भी नहीं कहा। वह बैठा रहा और बसरमल के चश्मे से खेलता रहा। बसरमल भी ख़ामोश बैठा हुआ था। क्या दोनों के बीच कोई मौन संवाद चल रहा था ?

उस समय कोई तूफ़ान नहीं आ रहा था। कोई ख़तरनाक बैकग्राउंड संगीत भी नहीं बज रहा था। उस मोटे आदमी के चेहरे पर कोई नाटकीय भाव नहीं था। तब तक बसरमल भी अपने चेहरे के भावों को छिपा चुका था। किनारे एक काग़ज़ फड़फड़ा रहा था। वह अलग होकर अपनी जिल्द से दूर भाग जाना चाहता था। कप में बची कॉफ़ी सूख रही थी। खिड़की के पास रखा एक कपड़ा, जिसे कभी-कभी परदे की तरह काम में लाया जाता था, अपना कोना हिला रहा था। दीवार पर टँगी महान लेखकों की तस्वीरें कमरे के उस दृश्य को देख रही थीं। फ़र्श पर पड़ा सूखा पत्ता उड़कर कभी इस ओर जाता, कभी उस ओर। दरवाज़े के पास एक मक्खी भिनभिना रही थी। सड़क पर गाड़ियाँ आ-जा रही थीं। लोकल ट्रेनें अपनी

रफ़्तार से दौड़ रही थीं। शहर के किसी हिस्से में एक औरत छेड़छाड़ कर रहे लम्पटों से बच रही थी। एक आदमी अपने लंचबॉक्स से खाना निकाल खा रहा था। एक खो गया बच्चा अपनी तोतली ज़ुबान में पुलिस वालों को अपने घर का पता बता रहा था, और उसकी बात कोई नहीं समझ रहा था। एक दूसरा बच्चा अभी-अभी तोहफ़े में मिले फ़ुटबॉल से खेल रहा था। मछुआरे अरब सागर में जाल फेंक रहे थे। मछलियाँ ख़ुद-ब-ख़ुद तैरकर जाल के क़रीब आ रही थीं।

सब कुछ रोज़ जैसा चल रहा था। जो कुछ भी रोज़ जैसा था, वह ज़ाहिरा तौर पर शांत लग रहा था।

लेकिन, सिंधु लाइब्रेरी के उस कमरे में आग की परछाई असंदिग्ध डोल रही थी। उसे मेरे सिवाय कोई नहीं देख सकता था। मैं इसलिए देख सकती थी कि आग से मेरा पुराना रिश्ता है, और मैं उसकी लपटों को उसकी परछाई से पहचान लेती हूँ।

वह मोटा आदमी देर तक बैठा बसरमल के चश्मे से खेलता रहा, इस तरह कि अनचाहे भी, बार-बार आपका ध्यान उसकी उपस्थिति पर जाए। बसरमल चुपचाप उसे खेलता देखता रहा। अचानक, वह मोटा आदमी खड़ा हुआ और उसने झुककर बसरमल का चरण-स्पर्श किया। वह अपने लिए आशीर्वाद ले रहा था। झुकते हुए वह कुछ बुदबुदाया, उसके लहजे और अंदाज़ में अनंत आदर भरा हुआ था। खड़े होकर कमर सीधी करते हुए उसने एक नज़र हम सबकी ओर दौड़ाई। उसकी आँखों में आग की परछाई डोल रही थी।

वह ख़ामोश और मोटा आदमी, रोज़मर्रा के काम की तरह आया था और एक विनम्र धमकी की तरह झुका था। मेरे अनुभवी मन ने जान लिया, आग क़रीब है। वही आग, जो हर जन्म में नीलसर की काया को राख बना देती है। आग के गुप्तचरों के पास नीलसर का पता हमेशा होता है।

मैं नीलसर हूँ।
मैं बसरमल की सुगंधित संज्ञा हूँ।
मैं उस लड़के का प्यार भरा स्पर्श हूँ।
मैं पीली खिड़की पर खड़ी लड़की हूँ।
मैं बहुत कुछ हूँ। सब कुछ हूँ। लेकिन मुझे नहीं पता कि मैं क्या हूँ।

मैं आख़िरी बार उस लड़के से बात करना चाहती हूँ। शायद अब यह संभव नहीं हो पाएगा। शायद ही वह लड़का यहाँ कभी आएगा। अब सामने वाली दीवार में वह पीली खिड़की नहीं रहती। और लड़काना वाली खिड़की एक लंबा सफ़र कर यहाँ नहीं आने वाली।

खिड़की के फ्रेम में जड़ी लड़की हमेशा के लिए ख़त्म हो चुकी है।

वह जो रेखांकन था, वह इच्छा का रेखांकन था, इच्छित का नहीं। एक मोहक भ्रम, एक मासूम-सी माया से उसने यह रेखांकन बनाया था। ख़ुद बनाया था। बचपन के उस खेल की तरह, जिसमें उसके सम्मुख किसी के चेहरे का चित्र रख दिया गया और उससे कहा गया, इसे देखकर एक कहानी रचो। और वह चेहरा इतना दिलकश था कि उसने एक के बजाय कई कहानियाँ रच डालीं।

मैं उस लड़के से एक किताब की तरह मिलना चाहती हूँ, एक मनुष्य की तरह, पीली खिड़की पर खड़ी उस लड़की की तरह, और उससे बस इतना कहना चाहती हूँ–

जब कभी मेरी याद आए,
अपनी पसंदीदा किताब उठाना
और उसे पढ़ने लग जाना।
किसी भी भाषा में प्यार का एक शब्द
तुम्हें अंततः
मुझ तक ही पहुँचाएगा।

मैं एक पेड़ से जन्मी हूँ। मैं राख बनकर मिट्टी में मिल जाऊँगी।

बसरमल मिट्टी से जन्मा है। वह एक दिन मिट्टी के भीतर लौट जाएगा। यह देखकर मेरा दिल दुखता है कि उसकी आत्मा हमेशा एक रिफ़्यूजी आत्मा बनी रहेगी।

वह लड़का इच्छाओं से बना है– अस्तित्व की अंतहीन एकरसता में वह किसी पत्ते की नोंक की तरह काँपता रहेगा। इन पुराने दिनों के ज्ञान से एक दिन उसे समझ आएगा कि अंत हमेशा एक भ्रम होता है।

पीली खिड़की के फ्रेम में जड़ी वह लड़की किसी की कल्पना से बनी है। धरती और आकाश के बीच की किसी जगह में, कटी हुई पतंग की तरह अटकी, धीरे-धीरे ख़ुद को तार-तार होता देखेगी–

जैसे मैं इस समय ख़ुद को जलता हुआ देख रही हूँ।

हवा सब कुछ बहा ले जाती है।
समंदर सब कुछ लील लेता है।
एक दिन, मिट्टी सब कुछ ढँक लेती है।

27.

मेरा नाम 'मैं' है

राज्य को कभी यह चिंता नहीं होती कि नागरिक जी रहा है या मर रहा है। राज्य और उसके रिकॉर्ड्स को यह चिंता हमेशा रहती है कि नागरिक जीवित है या मृत?

–जे. एम. कोएट्ज़ी
(डायरी ऑफ़ अ बैड यर)

उसके बाद मैं वहाँ कभी नहीं गया।

मुझे नहीं पता कि उस लड़की का क्या हुआ, मैंने उसे बहुत डूबकर प्यार किया था, जितने भी दिन, पर मैं वहाँ कभी नहीं गया। जब तक भी मैंने उसे प्यार किया, डूबकर प्यार किया। मैं यह नहीं कह सकता कि प्यार, सड़क में डूबकर किया या नदी में डूबकर। जैसे मैं यह भी नहीं कह सकता कि मेरा प्यार कोई हक़ीक़त थी या कल्पना।

उसने जब मुझसे कहा था कि ये सारी सड़कें मेरे जूड़े में जाकर ख़त्म

हो जाती हैं, तब भी मैं उसके साथ वहाँ नहीं था। जब मैंने उसके बालों में हाथ फिराया था और उसके सड़कों जैसे बाल मेरी उँगलियों में फँस गए थे, तब भी मैं उसके पास नहीं था। जब उसने मुझसे पूछा था, "...और", तब उस "और..." का जवाब देने के लिए भी मैं नहीं था।

मैं दरअसल कहीं नहीं था।

मैं लगातार अपने कॉर्पोरेट प्लेज़र, सुपर आनंद में था।

बसरमल वहाँ था कि नहीं, मुझे नहीं पता, लेकिन मैं बसरमल के साथ भी नहीं था।

जिस दिन सिंधु लाइब्रेरी के सामने जेसीबी मशीन पहुँची, तब भी मैं वहाँ नहीं था।

उसके सामने ईंट-गिट्टियों के ढेर गिराए गए। सीमेंट की सैकड़ों बोरियाँ पटक कर उतारी गईं। उन बोरियों से सीमेंट की धूल उड़ी होगी। उसमें से जाने कितनी धूल किताबों पर जमा हुई होगी, कितनी आस-पास की इमारतों की दीवारों पर जाकर चिपक गई होगी।

किताबों को भीतर से निकालकर लाइब्रेरी के अहाते में गोलिया दिया गया। उसके बाद उन पर मिट्टी का तेल छिड़ककर आग लगा दी गई।

लोहे की आलमारियों को तौल-तौल कर कबाड़ियों को दे दिया गया और जो लकड़ी की कुर्सियाँ और मेज़ थीं, उन्हें भी किताबों के साथ बाल दिया गया।

लाइब्रेरी की सीली दीवारें जेसीबी के छूने मात्र से ढह गई होंगी या फिर देर तक खड़े रहकर उन्होंने उस मशीन को चुनौती दी होगी, किसी को नहीं पता।

और उस बोर्ड का क्या हुआ, जिस पर तीन भाषाओं में उस लाइब्रेरी का नाम लिखा था?

किताबों ने आख़िरी बार उपेक्षा की किसी ताल पर, अपमान की किसी थाप पर किस तरह शोक-नाच किया होगा? देवदूतों की तरह किस प्रकार

उन्होंने अपने भीतर उठते दुर्भावों को दबा दिया होगा?

बरसों से वहाँ चल रही लाइब्रेरी महज़ कुछ घंटों में राख, ईंट, गिट्टी, पत्थर, टूटी खपरैलों में तब्दील हो गई। अब वहाँ जले हुए काग़ज़ों की गंध थी, नाक में खुजली करती मलबे की धूल थी।

सड़क बदल गई थी।

वॉव ग्रुप वहाँ एक शॉपिंग मॉल खड़ा कर रहा था। वही शॉपिंग मॉल, जिसका एक्सपैंशन वह बहुत तेज़ी से कर रहा था। वह ग्रुप, जिसके पास एक बहुत ही यंग एंड डायनामिक लीडरशिप थी। पाँच मंज़िल ऊँचा एक शॉपिंग मॉल, जिसकी पहली मंज़िल पर पार्किंग की अनूठी व्यवस्था होनी थी और जिसमें कंडोम से लेकर कार तक बिकनी थी और जिसके टैरेस पर राउंड-द-क्लॉक डिस्कोथेक खुलना था।

फ़ाउंडेशन के लिए चालीस फ़ीट गहरा गड्ढा खोदा गया था। उसमें क्या-क्या चीज़ें दफ़न की गईं, किसी को नहीं पता।

सच क्या है, किसी को नहीं पता, क्योंकि कोई भी उस समय नहीं था।

ऐसी कोई लाइब्रेरी नहीं थी। ऐसी कोई घटना नहीं घटी थी। उसके घटने का कोई रिकॉर्ड भी नहीं था।

सारी लिखावटें धूल में मिल गईं। उसमें ख़ामोश रूहों और गिरते सितारों की समाधि बन गई–सितारे इसलिए गिरे कि उनके सपने टूट गए।

दीवार के टुकड़ों, खिड़की के पल्लों या काग़ज़ की चिंदियों से प्रेम करने वाले जानते होंगे कि दीवार, खिड़कियों और काग़ज़ों की भी रूहें होती हैं। क्या आधी रात वे वहाँ भटकती होंगी? कंस्ट्रक्शन साइट की रखवाली करते चौकीदार अचानक आधी रात अचकचाकर क्यों उठ जाते हैं और घबराकर सीटी बजाते हैं?

क्या अमरूद, कॉफ़ी या तंबाकू की ख़ुशबू भी वहीं दफ़न कर दी गई? या ये ख़ुशबुएँ अब भी सिसकते हुए हवा में भटक रही हैं, शिद्दत से एक बार महसूस किए जाने के इंतज़ार में?

इन सवालों के जवाब मैं नहीं जानता। कोई भी नहीं जानता, क्योंकि उस समय वहाँ कोई नहीं था। न बसरमल, न मैं।

इन सबसे पहले ही बसरमल कहाँ चला गया, किसी को नहीं पता। जैसे, उसके कुछ समय पहले, दिलख़ुश कहाँ गया– आज तक किसी को नहीं पता चला।

(2022)

उद्धरण एवं स्त्रोत पुस्तक सूची

अध्याय 1 : बेन ओकरी, द *फ़ैमिश्ड रोड,* पृष्ठ 3, विंटेज, लंदन, 2003,

अध्याय 2 : प्राइमो लेवी, द *ड्राउंड एंड द सेव्ड, द कंप्लीट वर्क्स ऑफ़ प्राइमो लेवी,* पृष्ठ 2568, लिवराइट पब्लिशिंग कॉर्पोरेशन, डब्ल्यू. डब्ल्यू. नॉर्टन एंड कंपनी, न्यूयॉर्क, 2015, माइकल एफ. मूर द्वारा किए गए इतालवी से अँग्रेज़ी अनुवाद पर आधारित

*निर्मल वर्मा, *इतिहास, स्मृति, आकांक्षा,* पृष्ठ 24, नेशनल पब्लिशिंग हाउस, नई दिल्ली, 1996

अध्याय 3 : इमरे कर्तेश, *लिक्विडेशन,* पृष्ठ 27, हार्विल सेकर, लंदन, 2006, टिम विल्किन्सन द्वारा हंगारी से किए गए अँग्रेज़ी अनुवाद पर आधारित

अध्याय 4 : मार्सल प्रूस्त, *स्वान्स वे,* पृष्ठ 407, पेंगुइन बुक्स, लंदन, 2004, लीडिया डेविस द्वारा फ्रेंच से किए गए अँग्रेज़ी अनुवाद पर आधारित

**यह दृश्य सिंधी लेखक मोहन कल्पना की कृति 'जलावतनी' के एक हिस्से से प्रेरित है।

अध्याय 5 : इमरे कर्तेश, *लिक्विडेशन,* पृष्ठ 19, हार्विल सेकर, लंदन, 2006, टिम विल्किन्सन द्वारा हंगारी से किए गए अँग्रेज़ी अनुवाद पर आधारित

अध्याय 6 : एलिफ़ शफ़क, द *बास्टर्ड ऑफ़ इस्ताम्बुल,* पृष्ठ 1,

पेंगुइन वाइकिंग, लंदन, 2007

अध्याय 7 : ग्युंटर ग्रास, *पीलिंग द ऑनियन,* पृष्ठ 3, विंटेज, लंदन, 2008, माइकल हेनरी हैम द्वारा जर्मन से किए गए अँग्रेज़ी अनुवाद पर आधारित

अध्याय 8 : पीटर हैंडका, *सॉन्ग ऑफ़ चाइल्डहुड,* विम वेंडर्स द्वारा निर्देशित फ़िल्म 'विंग्स ऑफ़ डिज़ायर' में पृष्ठभूमि में प्रयुक्त कविता, जो कि मूल जर्मन में है। हिंदी अनुवाद उसके अँग्रेज़ी सब-टाइटल पर आधारित।

अध्याय 10 : पेर लागरक्विस्त, द *डेथ ऑफ़ अहस्वैरस,* पेज 12, विंटेज बुक्स, न्यूयॉर्क, 1982, नाओमी वालफ़ोर्ड द्वारा स्वीडिश से किए अँग्रेज़ी अनुवाद पर आधारित

अध्याय 11 : अमोस ओज़, *अ टेल ऑफ़ लव एंड डार्कनेस,* पृष्ठ 22, विंटेज, लंदन, 2005, निकोलस दे लांज द्वारा हीब्रू से किए गए अँग्रेज़ी अनुवाद पर आधारित

अध्याय 12 : निर्मल वर्मा, *धुँध से उठती धुन,* पृष्ठ 18, राजकमल प्रकाशन, नई दिल्ली, 1997, मूल हिंदी

अध्याय 13 : उम्बेर्तो एको, द *नेम ऑफ़* द *रोज़,* पृष्ठ 438, विंटेज, लंदन, 2008, विलियम वीवर द्वारा इतालवी से किए अँग्रेज़ी अनुवाद पर आधारित

अध्याय 14 : ज्यां जेने, द *थीफ़्स जर्नल,* पृष्ठ 7, ग्रोव प्रेस, न्यूयॉर्क, 1994, बरनार्ड फ्रेख़्तमन द्वारा फ्रेंच से किए गए अँग्रेज़ी अनुवाद पर आधारित

अध्याय 15 : नाओमी क्लाइन, *नो लोगो,* पेज 49, पिकाडोर, न्यूयॉर्क, 2002

अध्याय 16 : इतालो कल्वीनो, द *अर्जेन्टाइन एंट,* द वॉचर एंड अदर स्टोरीज़, हार्वेस्ट बुक्स, न्यूयॉर्क, 1975, आर्कीबाल्ड कोल्कुहोन द्वारा

इतालवी से किए गए अँग्रेज़ी अनुवाद पर आधारित

अध्याय 17 : कार्लोस फुएंतेस, द *यर्स विद लॉरा डियास,* फेरार, स्ट्रॉस एंड जुरू (एफएसजी), न्यूयॉर्क, 2000, अलफ्रेड मैकएडम द्वारा स्पैनिश से किए गए अँग्रेज़ी अनुवाद पर आधारित

अध्याय 18 : खलील जिब्रान, *सैंड एंड फोम,* पृष्ठ 18, विलियम हाइनमान, मेलबर्न, 1957

अध्याय 19 : भाऊ पाध्ये, *फाइव्ह गार्डन्स,* भाऊ पाध्ये यांच्या श्रेष्ठ कथा, संपादन- दिलीप पुरुषोत्तम चित्रे, लोक वांग्मय गृह, मुंबई, 2004

अध्याय 20 : सैम्युअल बैकेट, *मॉलॉय,* पृष्ठ 194, फेबर एंड फेबर, लंदन, 2009, पैट्रिक बॉउल्स एवं बैकेट द्वारा फ्रेंच से किए गए अँग्रेज़ी अनुवाद पर आधारित

अध्याय 21 : टोनी मॉरीसन, *बीलवेड,* पृष्ठ 30, विंटेज इंटरनेशनल, न्यूयॉर्क, 2004

अध्याय 22 : यू. आर. अनंतमूर्ति, *संस्कार,* पृष्ठ 149, राधाकृष्ण प्रकाशन, नई दिल्ली, 1980, हिंदी अनुवाद : चंद्रकांत कुसनूर

**यह पंक्ति निर्मल वर्मा की एक पंक्ति से प्रेरित है।

अध्याय 23 : वी. एस. नायपॉल, *अ बेंड इन द रिवर,* पिकाडोर, लंदन, 2004

अध्याय 24 : यासुनारी कावाबाता, *स्नो कंट्री,* पृष्ठ 30, वाइडव्यू/ पेरिजी बुक्स, न्यूयॉर्क, 1981, एडवर्ड जी. साइडेनस्टिकर द्वारा जापानी से किए गए अँग्रेज़ी अनुवाद पर आधारित

अध्याय 25 : हारुकि मुराकामी, *काफ्का ऑन द शोर,* पृष्ठ 415, विंटेज इंटरनेशनल, न्यूयॉर्क, 2005, फिलिप गैब्रिएल द्वारा जापानी से किए गए अँग्रेज़ी अनुवाद पर आधारित

अध्याय की आख़िरी पंक्ति फ़ज़ल ताबिश के इस शेर के आधार पर बनी है–

रेशा-रेशा उधेड़कर देखो / रोशनी किस जगह से काली है

अध्याय 26 : मिलान कुंदेरा, द *बुक ऑफ़ लाफ़्टर एंड फरगेटिंग,* पृष्ठ 11, पेंगुइन बुक्स, मिडिलसेक्स, इंग्लैंड, माइकल हेनरी हैम द्वारा चेक से किए गए अँग्रेज़ी अनुवाद पर आधारित

अध्याय 27 : जे. एम. कोएट्ज़ी, *डायरी ऑफ़ अ बैड यर,* पृष्ठ 10, विंटेज बुक्स, लंदन, 2008

जहाँ उल्लेख है, उनके अलावा अन्य सभी उद्धरणों के हिंदी अनुवाद गीत चतुर्वेदी द्वारा। इन स्रोतों से इन उद्धरणों का प्रयोग पुस्तक में साभार किया गया है।

उपन्यास की रचना में इन पुस्तकों को संदर्भ-ग्रंथ की तरह प्रयुक्त किया गया है। लेखक इनके रचनाकारों, संपादकों और अनुवादकों के प्रति आभारी है।

शाह जो रिसालो, शाह अब्दुल लतीफ़, टीकाकारः प्रो. कल्याण बूलचंद आडवाणी, श्री अमरापुर जन कल्याण ट्रस्ट, जयपुर, 2006

शाह अब्दुल लतीफ़, एम. एम. गिदवाणी, द इंडिया सोसायटी, लंदन, 1922

अनबॉर्डर्ड मेमरीज़: सिंधी स्टोरीज़ ऑफ़ पार्टीशन, संपादन और अनुवादः रीता कोठारी, पेंगुइन बुक्स, नई दिल्ली, 2009

द *मेकिंग ऑफ़ एग्ज़ाइल, सिंधी हिन्दूज़ एंड द पार्टीशन ऑफ़ इंडिया,* नंदिता भावनानी, ट्रांकेबार प्रेस, चेन्नई, 2014

सीकिंग द बीलवेडः शाह अब्दुल लतीफ़, अनुवादः अंजु माखीजा और हरि दिलगीर, कथा, नई दिल्ली, 2005

नोटः स्रोत और संदर्भ के लिए मैंने जिन पुस्तकों की मदद ली है, प्रयास किया है कि उन सबका नाम दे सकूँ, किंतु इसके बाद भी यह संपूर्ण सूची नहीं है। ऐसे किसी स्रोत, जिससे मैंने मदद ली किंतु अनजाने में या भूलवश यहाँ उसका उल्लेख करना छूट गया, मैं उसके लिए क्षमाप्रार्थी हूँ। नज़र में आने पर ऐसी चूक को भविष्य के संस्करण में सुधार दिया जाएगा।

आभार

मैं उन सबका आभार प्रकट करना चाहता हूँ, जिनके बिना यह किताब इस रूप में संभव न हो पाती–

डॉ. भावना पंत चतुर्वेदी, मेरे बचपन की दोस्त और मेरी जीवन-संगिनी, जो मेरे पगलेट-पने को मुस्कराते हुए झेल जाती हैं। स्वधा और अरीन, मेरे दोनों बच्चे, जिनकी रचनात्मकताएँ मुझे प्रेरित करती हैं।

अनिता गोपालन, मेरी मित्र और अँग्रेज़ी अनुवादक, जिन्होंने 'सिमसिम' में मुझसे भी अधिक भरोसा किया, जिन्होंने इसके हर पन्ने पर चर्चा की-कभी उत्साहवर्धक स्नेहिल मित्र की तरह, कभी ख़ून की प्यासी आलोचक की तरह, तो कभी शब्द गिनने वाली संपादक की तरह।

दिवंगत माँ। और दिवंगत पिता अबोध, जो कभी सिंध में नहीं रहे, लेकिन जो धाराप्रवाह सिंधी बोलते थे, जिनके पास सिंध की कथाओं का भंडार था, जिन्होंने मुझे शाह अब्दुल लतीफ़ की कविताओं से प्रेम करना सिखाया।

कॉमरेड सूर्यदेव उपाध्याय, जो आज होते, तो सौ साल पार कर चुके होते, जिनकी उपस्थिति इस किताब के हर पन्ने पर टहल रही।

दिवंगत अभिनेता-पत्रकार रमेश नानकानी, जिन्होंने सिंधी साहित्य की कई किताबें समुचित व्याख्या सहित प्यार से पढ़कर सुनाई थीं।

दिवंगत प्रो. कमला प्रसाद, जो 'प्रगतिशील वसुधा' के संपादक थे, जिनके प्यार-भरे तक़ाज़ों ने पुरानी 'सिमसिम' को आकार दिया था।

सिंधी कवि विम्मी सदारंगानी, जिनसे 2011-13 में सिंध और पुरानी

'सिमसिम' पर कई चर्चाएँ हुईं, जिन्होंने कुछ दुर्लभ पुस्तकें सरहद पार से सहज उपलब्ध करा दीं।

प्रिय लेखिका गीतांजलि श्री, जिनका स्नेह और उदारता अविस्मरणीय है।

प्रिय कवि उदयन वाजपेयी, जिन्होंने हमेशा उत्साह बढ़ाया।

बड़े भाई विनीत, छोटी बहन अनामिका, जीवन पांडेय, गुरुदत्त, संजय भिसे और मेरी मराठी अनुवादक जुई कुलकर्णी, जिनकी बातें-यादें, लगाव-जुड़ाव 'सिमसिम' में प्रवाहित किंतु अंतर्धान हैं।

मेरे पिता की साहित्यिक सक्रियता के कारण बचपन और किशोरावस्था में मुझे कई सिंधी साहित्यकारों के किंचित सान्निध्य का सौभाग्य मिला, जिनमें डॉ. दयाल आशा, मोहन कल्पना, पोपटी हीरानंदानी, कृष्णलाल बजाज 'प्रदीप', राम एवं कमल पिंजानी बंधु, ईश्वरदास चंचलानी आदि प्रमुख हैं। इनकी लिखी रचनाओं, इनसे सुनी कहानियों और अनुभवों ने विभाजन के इतिहास और उस पर सिंधी दृष्टिकोण को समझने में मेरी मदद की। ज़ाहिर है, इस उपन्यास की रचना में मुझ पर इनकी स्मृतियों का प्रभाव पड़ा। मैं इन सबके प्रति श्रद्धा और सम्मान से भरा हुआ हूँ, इनका ऋणी हूँ।

मैं उन बुज़ुर्गों को भी स्मरण और नमन करना चाहता हूँ, जिनके साथ मैंने सिंध के बारे में ख़ूब चर्चा की थी, लेकिन जिनका नाम मेरी कमज़ोर स्मृति में दर्ज नहीं हो पाया। 'सिमसिम' अपने आप में एक इंटर-टेक्स्चुअल किताब है, जो अतीत की कई किताबों, रचनाकारों, पात्रों और व्यक्तियों के साथ एक सूक्ष्म संवाद करने का प्रयास करती है।

अंत में :

'सिमसिम' का लेखन रज़ा फाउंडेशन द्वारा दी गई 'सैयद हैदर रज़ा फ़ेलोशिप' के तहत किया गया है। इस प्रतिष्ठित फ़ेलोशिप के लिए मैं रज़ा फ़ाउंडेशन तथा श्री अशोक वाजपेयी का आभारी हूँ।

'सिमसिम' के बारे में प्रमुख शस्तियाँ

'सिमसिम' के ज़रिए गीत चतुर्वेदी स्मृति, प्रतीक्षा, उम्मीद और जिजीविषा के लगातार बदलते संसार में एक लंबी यात्रा करते हैं। यह उपन्यास जितना इस बात के लिए महत्त्वपूर्ण है कि यह विभाजन के दौरान सिंधी हिंदुओं के त्रासद निर्वासन जैसे उपेक्षित पहलू पर केंद्रित है, उतना ही इस बात के लिए भी कि यह अस्तित्व की अंतहीन एकरसता और विध्वंस की अदम्य मानवीय इच्छा जैसे बुनियादी इंसानी सरोकारों को बख़ूबी बरतता है। इस उत्कृष्ट, संवेदनशील उपन्यास में गीत अपने पाठकों के समक्ष यह चुनौती प्रस्तुत करते हैं कि इसे पढ़ते हुए वे अपने जीवन और समय की भी थाह लें।

–**गीतांजलि श्री**, इंटरनेशनल बुकर पुरस्कार विजेता, 2022

'सिमसिम' मार्मिक, सहज-गम्य और विचारोत्तेजक है। यह एक साथ कई पीड़ाओं की किताब है, ख़ुद को खोजने की कई यात्राओं और बचे रहने के कई संघर्षों की किताब है। 'सिमसिम' एक विलक्षण उपलब्धि है।

–**अनीस सलीम**, अँग्रेज़ी उपन्यासकार, साहित्य अकादमी पुरस्कार विजेता, 2018

गीत चतुर्वेदी ने गहरी समझ के साथ एक विचारोत्तेजक उपन्यास लिखा है।

–**जेनिफ़र क्रॉफ्ट**, इंटरनेशनल बुकर पुरस्कार विजेता, 2018

गीत चतुर्वेदी के गल्प में आंतरिक संगीत है, लयबद्ध एवं प्रखर वाक्य हैं, स्थिर, सुंदर, सुडौल गीतात्मकता है, संस्कृति और भाषा के साथ नज़दीकी नातेदारी है। गीत का रचनाकर्म जितना स्थानीय संस्कृति में रचा-बसा है, उतना ही विश्व-साहित्य की बारीकियों में भी।

–**अनिता गोपालन**, 'पेन अमेरिका' द्वारा पुरस्कृत अनुवादक

गीत चतुर्वेदी के गद्य में रोज़मर्रा की साधारण चीज़ें भी विलक्षण बन जाती हैं। ...[सिमसिम] अमिट कृति है, इसे भुलाया नहीं जा सकता।

–**पर्सी भरुचा**, द हिन्दू

गीत चतुर्वेदी के रचनाकर्म पर कुछ प्रमुख शस्तियाँ

भारत के दस सर्वश्रेष्ठ युवा लेखकों में से एक।

–इंडियन एक्सप्रेस

21वीं सदी के पहले दशक के मेरे प्रिय कवि व कथाकार हैं गीत चतुर्वेदी।

–नामवर सिंह

'सावंत आंटी की लड़कियाँ' गीत की ऐसी रचना है, जिसमें लड़कियाँ, आलोक धन्वा की भागी हुई लड़कियों से आगे के समाज की हलचल हैं। वे अँग्रेज़ी उपन्यास 'डिफ़िकल्ट डॉटर्स' से भी आगे की कठिनाइयाँ हैं- वे कुलीनता को तोड़ती हैं, वे ज्योतिष, वर्ण-व्यवस्था, ब्राह्मणवाद से बेख़ौफ़ मखौल उड़ा रही हैं। वे जीवन को गहरी उथल-पुथल में डाल रही हैं। कठोर इलाक़ों में प्रवेश करती हुईं वे लगभग बेक़ाबू हैं, उनका जोखिम ज़बर्दस्त है, शास्त्रीयता का मुखौटा तोड़ने वाला। बावजूद इसके, यह कहानी फ़तह नहीं, त्रासदी है। इस कहानी ने हिंदी साहित्य के ढेर सारे ऊँघते-आँघते लोगों को नींद से जगा दिया और हिंदी के पाठकों में एक नई अपेक्षा और विश्वास भी पैदा किया। अपने कथन में लफ्ज़ की बारीक नक्काशी के साथ ही गद्य में भी कविता की सुगंध, गीत के लेखन की विशेषता रही है। कुछ नई प्रगतिशील प्रतिभाओं में गीत का नाम प्रमुख है। गीत के पास बहुत ताज़ा और चमकीली भाषा है। वह विचारवान और स्वप्नदर्शी हैं।

–ज्ञानरंजन, पहल

गीत चतुर्वेदी ने अपने गल्प व कविताओं में अवाँ-गार्द भाव दिखाया है। उनका अध्ययन बेहद विस्तृत है जो कि उनकी पीढ़ी के लिए एक दुर्लभ बात है। यह पढ़ाई उनकी रचनाओं में अनायास और सहज रूप से गुँथी दिखती है। उनकी भाषा व शैली अभिनव है। उनके पास सुलझी हुई दृष्टि है जिसमें क्लीशे नहीं और जो कि वर्तमान विचारधारात्मक खेमों के शिकंजे में भी फँसी हुई नहीं है।

–अशोक वाजपेयी

गीत चतुर्वेदी समकालीन रचनाशीलता के विरल उदाहरण हैं। कविता, कहानी और अनुवाद में उन्होंने कई यादगार काम किए हैं। 'साहिब है रंगरेज़' उनके कथाकार की उपलब्धि है।

–अखिलेश, कथाकार और संपादक, 'तद्भव'

जब मैंने पहली बार 'सावंत आंटी की लड़कियाँ' पढ़ी, तो दंग रह गया कि क्या इक्कीसवीं शताब्दी के प्रारंभ में मज़दूरों के घर-परिवार और बच्चों की निजी ज़िंदगी पर इतनी अच्छी कहानी भी लिखी जा सकती है!

–सूरज पालीवाल, वर्तमान साहित्य

गीत चतुर्वेदी ने केवल दो कहानियाँ लिखकर हिंदी जगत का ध्यान खींच लिया है। उनकी कहानी 'सौ किलो का साँप' अपनी भाषा की रचनात्मकता और विन्यास के सौष्ठव के चलते प्रभावशाली बन पड़ी है।

–कृष्णमोहन, नया ज्ञानोदय

चाहे 'सौ किलो का साँप' हो, 'सावंत आंटी की लड़कियाँ', या फिर 'साहिब है रंगरेज़' जैसी कहानी, गीत हमारे समाज के अवचेतन में दबी पड़ी उत्कंठाओं, आशाओं और दुराशाओं को एक गहन अंतर्दृष्टि के साथ

रचनात्मक लहजे में ढालते हैं। (उनकी कहानियों के) संसारों की बहुलता के मूल में है भाषा की बहुध्वन्यात्मकता। गीत भाषा के साथ बहुत सजग और रचनात्मक खिलवाड़ करते हैं।

–प्रियम अंकित, प्रगतिशील वसुधा

'पिंक स्लिप डैडी' को बिना किसी संकोच के हाल के वर्षों में रची श्रेष्ठ कहानियों में माना जाना चाहिए। यह अपने आकार में ही नहीं, अभिप्राय में भी औपन्यासिक है। 'पिंक स्लिप डैडी' एक ऐसी कथा-रचना है, जहाँ कहानी और उपन्यास का भेद मिट जाता है। यह समकालीन भारत की पहली बड़ी कथा-रचना है, जिसका संबंध मैनेजमेंट केंद्रित कॉर्पोरेट दुनिया से है। भाषा गीत चतुर्वेदी की कहानियों का एक अहम पक्ष है। गीत की भाषा में कविता भी है और चलताऊ मुहावरेबाज़ी और फ़िक़रे भी। इसमें 'श्रम का राग' भी है और 'भ्रम का गीत' भी। 'पिंक स्लिप डैडी' में कई कहानियाँ हैं, कई लोगों की कहानियाँ हैं और कई लोगों की कई-कई कहानियाँ हैं। इतनी सारी कहानियों को एक साथ समेटना, वह भी इस तरह कि ये सारी कहानियाँ एक ही कहानी लगे, एक सिद्धहस्त कथाकार के ही बूते की बात है।

–रवींद्र त्रिपाठी, कथादेश

गीत चतुर्वेदी की कहानियाँ सामाजिक-आर्थिक प्रक्रिया में बने, छूटे समाज के बहुस्तरीय यथार्थ को सामने लाती हैं। समाज की मानसिक संरचना का अध्ययन गीत की कहानियों की प्रमुख विशेषता है। गीत अपनी संरचनात्मक विशिष्टता के कारण अलग से पहचाने गए हैं।

–राजीव कुमार, इंडिया टुडे

गीत चतुर्वेदी की कहानियाँ अपने समय में खड़ी होकर भी अपना क़द समय से ऊपर उठाती हैं। छोटे लोगों की ज़िंदगियों का सिलसिलेवार महाआख्यान हैं गीत की कहानियाँ। इन कहानियों में गीत ने अपने समय की स्त्री नहीं, बल्कि सबसे सत्ताहीन स्त्री को न्याय देने की कोशिश की है। डिम्पा की माँ (साहिब है रंगरेज़) हिंदी कहानी का कालजयी चरित्र है।

–**शशिकला राय,** अपनी पुस्तक 'बस सूरज की तरफ़ पीठ है उनकी' में

गीत चतुर्वेदी की काव्य-निर्मिति और शिल्प की एक सिफ़त यह भी है कि वह यथार्थ और कल्पित, ठोस और अमूर्त, संगत से असंगत, रोज़मर्रा से उदात्त की बहुआयामी यात्रा एक ही कविता में उपलब्ध कर लेते हैं। इतिहास से गुज़रने का उनका तरीक़ा कुछ-कुछ चार्ली चैपलिन-सा है और कुछ काल-यात्री (टाइम-ट्रैवलर) सरीख़ा...। भारतीय समाज के लुच्चाकरण और अमानवीयता पर जो बहुत कम हिंदी कवि नज़र रखे हुए हैं, गीत उनमें भी एक निर्भीक यथार्थवादी हैं।

–**विष्णु खरे**

गीत चतुर्वेदी ऐंद्रिक सजगता और कल्पनाशीलता से अपनी अभिव्यक्तियों को, उनके पुराने ठिकानों से एक क़दम आगे ले जाकर, एक ताज़गी का अहसास देते हैं।

–**नरेश सक्सेना,** कथा-क्रम

गीत सांद्र अहसासों के कवि हैं। इसीलिए उनकी कविता में अर्थ की सघनता है।

–**पंकज चतुर्वेदी,** वागर्थ

गीत चतुर्वेदी की भाषा और अंतर्वस्तु में संवेदना की मार्मिकता की सबसे अनछुई ताज़गी है। वह कविता में सुबह की मानिंद हैं, तरोताज़ा, धारोष्ण कथ्य और बिम्बों के कवि। हर बार वह कविता में अपनाया अपना ही रास्ता बदलने का कौशल भी रखते हैं। उनमें समसामयिकता की हड़बड़ी नहीं, उनकी कविताओं की धात्विक चमक देखकर हम 'मार्वलस' के भाव से भर उठते हैं।

–ओम निश्चल, नया ज्ञानोदय

गीत की कविता अपने नितांत नए और मौलिक मुहावरे में भारतीय समय, ख़ासकर 2001 के बाद का समय, का एक अनोखा आख्यान रचती है और ऐसा करने के लिए उसे किसी अपेक्षाकृत बहुत लंबे शिल्प की ज़रूरत नहीं होती– यह गीत का अपना ख़ास हुनर है, मैं ख़ुद अपने लिए भी जिसकी कामना तो बहुत करता हूँ पर जो मेरे पास नहीं है, इस पीढ़ी में शायद किसी के पास नहीं है।

–शिरीष कुमार मौर्य, अनुनाद

गीत चतुर्वेदी का आगमन हिंदी साहित्य संसार में व्यक्त नहीं, घटित हुआ है। मुरीदों, निंदकों, रक़ीबों ने अपने स्नायुतंत्र पर उन्हें घटना की तरह बर्दाश्त किया और उनके 'अप्रत्याशित' पर चुप हो गए या कहीं और चले गए।

–व्योमेश शुक्ल, सबद

गीत ने बहुत क़रीने से एक लाजवाब कहानी (सिमसिम) बुनी है, जो तेज़ी से उभर रहे नए बाज़ार की नृशंसता को उजागर करती है।

–जयनंदन, पुस्तक 'समकालीन युवा कहानी' में

प्रेम की राजनीति (प्रेम और राजनीति) जैसे विषय-संबंध कवियों ने समाज-वैज्ञानिकों के लिए छोड़ रखे हैं। गीत ने कविता में ख़ुश्की की बहुत परवाह किए बग़ैर इन प्रोज़ेक विषय-संबंधों को कविता की मुख्य-भूमि पर खड़ा कर दिया है। और देखिए, ऐसा करते हुए वह कितना सजग, भिन्न और अभिनव हो चले हैं।

–अनुराग वत्स, सबद

गीत का लेखन ध्यान या विपश्यना की तरह है। कील पर हथौड़े की तरह, वह हमारी चेतना पर लगातार प्रहार करते हैं, हमारी स्मृतियों को झंझोड़ देते हैं। हर एपिसोड जीवन के किसी पहलू पर किया गया मेडिटेशन है– प्यार, मृत्यु, विस्मृति, स्त्रियाँ, परंपरा, राजनीति। जन्म के क्षण को राजनीति से जोड़कर देखना– उनके यहाँ थोड़ा-सा कुंडेरा भी हैं। अचूक राजनीतिक समझ के साथ लिखी गई यह कविता एक मास्टरस्ट्रोक है।

–आशुतोष भारद्वाज ('उभयचर' के बारे में 'गल्पातल' में)

गीत की कविताएँ काव्यत्व से भरी हैं। अर्थ के एकार्थी रास्ते पर इनके चिह्न शायद स्पष्ट न हों, अर्थांतर के चौराहे पर खड़ी ये अपनी उजली रोशनी हर दिशा में फेंकती हैं। बने-बनाए रास्ते पर न ये चलती हैं, न अपना कोई निश्चित पता छोड़ती हैं। गीत चतुर्वेदी हिंदी कविता के अगले सराय हैं।

–अरुण देव, समालोचन

गीत चतुर्वेदी एक विलक्षण कवि हैं।

–सुदीप सेन, भारतीय अँग्रेज़ी भाषी कवि, द एशियन एज

हिंदी के वर्तमान कवियों में गीत चतुर्वेदी का स्थान शिखर पर है।

–द लल्लनटॉप

किसी भी अच्छे कवि की तरह, गीत चतुर्वेदी के पास तीसरी आँख है, जिसकी मदद से वह सिनेमाई तकनीकों का प्रयोग करते हैं और ऐसे दृश्य रचते हैं जो अद्भुत, मासूम और खिलंदड़ हैं। उनके संवेदना-बोध और शैली की सूक्ष्मता के कारण उनकी कविताओं को पढ़ने में अत्यंत आनंद आता है।

–**दुन्या मिख़ाइल,** अरबी भाषा की इराक़ी कवि

भारतीय साहित्य की संस्कृत-पालि परंपरा, योरप के उत्तर-आधुनिक साहित्य व विश्व-कविता के अध्ययन के कारण गीत चतुर्वेदी की कविताएँ स्वाभाविक रूप से इंटर-टेक्स्चुअल हैं।

–**अरुंधति सुब्रमण्यम,** भारतीय अँग्रेज़ी भाषी कवि, पोएट्री इंटरनेशनल

आमतौर पर देखा जाता है कि हिंदी में वे कवि लोकप्रिय होते हैं, जो या तो ग़ज़ल लिखते हों या अशआर, फ़िल्मों में गीत लिखते हों या मंच पर छंदबद्ध रचनाएँ। गीत चतुर्वेदी इनमें से कुछ नहीं लिखते। वह मुख्यधारा के गंभीर साहित्यिक कवि हैं। वह पूरी तरह मुक्तछंद में लिखते हैं, मंचों पर नहीं जाते, न ही उनका कोई फ़िल्मी बैकग्राउंड है। इसके बावजूद, गद्य जैसी दिखने वाली उनकी काव्य-पंक्तियाँ जनता के बीच हाथोंहाथ ली जाती हैं। उनकी पंक्तियाँ आपको कमोबेश हर जगह दिख जाएँगी- लोगों के सोशल मीडिया पोस्ट से लेकर व्हॉट्सएप स्टेटस तक, पत्रिकाओं के पन्नों से लेकर हैंडमेड बुकमार्क्स तक। गीत चतुर्वेदी के प्रशंसक हर संभव जगह तक उनकी पंक्तियाँ पहुँचा देते हैं। हिंदी के साहित्यिक गलियारों में एक वाक्य अक्सर सुनाई पड़ता है, 'गीत चतुर्वेदी ख़ुद नहीं बोलते, उनका काम बोलता है।'

–**आशुतोष कुमार ठाकुर,** न्यूज़ 18 हिंदी

गीत चतुर्वेदी

27 नवंबर 1977 को मुंबई में जन्मे गीत चतुर्वेदी को हिंदी के सबसे ज़्यादा पढ़े जाने वाले समकालीन लेखकों में से एक माना जाता है। उनकी बारह किताबें प्रकाशित हैं, जिनमें दो कहानी-संग्रह ('सावंत आंटी की लड़कियाँ' और 'पिंक स्लिप डैडी', दोनों 2010) तथा तीन कविता-संग्रह ('आलाप में गिरह', 2010, 'न्यूनतम मैं', 2017 और 'ख़ुशियों के गुप्तचर', 2019) शामिल हैं। 'न्यूनतम मैं' और 'ख़ुशियों के गुप्तचर' हिंदी की बेस्टसेलर सूचियों में शामिल रहे। साहित्य, सिनेमा व संगीत पर लिखे उनके निबंधों का पहला संग्रह 'टेबल लैंप' 2018 में और दूसरा संग्रह 'अधूरी चीज़ों का देवता' 2021 में आया।

कविता के लिए गीत को 'भारत भूषण अग्रवाल पुरस्कार', 'स्पंदन कृति सम्मान', 'वाग्धारा सम्मान' और गल्प के लिए 'कृष्णप्रताप कथा सम्मान', 'शैलेश मटियानी कथा सम्मान', 'कृष्ण बलदेव वैद फ़ेलोशिप' और 'सैयद हैदर रज़ा फ़ेलोशिप' मिल चुके हैं। हिंदी साहित्य में उत्कृष्ट योगदान के लिए उन्हें वातायन यूके द्वारा 'वातायन अंतरराष्ट्रीय साहित्य सम्मान' दिया गया है। 'इंडियन एक्सप्रेस' सहित कई प्रकाशन संस्थानों ने उन्हें भारतीय भाषाओं के सर्वश्रेष्ठ लेखकों में शुमार किया है।

गीत की रचनाएँ 24 भाषाओं में अनूदित हो चुकी हैं। उनकी कविताओं के अँग्रेज़ी अनुवाद का संग्रह 'द मेमरी ऑफ़ नाउ' 2019 में अमेरिका से प्रकाशित हुआ। 'सिमसिम' के अँग्रेज़ी अनुवाद (दोनों की अनुवादक अनिता गोपालन) को 'पेन अमेरिका' ने अंतरराष्ट्रीय स्तर पर प्रतिष्ठित 'पेन-हैम ट्रांसलेशन ग्रांट' अवॉर्ड किया है। वर्ष 2023 में 'सिमसिम' को 'द जेसीबी प्राइज़ फॉर लिटरेचर' की लांगलिस्ट में शामिल किया गया।

ईमेल : geetchaturvedi27@gmail.com